普惠金融理念下
典当融资规则的理论探讨与实践求证

郭娅丽 著

知识产权出版社
全国百佳图书出版单位

图书在版编目（CIP）数据

普惠金融理念下典当融资规则的理论探讨与实践求证/郭娅丽著. —北京：知识产权出版社，2016.9
ISBN 978-7-5130-4404-2

Ⅰ.①普… Ⅱ.①郭… Ⅲ.①典当业—融资制度—研究—中国 Ⅳ.①F832.38

中国版本图书馆 CIP 数据核字（2016）第 200349 号

责任编辑：石红华　　　　　　　　　责任校对：韩秀天
封面设计：SUN 工作室　韩建文　　　责任出版：刘译文

普惠金融理念下典当融资规则的理论探讨与实践求证

郭娅丽　著

出版发行：知识产权出版社有限责任公司	网　　址：http://www.ipph.cn
社　　址：北京市海淀区西外太平庄 55 号	邮　　编：100081
责编电话：010-82000860 转 8130	责编邮箱：shihonghua@sina.com
发行电话：010-82000860 转 8101/8102	发行传真：010-82000893/82005070/82000270
印　　刷：北京九州迅驰传媒文化有限公司	经　　销：各大网上书店、新华书店及相关专业书店
开　　本：787mm×1092mm　1/16	印　　张：18.5
版　　次：2016 年 9 月第 1 版	印　　次：2016 年 9 月第 1 次印刷
字　　数：312 千字	定　　价：50.00 元
ISBN 978-7-5130-4404-2	

出版权专有　侵权必究
如有印装质量问题，本社负责调换。

序

典当是一种古老的融资方式，起于我国东汉，兴盛于明清，全国解放初期暂停了一段时间，改革开放以来又恢复、发展和振兴，至今已有1600多年的历史。随着我国金融体制改革不断深化和金融事业的发展，典当行业已成为非银行金融机构的重要组成部分，并朝着新型的普惠金融理念和制度下的一种城乡居民融资渠道的方向发展，是现代金融业不可缺少的组成部分之一。截至2015年12月底，全国共有典当行8 050家，分支机构928家，注册资本1 610.2亿元，从业人员6.3万人。2015年全行业共发放当金3 671.9亿元，典当余额1 025.2亿元。[1] 典当业之所以有着悠久的历史而又不断更新发展，其根本原因是由于典当行具有特殊的社会功能（融通资金、当物保管、销售商品、评估鉴定）并根源于民间草根，适应中下层人群的贴身融资的需要，或社会市民临时性、急需性、意外性的筹措应对小资金、小对象、小市场的迫切需要，其方式便利、快捷，方便群众，并形成了一套简便的交易规则，这是典当行最大的优势。郭娅丽教授在长期的法学教育和法学研究的基础上，经过对典当行资料多年的积累和研究成果的进一步升华，为适应当今典当行客观形势发展的需求，而形成和及时撰写了这本专门著作出版，是很值得庆贺的一件大好事。

我认为这本专门著作的出版具有以下四个方面的特点或优点。

首先，紧扣典当行的属性与法律地位、社会功能、经营范围、交易规

---

[1] 《2015年典当业运行情况》，文章来源：商务部流通业发展司 2016 - 02 - 01 08：52，2016年4月1日访问。

则、市场准入、法律适用及当事人的权责、金融监管及未来发展走向的法律规制等一系列根本性的典当行为和法律问题，进行了反复的、明确的、多层次的探索，理论性和实践性都很鲜明，有助于推进典当行沿着法治的轨道健康发展。

其次，全面而系统地考察、汇集和梳理了国内学界的各种观点与见解（非银行金融机构说、民间借贷行为说、准金融机构说、特殊工商业说等）并与国际社会和相关地区的典当行立法（包括美国、英国、日本及我国港澳台地区的立法）观念、情况、资料相比较。既有国内名家的研究观点，又有国际社会的丰富的立法资料，还选择了北京市的一批典型事例和司法审判案例。不仅丰富了专著的内容，并且还对进一步促进典当行的创新发展起着重要的基础作用。

再次，在研究方法上坚持了以问题（包括立法滞后、属性游离未定、经营范围狭窄）和发展（朝着普惠金融理念和制度下的方向发展）为导向，坚持了历史（起源）和现状（专章服务的情况与现状）的统一，理论（物权理论、商事理论）分析、案例（以北京市的司法实践案例为典型）分析和法律分析的统一，继承（历史考察）与创新（未来发展）的统一，多视觉的探讨和实地考察相结合，从而揭示了典当行发展的规律，达到较高水平的出版要求，这对广大研究者来说特别是对年轻一代研究工作者来说提供了良好的研究方法上的范例。

最后，专著结构严密，法律逻辑性强，观点明确，体例精当，资料扎实（如附1－2及50余处注释），文字表达清晰，前后一贯，全书共7章21节，20万字左右，资料8万字左右，符合专著要求，也反映了作者的综合分析和概括能力以及驾驭全书的能力。

总之，我认为该著作是一部，民商法学科中领域的处女作，是当前我国具有全面性、系统性和新颖性的一部著作，对立法、司法、教学、科学研究都有重要的引领和参考作用。但由于国家整个金融体制改革正处于深化阶段，由于该行业立法比较滞后，因此典当行一些理论和制度（包括典当行的本质、特色、优势）尚待进一步探索，一些具体政策和措施也会不断变化，期待作者继续保持开创精神跟踪追迹，不断与时俱进和超前预测。我相信典当业在

"十三五"规划纲要指引下的生存、竞争和发展,有利于丰富金融机构体系,有利于健全金融市场体系,有利于改革金融监管体系,有利于金融法治。

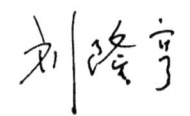

2016年3月28日

(刘隆亨:中国法学会学术交流中心顾问,中国法律咨询中心智库成员,北京联合大学经济法学、财税法学、金融法学教授,北京大学税法研究中心兼职教授)

内容提要

典当业是我国古老的金融行业，在现代社会发生了巨大的变化，但其法律性质仍然是借贷与担保的联立，资金融通功能始终是典当的核心功能。本书以2010—2015年北京市典当行业数据统计分析为依据，结合对北京市典当行的走访、北京典当行业协会的调研、法院审结典型案件的研究，指出典当行同质化经营、行业内部恶性竞争、典当行自身融资渠道受限、行业从业人员素质较低、行业协会监管手段不足等现象，反映了我国典当行业发展中存在的共性问题。

2015年12月31日，国务院《推进普惠金融发展规划（2016—2020年）》首次明确将典当行纳入其中，在积极推进规划落实过程中，建议国务院制定的《典当行管理条例（征求意见稿）》应以《典当业条例》或《典当商条例》命名，根据我国典当行的历史发展和现阶段以生产性融资放贷业务为主的现实，将其定位为准金融机构，并从三方面建立和完善典当行业法律规则。

（1）完善典当交易的特有规则，包括典当合同的效力问题，认可或有条件认可同业拆借、转当、绝当等行业惯例问题等，保护典当行合法的商业利益，建立风险补偿机制和激励机制，以发挥典当制度的独特功能。

（2）建立和完善典当业的事前、事中、事后监管规则，包括坚持负面清单法治理念下的市场准入监管，坚守两条底线，适当扩展典当行的经营范围；完善监管体制，建立包括典当行在内的普惠金融业务监管部际联席会议；完善典当行的退出机制，建立行政解散与司法解散的衔接制度，就典当行的破产问题作出规定。

（3）建立典当行业促进规则，商务主管部门应制定促进典当行业发展的"十三五"规划，引导典当行业依据本地产业政策找准定位，发展特色业务，逐步实现典当行业接入中国人民银行征信系统，通过行业分级重塑行业形象，为行业发展创造平等竞争的制度环境。

目 录

绪 论 ·· 1

第一章 典当的性质及典当行的法律地位 ·· 12

 第一节 典当的界定及其法律性质 ··· 12

 第二节 域外典当行业发展及其立法概况 ··· 18

 第三节 我国典当行业的法律地位 ··· 23

 本章小结 ·· 29

第二章 典当业融资服务现状、问题及成因 ·· 30

 第一节 北京典当行业发展现状综述 ··· 31

 第二节 北京市典当融资服务存在的主要问题 ································· 41

 第三节 北京市典当融资服务存在问题的成因 ································· 45

 本章小结 ·· 49

第三章 典当行市场准入规则及其适用 ·· 50

 第一节 典当行的股东资格问题 ·· 51

 第二节 典当行的资本制度问题 ·· 54

 第三节 典当行经营范围的确定问题 ·· 56

 本章小结 ·· 67

第四章 典当交易规则及其适用 ·· 69

 第一节 典当合同的认定 ·· 70

 第二节 典当合同的效力 ·· 88

· 1 ·

第三节　典当合同的履行 …………………………………… 104
第四节　典当案件审理中的商法思维 ……………………… 119
本章小结 …………………………………………………………… 125

第五章　典当融资监管规则评析及完善 …………………………… 127
第一节　监管内容及实施方法概况 ………………………… 127
第二节　监管内容及实效之评析 …………………………… 132
第三节　典当融资行业监管规则的完善 …………………… 139
本章小结 …………………………………………………………… 149

第六章　典当行业未来发展中的法律问题 ………………………… 150
第一节　典当行业竞争法律问题初探 ……………………… 150
第二节　典当行与网贷平台合作模式的法律规制 ………… 159
第三节　典当行市场退出的几个问题初探 ………………… 170
本章小结 …………………………………………………………… 189

第七章　中国普惠金融理念下典当行业法律规则的完善 ………… 191
第一节　典当行业应纳入普惠金融组织体系 ……………… 191
第二节　中国普惠金融理念下典当行业法律规则的完善 … 194
本章小结 …………………………………………………………… 200

附录一　调研资料 ……………………………………………………… 203
附件1　典当业主管部门调研提纲 ………………………… 203
附件2　行业协会调研提纲 ………………………………… 204
附件3　典当行调查问卷 …………………………………… 205
　　　　调查问卷统计分析 …………………………… 208
附件4　法院典型案例 ……………………………………… 213

附录二　典当相关立法及司法解释资料 …………………………… 223

参考文献 ………………………………………………………………… 277

作者前期发表成果 ……………………………………………………… 282

后　　记 ………………………………………………………………… 283

绪　论

一、选题背景和研究价值

（一）选题背景

党的十八届五中全会通过的《中共中央关于制定国民经济和社会发展第十三个五年规划的建议》，立足"十三五"时期国际国内发展环境的基本特征，围绕创新发展、协调发展、绿色发展、开放发展和共享发展五大理念，为未来五年深化金融体制改革明确了目标，提出了要求。[1] 其中坚持共享发展理念、发展多业态的普惠金融组织体系，为典当行业的发展带来了新的机遇。典当业是我国古老的金融行业，是民间金融的重要组成部分，典当业中民营典当行占主要地位。典当行以其短期性、灵活性和手续便捷性等特点，备受中小微企业和居民的青睐。从典当行的发展现状来看，根据全国典当行业监督管理信息系统显示，截至 2015 年 12 月底，全国共有典当行 8 050 家，分支机构 928 家，注册资本 1 610.2 亿元，从业人员 6.3 万人。2015 年全行业共发放当金 3 671.9 亿元，典当余额 1 025.2 亿元，与上年同期持平。动产典当业务占全部业务 30.5%；房地产典当业务占 53%；财产权利典当业务占 16.5%。业务结构保持稳定。[2] 整个典当行业呈现出快速增长的发展态势，典当行业的发展实

---

[1] 周小川：《深化金融体制改革（学习贯彻党的十八届五中全会精神）》，来源：人民日报 2015-11-25 17：45。http://politics.people.com.cn/n/2015/1125/c1001-27852044.html. 2016 年 2 月 3 日访问。

[2] 《2015 年典当业运行情况》，商务部流通业发展司网站，2016-02-1 08：52，2016 年 4 月 1 日访问。

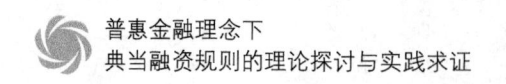

践已经证明，作为"三小"机构❶有其特定的服务对象，有其特定的市场空间，发展典当行业符合当前国家鼓励多业态普惠金融组织的政策导向。

从典当行业的立法概况而言，1996年4月3日中国人民银行颁布了《典当行管理暂行办法》；2001年8月8日国家经济贸易委员会颁布了《典当行管理办法》；2005年4月1日商务部、公安部第8号令颁布了《典当管理办法》；2012年12月5日商务部颁布了《典当行业监管规定》，进一步加强了对典当行业的监管。商务部已认识到典当行业立法仅为部门规章的局限性，2009年起草了《典当行管理条例（征求意见稿）》，报送国务院法制办进入立法程序，2011年国务院法制办就此公开征求意见。2011年12月15日商务部发布的《关于"十二五"期间促进典当业发展的指导意见》明确指出：到2015年典当业法规体系初步形成。❷ 2012年《典当行管理条例》列入国务院立法工作计划，以更高层级的立法规范典当融资服务已经形成共识❸，在此期间商务部曾经组织专家进行论证，但迄今为止并未公开相关信息。2015年12月31日，国务院印发《推进普惠金融发展规划（2016—2020年）》，其中"健全多元化广覆盖的机构体系"部分，强调规范发展各类新型机构，拓宽小额贷款公司和典当行融资渠道，加快接入征信系统，研究建立风险补偿机制和激励机制，努力提升小微企业融资服务水平；"确立各类普惠金融服务主体法律规范"部分，明确提出推动制定非存款类放贷组织条例、典当业管理条例等法规❹。由此可见，"十三五"规划期间，典当业相关立法的完善指日可待。

从全国典当行业发展的总体情况看，北京典当行业发展名列前茅，且最早建立了行业协会——北京典当行业协会，充分发挥了介于政府与企业之间桥梁的作用。据统计，截止到2013年11月30日，北京市典当企业有302家，分支机构105家❺，华夏、宝瑞通等连锁经营企业在全国范围内已具备较大的品牌影响力。根据商务部的相关立法规定，北京市商委为典当行业主管部门，从

---

❶ "三小"指小机构、小行业、小市场。
❷ 商流通发〔2011〕481号。
❸ 《国务院办公厅关于印发国务院2012年立法工作计划的通知》国办发〔2012〕12号。
❹ 国发〔2015〕74号。
❺ 数据来源：北京市典当行业协会。

其所处的政策环境而言,《关于金融促进首都经济发展的意见》❶ 中首次将典当行纳入金融中介服务机构,指出"加强对金融中介服务机构的指导和管理,强化对融资担保、融资租赁、典当机构和信用评级机构的监督管理和协调服务,提升融资服务支持能力。建立金融中介服务机构沟通联系机制,发挥金融中介行业协会作用,加强行业自律,规范行业行为,促进金融中介服务机构规范发展"。但是,尚无促进典当业规范发展的专门意见,典当行无法与小贷公司、融资担保公司、民营银行等享受同等的利好政策。在金融行业激烈竞争的背景下,典当行业向何处去?本书以北京典当行业为研究对象,既考察研究了典当行业的外部环境,同时探寻了行业内部的运行规范;既研究了北京本地实际,又关注了上海、江苏、浙江、广东等地情况,通过实地调研、案例研究,从中发现典当行业发展中存在的共性问题,评析国务院法制办公布的《典当行管理条例(征求意见稿)》,并提出相关建议,希冀推动典当融资立法尽快出台,以规范促进典当行业的健康发展。

(二) 研究价值

植根于我国古代的典当制度,在现行法律体系中与物权法、担保法、合同法、金融法等具有紧密的联系,如何与相关制度有效衔接,发挥典当制度的独特功能,该选题具有重要的理论价值。

1. 理论价值

第一,夯实发展典当行业的理论基础。典当行业之所以遭遇金融监管执法歧视、司法打压、民间不认同的障碍,首要问题是典当行业的法律定位偏差。从历史和现实、经济和法学等角度,论证典当行是我国现代金融体系的组成单元,融资功能是典当的核心功能,为典当行业充分发挥其融资功能提供理论基础。

第二,弥补典当交易规则研究的不足。选取法院审理的典当行业交易纠纷的典型案例,以及各地司法实践中的意见、解答,并关注相关立法的征求意见稿,探讨典当法律制度的继承与创新,挖掘典当交易特殊规则的合理性,评析《典当行管理条例(征求意见稿)》的得失,弥补金融法理论忽视准金融机构

---

❶ 《关于金融促进首都经济发展的意见》京政发〔2009〕7号第(三十)条。

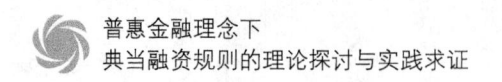

交易规则研究的不足。

第三，完善现代金融法的理论体系。传统金融法理论认为金融法的规范结构是由公法规范和私法规范组成的二元规范结构，普惠金融理念下应确立交易规则为主、监管规则为辅、促进规则并行的三元结构。研究普惠金融理念指导下如何处理好三种规则之间的关系、如何建立典当行业的促进规则等，可以为完善我国金融法的理论体系进行初步探索。

2. 实践价值

美国法学家霍姆斯在《普通法》一书中开宗明义地指出："法律的生命不在于逻辑，而在于经验。"典当融资规则必须回应商业实践，反映典当关系的要求，解决商业实践中存在的诸多矛盾冲突。

第一，为典当行业纳入普惠金融体系提供法理支持。对典当行的法律地位，学界有五种学说：非银行金融机构、非金融机构贷款人、非正规金融机构、特殊工商行业、准金融机构。现行立法明确定位为特殊工商业，作为银行业监管机构的银监会普惠金融工作部，负责融资性担保机构、小贷、网贷等机构的监管，典当行未纳入其中。本研究论证将典当行纳入普惠金融组织体系的必要性和可行性，为典当行的权益保护提供理论基础。

第二，为典当行权益保护和风险控制提供借鉴。目前我国专门的典当立法只有两个部门规章，由于效力层级较低，司法实践中往往依据《物权法》《担保法》等审理典当案件，加之司法裁判中商法思维的缺失，往往忽视了典当制度的独特规则，被法院或仲裁机构以违反公平原则而否定典当行的利益诉求。本书对典当交易合同中常见的纠纷进行了梳理归纳，选取典型案例从案情简介、法理分析、风险提示三个方面进行分析，为典当行经营中的风险控制提供借鉴。

第三，为典当行的市场准入与市场退出提供前瞻性思考。市场准入法、市场交易法与市场退出法构成了市场经济运行所需要的法律规则，我国长期存在重市场准入、轻市场交易、忽视市场退出的现象，典当行业并无例外，表现在一直实行总量控制、严格监管等方面，更重要的是尚未对行业内外部的竞争制度、企业市场退出制度加以足够关注，而行业竞争秩序、市场退出制度是优胜劣汰市场规律下必然要面临的问题，本书进行初步探索，希冀提供一点前瞻性思考。

二、研究思路和研究方法

（一）研究思路

本书以北京市典当行业数据统计分析和典型案例研究为基础，以普惠金融理念指导下典当行业依法治理为主线，沿着"现状研究""问题分析""对策研究"的思路展开。首先，通过纵向、横向比较，对典当行业进行合理定位，说明典当行业在现代金融体系中处于"金字塔"底端，分析行业发展面临的困境，指出典当行业纳入普惠金融组织体系的理论依据。其次，通过对典当交易中出现的纠纷进行类型化归纳，提出运用商法思维分析、裁判典当交易合同的法理基础，并提出适当认可行业惯例、完善典当交易规则的建议。第三，梳理我国典当行业监管的立法内容，研究普惠金融理念下典当行的监管原则、监管理念、监管体制等，借鉴国外及地区的立法经验，提出我国典当行业监管的基本构想。最后，研究典当行业未来发展中可能出现的几个问题，包括行业竞争问题、与互联网金融的合作问题、市场退出问题等，提出促进行业发展的完善建议。此外，在各部分研究过程中，针对国务院法制办公布的《典当行管理条例（征求意见稿）》进行评析，提出相关的修改建议。

（二）研究方法

1. 实证分析与规范分析相结合的方法

通过问卷、访谈等方式对我国典当行业发展现状进行调研，发现其中存在的问题，预测未来发展趋势，借鉴国外及地区立法，完善和构建典当融资的法律规则。通过实地调查走访，掌握第一手资料，分析北京市典当行业融资服务存在的主要问题，对案例的焦点问题进行分析，提出完善立法的基本思路、对策、建议等。

2. 比较分析与制度分析相结合的方法

通过横向和纵向比较，分析典当交易规则从传统到现代的发展变化，说明典当行业与普惠金融的契合性，论证行业纳入普惠金融体系的必要性和可行性。通过对与典当制度相近的制度进行比较分析，指出该制度的法律特征及存在价值；通过对国内相关立法文献比较研究，探求和阐明法律规范的立法意旨，反思现行规则存在的主要问题，提出完善建议。

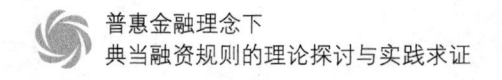

3. 经济分析方法

以北京市典当行业为例，对北京市典当业的注册资本金规模结构、总量变化、典当总额变化、业务结构及其变化、典当笔数、会员加入行业协会情况、行业上缴税收及提供就业岗位情况等的数据进行统计分析，力求客观反映北京市典当业的发展状况，从个别到一般，从中切实把握行业存在的共性问题，使法律规则的设计更为有效。

4. 案例研究方法

对典当交易合同中常见的纠纷进行了梳理归纳，选取典型案例，对实践中的重点问题，如典当合同的认定问题、典当合同的效力问题、绝当规则的适用问题，从案情简介、法理分析、风险提示三个方面进行分析，为典当行的业务经营提供借鉴。

三、研究内容和主要创新

（一）国内外研究现状

1. 国内同类课题研究现状

据查，国内同类课题有两个：商务部课题"典当业监管制度研究"、北京市哲社项目"北京市典当融资立法研究"。根据中国知网及国家图书馆图书目录系统统计，截至2016年4月1日，典当业法律制度研究的博士论文有1篇，硕士论文有20多篇。研究内容包括：（1）典当行的法律性质及地位。代表性观点有：刘俊海、胡宗仁（2012）认为典当行是准金融机构；傅穹、潘为（2012）认为典当行为我国目前立法认可的两类非金融机构贷款人之一。（2）典当行业发展状况及其困境。上海社科院从2009年起每年发布《上海典当行业发展报告》，认为我国现代典当业务七成以上为生产性融资，行业发展急需提高典当立法层级；危惊涛（2014）认为，典当业在整个金融生态圈日益边缘化，市场竞争激烈，现行立法的诸多限制形成行业发展的桎梏。（3）典当交易规则及案例研究。胡宗仁（2012）探讨了典当营业规则及其制度创新；高圣平（2014）认为典当立法应在契约自由和营业自由的基本理念下设计典当交易规则；对绝当之后的息费纠纷讨论较多，赵静（2013）认为典当行"合理期限内的合理利益"应予以保护。（4）典当行业风险监管研究。

胡宗仁（2012）、傅穹（2012）认为典当业应回归金融监管、放宽融资渠道等；潘为（2012）认为典当行业监管存在法律位阶过低、市场准入门槛低、标准不清晰、经营中政府干预多、后续资金不足、融资瓶颈凸显、缺乏发展方向定位等问题，需要在监管目标、监管理念、监管制度方面进行改革。（5）普惠金融及金融法制改革。王保树（2009）认为金融法的规范结构包括二元结构：金融组织规范、金融交易规范与金融监管规范，且功能性协调是未来的发展趋势；马建霞（2012）认为以信贷服务为中心实行普惠金融促进法律制度，建立多层次性的金融机构适应不同客户需求的金融机构体系；冯果（2013）认为金融公平与金融安全和金融效率同时作为金融法制的"三个足"，并用金融公平调适金融安全与金融效率，推进"民生金融"和"普惠金融体系"，实现金融的经济功能和社会化功能统一。

2. 国外及地区同类课题研究

国外和我国港台地区对典当制度的研究，包括以下内容：（1）典当立法模式。主要包括三种：一是在《民法典》中加以规定，如《俄罗斯联邦民法典》中规定有"当铺保管"作为特殊类型的保管等；二是专门立法，如加拿大、美国均有州颁布了典当商法，马来西亚有典当商法，日本有质屋业法（后来将典当纳入《放贷业法》统一适用），我国香港地区有《当押商条例》，台湾地区有《当铺业法》等；三是在《消费者信贷法》中加以规定。（2）典当行业的历史发展。国外典当行主要为消费性融资借贷，典当行业在金融系统中对银行业发挥补充作用；典当行存在的必要性、衰落和兴起与一国的消费者信用借贷体系的发展、银行收费高丧失了对小额业务的优势、实行社会福利等密切相关。（3）典当行业监管体制。主要有四种：消费信贷监管模式（美国）、财政部门监管模式（我国澳门）、警察部门监管为主模式（我国香港地区、日本）、商业部门监管模式（马来西亚、新西兰等）。

3. 国内外同类课题研究趋势

上述研究成果为本书奠定了重要的研究基础。但也存在不足之处：研究拘泥于具体的规则，尚未从法律理念层面去探究典当行权益受损的根源；局限于政府监管，行业自律监管与社会监管尚未研究；典当业与互联网金融的融合、新型典当交易实践与现有规则的冲突化解亟待论证等。

研究趋势体现在：注重典当融资的金融属性，遵循普惠金融的新理念，将其纳入普惠金融组织体系之中；研究的重点从具体规则的论证转向理念层面的探讨，关注典当行业与互联网金融的合作创新模式，注重平衡交易自由、风险监管与促进行业发展的关系等，力求将这些研究成果体现在国务院制定的行政法规——《典当行管理条例》之中。

（二）研究内容及主要观点

包括七个部分。

第一部分：典当的性质及典当行的法律地位。从典当的概念界定入手，分析得出典当的法律性质是借贷与担保的联立。典当行的法律地位有不同的观点，认为定性为准金融机构符合我国当前现实。典当的功能在现代社会进一步拓展，但资金融通始终是典当的核心功能、初始功能，制约着其他几项功能的发挥；当物保管功能是辅助功能，商品销售功能和评估鉴定功能则是衍生功能，后几个功能无法改变典当最本质的金融功能。目前我国典当行七成以上服务于中小微企业和居民，属于生产性借贷为主。

第二部分：典当业融资服务的现状、问题及其成因。选取国内典当行业发达的北京作为研究对象，以2010—2014年为时间节点，从北京典当企业的数量变化情况、注册资本金额规模结构情况、注册资本金额总量变化情况、典当总额变化情况、业务结构变化情况、典当笔数情况、典当企业加入行业协会的情况、典当行业上缴税收及提供就业岗位情况八个方面，进行了统计分析，总体上反映出我国典当行业发展的整体情况。但也存在同质化经营、恶性竞争、典当行自身融资受到限制、行业协会监管手段不足等问题。其原因可概括为四个方面：国家及地方立法不足、规范监管为主与促进发展失衡的立法理念、法律定位游移、灰色产业的道德弱势与放松监管的政治心理。

第三部分：典当行市场准入规则及其适用。典当是市场经济条件下不可缺少的融资方式之一，我国对典当行采取了严格的市场准入，从股东的法定人数、身份信用要求，到注册资本的最低数额、出资形式，以及典当行的经营范围，都作出了严格规定。面对百姓的生活消费需求、中小企业旺盛的融资需求与有限的融资方式和融资渠道的矛盾，未来典当行业立法应适当放松市场准入条件，在注册资本最低限额方面，建议授权各省、自治区、直辖市政府商务主管部门根据当地经济发展水平和审慎监管的需要确定，以做到原则性和灵活性相结合。建议坚持负面清单管理的法治理念，坚守"不得吸收公众存款""不得发放信用贷款"两条底线，适当扩展典当行的经营范围。

第四部分：典当交易规则及其适用。对典当交易合同的认定、效力、履行中存在争议的问题进行类型化归纳，选取典型案例，分别从案情简介、法理评析、风险提示三个方面展开分析，认为典当交易合同的认定标准包括：典当合同主体一方的特定性、合同纠纷案由的明确性、合同内容约定的特定性、合同组成部分的要式性。运用商法思维分析典当案件，对典当行特有的合同效力问题如当物未办理登记的典当合同的效力、第三人提供当物的典当合同的效力、第三人支付当金的典当合同的效力、以买卖合同形式发放借款的典当合同的效力等明确具体规则。认为商业信贷中应适用流质契约，绝当后息费的收取及计算以合理期限（一个月的诉讼准备期）的合理利益为宜，双方约定绝当后当户应支付违约金、逾期利息、典当综合费用的，典当行可以选择主张，也可以同时主张，但以补偿典当行的损失为限。

第五部分：典当融资监管规则评析及其完善。在对现行监管规则评析基础上，从当前金融法制变革的基本思路出发，提出我国典当行业未来监管立法应从几方面加以完善：坚持适度监管理念；采取包容性监管原则；坚持柔性监管方法；确立各地商委为主，协同地方银监会、金融工作部门等政府部门以及行业协会协同监管的体制，由各地商务部门主管、协同地方金融工作部门，将其纳入银监会的普惠金融部，各地建立普惠金融组织业务监管部际联席会议，涉及典当行监管问题，不妨由各地商委作为牵头单位，就典当行经营过程中的问题、风险等进行政策协调、风险提示等；同时充分发挥行业协会监管的作用。

第六部分：典当行业未来发展中的法律问题。主要探讨三个问题：其一，从竞争法的视角分析，宝瑞通典当行自降息费既不构成低价倾销的恶性竞争，也不构成滥用市场支配地位的垄断行为，而是引导行业回归良性竞争的破坏性创新行为；行业协会应避免限制竞争协议行为，鼓励龙头企业创新行业惯例，建立经济自治竞争规则，引导行业形成良好的竞争秩序。其二，对典当行与P2P网络平台合作模式，从直接融资、合同法的角度分析，其本质是典当行通过债权转让实现融资规模放大效应的手段，该合作模式中要解决的核心问题是完善对受让人的利益保护制度，一是以直接融资的思路确立监管的原则、方法和内容,二是以交易自由的理念设计规避风险的具体制度。其三,典当行的市场退出制度。行政解散是目前典当行退出市场的主要方式,在市场化资源配置起决定作用条件下,破产将成为重要方式,立法应就典当行特有的问题作出规定,如破产界限、破产申请权主体、债务人财产界定、当物处理以及典当行破产清偿顺序的确定等。

第七部分:普惠金融理念指导下典当行业法律规则的完善。在国家发展普惠金融的政策指引下,探寻典当行的历史发展,对现代典当行与其他微型金融组织的同质性考察,将典当行业纳入普惠金融组织体系具有合理性。典当融资立法应以《典当业条例》或《典当商条例》命名,从三方面建立和完善典当行业法律规则:交易规则的完善,对典当行特有的合同效力问题、绝当规则及其适用问题作出规定;典当监管规则的完善,坚持负面清单法治理念下的市场准入监管,坚持多部门协同监管体制下的过程性监管,坚持市场化资源配置下的市场退出监管;典当行业促进规则的建立,商务主管部门应在普惠金融理念指导下,超越部门利益,制定《关于"十三五"期间促进典当业发展的指导意见》,在促进典当行业享受普惠金融的优惠政策方面有所作为,为行业发展创造平等竞争的制度环境,引导典当行业发展依据本地产业政策找准定位,发展特色业务,并通过行业分级和征信系统重塑行业形象。

(三)本研究可能的创新点

(1)党的十八届三中全会、五中全会均提出发展多业态的普惠金融组织体系,国务院《推进普惠金融发展规划(2016—2020年)》正式将典当行纳入普惠金融组织体系。从历史和现代两个维度论证典当行与其他微型金融组织具有较多的同质性,因此将典当行纳入普惠金融组织体系具有合理性。

(2)从金融法的效率、公平与安全三元价值出发,以金融法视角,将典当行作为一种金融组织和一种金融交易的商业行为进行研究,提出典当融资规则应从"二元规范结构"拓展为"三元规范结构",增加建立行业发展的促进规则。

(3)采用定量和定性相结合的研究方法,对典当行业发展状况进行了初步数据统计分析,收集行业典型案例进行类型化归纳,结合实例及相关立法动态对典当融资规则进行了相对完整的分析论证。

（4）对典当行业监管体制进行了调研分析，提出确立各地商委为主，地方银监会、金融工作部门等政府部门以及行业协会协同监管的体制，利用现有体制资源，建立普惠金融组织业务监管部际联席会议，涉及典当行监管问题，由各地商委作为牵头单位，就典当行经营过程中的问题、风险等进行政策协调、风险提示等。

第一章　典当的性质及典当行的法律地位

据历史学家考证，中国的典当业萌生于汉代，南朝时期得到发展，佛寺经营的典当机构称之为"长生库"，明清时期兴盛，清末民初开始衰落。❶ 20世纪50年代被取缔，改革开放后重新恢复。现代典当行业在新时代的发展条件下，其法律地位历经变迁，理论上的变幻不定对实践造成了纷扰，导致行业发展处于尴尬境地。廓清典当的本质、科学界定典当行业的法律地位，是行业未来持续发展中首要解决的问题。

第一节　典当的界定及其法律性质

改革开放后，我国立法对典当行业的定位屡经变迁，立法与现实之间存在诸多偏差。典当概念的界定与其法律性质是立法对典当行的资质要求以及规范设计的逻辑基础，本章沿着历史发展脉络，结合行业实践，从法理角度展开剖析，力求明确我国现代典当的法律性质，合理确定其法律定位，澄清理论与现实中对其存在的模糊认识。

一、典当概念的界定

（一）传统法中的典卖与典当

典是我国固有法上古老的法律制度，与之息息相关存在的两项制度为"典卖"与"典当"。典卖，是土地和房屋（田宅）的一种特殊交易，通过这

---

❶ 刘秋根：《中国典当制度史》，上海古籍出版社1995年版，第293~294页。

种交易，业主（出典人）获得现金，而典主（典权人）得以在典期内使用甚至处置（转典）田宅。典卖自《民国民律草案》始被表达为一种权利，即典权（典卖是一种法律行为而非一种权利，与典当相对应，本书仍然采用典卖的概念），并以用益物权阐述之。典当是当户将值钱的物品质押到当铺，从而获得当金，实现现金的周转，通说认为典当是一种担保物权，更进一步说，是营业质权，设定营业质权的行为通常称为当，依法从事质押业务的称为当铺。❶

传统法中，典卖与典当的区别主要有：（1）标的不同。典卖和典当的标的存在"业"（田宅不动产）与"物"（物品等动产）的区别；（2）主体不同。典当必须是商法人，经过特许设立具有营业资格；（3）性质不同。典权为用益物权，营业质权为担保物权；（4）是否支付利息不同。前者为一种无息信贷，其核心规则遵循"业"的孳息与钱（典价）的利息相抵；后者为有偿借贷，支付当息、综合费用等。❷

（二）现代法中的典卖与典当

新中国成立以后受意识形态的影响，典当行被认为是盘剥穷人的机构而取消，我国固有法中的典制在实践中的真正应用即是民间的房屋典当，对此最高法院曾针对具体案件作出相关的批复阐释。这一时期的房屋典当实质是典卖，出典人支付典价，保留回赎的权利。1987年国内第一家典当行——华茂典当服务商行在成都被批准设立。此后，中国人民银行于1996年3月颁布《典当行管理暂行办法》，该法第3条规定："典当行是以实物占有权转移形式为非国有中、小企业和个人提供临时性质押贷款的特殊金融企业。"国家经贸委2001年颁布实施《典当行管理办法》，2005年商务部、公安部对此进行修正后颁布实施《典当管理办法》，该法第3条规定："本办法所称典当，是指当户将其动产、财产权利作为当物质押或者将其房地产作为当物抵押给典当行，交付一定比例费用，取得当金，并在约定期限内支付当金利息、偿还当金、赎回当物的行为。"在上述行政规章中，对传统法中的典作出了不同的解释：第一，将典卖等同于典当。将房地产作为当物等同于其他动产、财产权利作为当物；第二，将典卖等同于抵押。表述为"将房地产抵押给典当行"。如此一

---

❶ 马俊驹、余延满：《民法原论》，法律出版社2007年第3版，第441页。
❷ 吴向红：《典之风俗与典之法律》，法律出版社2009年版，前言部分第2页。

来，房地产典卖与房地产典当、房地产抵押出现了混同，实践中并不加以区别，各种统计数字中同一项业务既有称之为房地产抵押业务，❶也有称之房地产典当业务，❷立法上的模糊不清与实践中的不加区别，使得对典当性质的认识带来了更大的混乱。2007年《物权法》制定过程中，典权的存废引起了广泛的争论，在最终出台的《物权法》中既未确立典权制度，也未规定典当制度（营业质权）。至此，对典当法律性质的认识在学理上和实践中均成为一个悬而未决的问题。

（三）本书中典当概念的确立

本书所称的典当采用现行立法的概念，是指当户将其动产、财产权利作为当物质押或者将其房地产作为当物抵押给典当行，交付一定比例费用，取得当金，并在约定期限内支付当金利息、偿还当金、赎回当物的行为。包括几个特点：一是当物广泛，动产、房地产、财产权利均可作为当物；二是担保方式包括动产、权利质押以及房地产抵押；三是典当具有借贷和担保的双重性。

二、典当行名称的解读

我国古代将以物质押获得融资的营业场所称为当铺，也称为典当行，但是，现在有学者认为"典当行"的名称非常不妥，应称之为"当业公司"❸，笔者不以为然。理由如下。

（一）"典当行"的名称符合相关法律规定

根据国家行政管理总局颁布的《企业名称登记管理实施办法》（2004年修订）第9条规定，企业名称应当由行政区划、字号、行业、组织形式依次组成，法律、行政法规和本办法另有规定的除外。企业名称全称的第三个部分为企业所属的行业，根据《企业名称登记管理实施办法》（2004年修订）第16条规定："企业名称中的行业表述应当是反映企业经济活动性质所属国民经济

---

❶ 商务部流通发展司的统计数字：房地产抵押在典当行业务中占比57.51%。参见中国典当联盟网http：//www.cnpawn.cn，2012年11月9日，2012年11月16日访问。

❷ 闫彦明：《宏观调控背景下房地产典当业务的发展》，载《2010年上海典当业发展报告》，上海社会科学院2010年版。

❸ 胡振铃：《典当行业的现状及其立法完善》，载《法学评论》2006年第1期，第111~112页。

行业或者企业经营特点的用语。企业名称中行业用语表述的内容应当与企业经营范围一致。"典当行中的"行"在我国汉语中有两种含义，一有行业的含义，如内行、同行、在行、各行各业等；二指某些营业机构，如商行、银行、车行。❶ 在《工商登记行业分类表》中，金融业中包含银行（行业代码：68）、证券（行业代码：69）、保险（行业代码：70）、其他金融活动（行业代码：71）；其中，在其他金融活动项下，包含金融信托与管理（行业代码：711）、金融租赁（行业代码：712）、财务公司（行业代码：713）、邮政储蓄（行业代码：714）、典当（行业代码：715）等。可见，典当是一个独立的行业。《典当行管理暂行办法》（1996年）❷、《典当行管理办法》（2001年）❸ 和《典当管理办法》（2005年）❹ 均明确要求企业名称中行业表述应标明"典当行"或"典当"字样，正如《商业银行法》中要求银行名称中应包含"商业银行"字样、《保险法》中要求保险公司名称应包含"保险"字样一样，均为企业全称中的行业表述部分。至于要求其名称符合《公司法》第9条的规定，公司必须在公司名称中标明有限公司或股份有限责任公司字样，在典当行的企业名称全称中的最后一部分——组织形式，作为规范的企业名称当然具备，如北京宝瑞通典当行有限责任公司，宝瑞通典当行只是该企业的简称而已。"一方面仍然要求将此类营业组织称为典当行，另一方面又要求其名称符合《公司法》的规定，这非常明显的是自相矛盾"❺ 的说法，并不能成立。至于由于当铺过去作为从事高利贷盘剥穷人的不良形象，为了与之区别而改变名称，更无必要。改革开放促进人们观念更新，对旧制度注入了新的内涵，当取其精华去其糟粕。沿用典当行的名称完全符合现行法律规定，且沿用约定俗成的习惯用语更加符合民情。

---

❶ 中国社科院语言研究所词典编辑室编：《现代汉语词典（第5版）》，商务印书馆2005年版，第539页。

❷ 《典当行管理暂行办法》（1996年）第5条：典当机构的名称必须含有"典当行"字样。其他任何组织的名称不得含有"典当行"字样。注：为叙述简便，文中将1996年中国人民银行制定的《典当行管理暂行办法》（银发［1996］119号）。

❸ 《典当行管理办法》（2001年）第5条：典当行的名称应当符合《中华人民共和国公司法》的规定，并含有"典当"字样。

❹ 《典当管理办法》（2005年）第5条：典当行的名称应当符合企业名称登记管理的有关规定。典当行名称中的行业表述应当标明"典当"字样。其他任何经营性组织和机构的名称不得含有"典当"字样，不得经营或者变相经营典当业务。

❺ 胡振铃：《典当行业的现状及其立法完善》，载《法学评论》2006年第1期，第112页。

（二）"典当行"的名称契合典当理论和实践

典当行的名称被学者诟病的原因还在于典当行的经营范围与典当理论存在龃龉之处，最典型的是房地产典当业务。需要澄清的是，今天立法和实践中的房地产典当实质是房地产抵押，既不同于传统法中的典卖，也非不动产质权。这是因为：房地产典卖是无息信贷，以"业"的孳息抵充利息；而实践中的房地产典当是以房地产的价值为担保获取典价，按照典当合同的约定支付息费，并且在房地产管理部门进行抵押登记。著名民法学者江平先生曾经表示：我们现在典当行的"典"，实际上是担保物权。所谓房屋的"典"，实际上是拿"不动产"到典当行，用担保的手段来借钱。典当行的典当是典权的典，是不对的。❶ 至于不动产质权，日本法中是用益质，是从物权，不是对价性权利。而我国的房地产典当业务中，可以不转移占有，典当行不以房地产收益为目的，典当行享有对价性权利。为此，对于立法和实践中的房地产典当，应明确分类加以规范化：一类为房地产典卖，以房地产收益抵充息费，属无息信贷，出典人保留回赎权，适用典权规则；另一类为房地产抵押，适用抵押规则而非典权规则。

将上述业务纳入典当行的经营范围，并无不妥。这是因为：第一，典卖与典当的本质相同。房地产因其价值较大而被人们普遍作为融资担保手段，传统法中的典卖制度实施的基础是熟人社会，其风险在典权人可控制的范围内。而现代社会，由于人员的频繁流动、财产价值的估算复杂及财产市场行情变化，风险已经超越典权人的可控范围，通过典当行的专业评估鉴定，可在一定程度上控制风险，典当行为典卖增加了安全保障。第二，典卖为中小企业融资提供新的选择。据统计，其他国家、地区将典当业定位为消费性融资，而我国典当业目前超过七成的业务属于生产性融资，认可典卖可以为私主体充分利用财产、发挥其使用价值和价值提供更多的选择。第三，房地产抵押可作为典当行的兼营范围。最高人民法院《关于适用〈中华人民共和国合同法〉若干问题的解释（一）》第10条规定："当事人超越经营范围订立合同，人民法院不因此认定合同无效。但违反国家限制经营、特许经营以及法律、行政法规禁止经营规定的除外。"另最高人民法院原《关于贯彻执行〈经济合同法〉若干问题的意见》《关于在审理经济合

---

❶ 江平：《〈物权法〉的理想与现实》，见江平《我们能做的是呐喊》，法律出版社2010年第2版，第168~169页。

同纠纷案件中具体适用经济合同法的若干问题的解答》以及国家工商行政管理局《关于核定企业经营范围有关问题的通知》等文件中，也都有相应内容的反映。当今企业的多元化经营是趋势，房地产抵押不属于国家限制经营、特许经营以及法律、行政法规禁止经营规定的范围，房地产抵押的广泛运用是目前房地产市场规律使然，从鼓励交易原则出发，判断为典当行的兼营范围较为妥当。因此，从理论和实践两个层面看，典当行的名称可谓名副其实。

三、典当法律性质的确定

典当的法律性质是立法对典当行的资质要求以及规范设计的逻辑基础，鉴于理论和实践中典当与典卖混杂在一起，所以要澄清典当的法律性质，有必要先澄清典卖的法律性质。在典卖中，承典人支付典价后享有典权。就典权的法律性质，目前我国学界主要存在五种观点：用益物权说、担保物权说、特种物权说、买卖契约说、用益债权说。[1] 以下作一简要分析。

典权的本质并非用益。民法学上以他物权设立目的不同为标准，分为用益物权与担保物权。从历史演进的角度看，典卖中出典人大多基于解决资金的急需、不得已将不动产出典，而以保留未来的回赎权为必要；承典人占有典物的本意并非使用、收益，而是为了获得支付典价的对价。此时，典权人占有典物的目的实际上是出典人以田宅为担保物，对典权人支付典价（本金）的实物担保，并保留了未来回赎该物的可能性，即享有一种期待权。"典权人就典物的用益无论在过去抑或现在都是出典人支付利息的一种手段。典权人希望通过支付典价取得典物的占有、使用、收益与银行希望通过出贷而取得利息的心理是相同的。"[2] 此外，典权与用益物权中主动作出意思表示的当事人不同：设置典权的意思表示是由出典人先作出，用益物权则用益人必然向物之所有人先作出意思表示。[3]

典权的性质非担保物权。典卖无疑具有担保性质，但将典权解释为担保物权亦存在以下不协调之处：担保物权须有一个主债权在前，典卖应是一个从物权，但实际上典卖法律关系中，并不存在一个主债权。从典卖的顺序来看，出

---

[1] 隋彭生：《作为用益债权的典权》，载《政治与法律》2011年第9期，第108~120页。
[2] 张圣：《典权性质之我见：担保而非用益》，载《法律适用》2008年第4期，第94页。
[3] 张圣：《典权性质之我见：担保而非用益》，载《法律适用》2008年第4期，第94页。

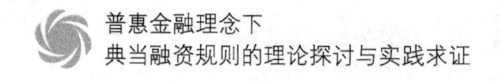

典在前，借贷在后。

典权亦非买卖契约。典物是典权的标的，在正常情况下不是买卖关系的标的。"典本是交易叙事的主流词汇，典是卖的一种形式，而现代意义上的卖成了典的一种特殊情况。"❶ 典卖是非正常情况下对典物的买卖关系，正常情况下典卖并非买卖契约。

综上，典卖本质上是一种借贷关系与担保关系的复合，借贷是目的，担保是手段。从历史演进的角度考察，典卖与典当有惊人的相似之处：典当非担保物权，担保物权是以主债权合同在先，担保合同在后；典当制度中，借贷以出当行为为前提，即出当在前，借贷在后。典当实质上是一种信用授受行为，是借贷与质押（抵押）之联立。❷ 典当是担保关系与借款关系有机结合在一起的复合法律关系，是一种边缘性的、独立的、新型的法律关系。❸ 学者的深入研究表明，二者均为一种民间信贷的方式，❹ 均为出典人（出质人）在急需资金时，以当物为担保，获得所需资金的有效手段。

第二节 域外典当行业发展及其立法概况

典当缘起于中国，但是早已被世界各国所广泛应用，只不过由于各国的经济文化发展进程不同，典当行业在其中所起的作用不同，因此显示出不同的发展特征。

一、美国典当行业发展及其立法概况❺

（一）美国典当行是金融机构，同时开展寄卖业务

美国典当行业的发展主要是源于国内商业银行融资供给不足，1781 年 12

---

❶ 吴向红：《典之风俗与典之法律》，法律出版社2009年版，第6页。
❷ 杨与龄：《民法物权》，台北五南图书出版公司1981年版，第213页。转引自张炜：《试论准金融机构的司法规制——以典当行作为分析对象》，载卓泽渊等主编《金融法律服务与管理创新建设论坛》第445页，中国人民公安大学出版社2012年第1版。
❸ 黄金波：《浅论典当有关法律问题》，载《法律适用》1998年第10期。
❹ 吴向红：《典之风俗与典之法律》，法律出版社2009年版。
❺ 本部分参见邰南：《典当视角：纵观海外典当行》。来源：中国典当联盟网，发布日期：2010.05.12，2012年4月21日访问。

月，经北美大陆会议批准，美国最早的商业银行——北美银行成立，以后相继出现了若干商业银行，主要负责办理存款、发放短期贷款等金融业务。但这些银行数量少，分布不均，对普通个人几乎不发放贷款，特别是处于社会底层的普通人不能享受金融服务，典当行由此应运而生。19世纪初期典当行逐渐走向繁荣阶段，成为与银行并驾齐驱的金融机构。美国所有的典当行都开展寄卖业务，这使典当行的多元化商品销售功能得以充分发挥。美国典当立法非常发达，有50个州和首都哥伦比亚特区均有典当法规，典当行是依法向州政府领取营业执照的金融机构。

（二）美国典当行主要服务于小额消费信贷需求

20世纪初期到80年代，美国国力增强，金融业空前发达，典当业曾经出现衰落。20世纪90年代又重新兴起，大概有三个原因：一是美国的贫富差距拉大，处于贫困线的人口逐年增加；二是大部分的银行营业范围主要集中在大中城市；三是因为银行收费高，丧失了对小额业务的优势，而处于贫困线之下的人群一般来说信用程度低，无法或较少获得银行的金融服务，转而求助于典当行。可见，美国典当行主要服务于小额消费信贷需求，属于金融体系的组成部分。

二、英国典当行业发展及其立法概况[1]

（一）英国典当业是金融服务业和商业的一部分

英国是欧洲典当行业发展最为完善的国家，早在中世纪时期就建立了具有官方色彩的公共典当行，主要对农民和城市手工业者服务。产业革命到第二次世界大战结束走向繁荣阶段，1836年典当行协会成立。第二次世界大战结束后，由于英国陆续推行福利制度，各类消费信贷机构增多，银行网点多，金融服务业日益健全，低收入阶层对典当行的依赖性降低，典当业的发展跌入低谷。20世纪80年代之后，由于典当行改进经营形式，提供优质服务，将普通商品销售和绝当物处理紧密联系等，典当行业得以复兴。英国典当业属于金融

---

[1] 本部分参见《英国典当业发展简史》，中国典当联盟网，发布日期：2014-04-02。来源：驻英国经商参处子站，2016年2月2日访问。

服务业和商业的一部分，被归属于中小企业层次。政府主管部门为英国贸工部下属的公平贸易办公室，英国典当协会实行行业自我监管，国民咨询局、贸易标准局、法院等部门参与监管和建议。

（二）英国典当行业通过小额质押贷款服务中低收入者

英国典当行业是小额短期融资形式之一，主要服务对象一般为中低收入者，占融资主体的80%。当户以30岁左右女性为主，2/3以上的当户家庭有学龄孩子，他们是社会的低薪阶层或社会福利的受益者。

（三）英国最早制定完整的典当业法规

英国是世界上最早制定完整的典当业法规的国家。1564年，英国议会颁布多部典当法规，对英国典当业进行管理。1872年，英国议会通过了英国历史上第一部完备的典当法律，即著名的《1872年典当法》（the Awnbrokers Act of 1872）。该法规定了质押贷款的种类和期限，除利息之外还可以收取手续费、审核费、表格费，与当息一起合并计算综合费率等。该法界定了英国典当行只能从事小额质押贷款的性质。该法延续有效一百多年，直到被新的法律取代，即英国《1974年消费者信用法》（the Consumer Credit Act of 1974）。

三、日本典当行业发展及其立法概况

（一）日本典当业发展与中下层经济状况呈现反相关

日本典当创建于9世纪左右，主要是僧办典当。日本民办典当起源于镰仓幕府时期（1192—1333年），当时当铺被称为"库仓"。以后，民办典当大规模出现于室町幕府时期（1336—1578年），其中致富的商人开办的当铺被称为"土仓"。土仓不仅收当金银珠宝、衣物农具，有时也接受贵族、地主的土地作为抵押。德川幕府时期（1603—1867年）是日本典当业发展的一个重要阶段，从此时起，日本当铺始称"质屋"。这一时期的日本典当业法律进一步健全，典当行分布更加广泛，当户中武士增多。1868年明治维新后日本逐步确立起资本主义制度，日本典当业的发展也进入了有史以来的顶峰时期。第二次世界大战后，日本作为战败国被美国占领初期，日本国内经济凋零，失业严重，社会贫困化迅速加剧，故典当业又从20世纪上半期的不断衰落重新走向繁荣。可见，典当业的兴盛与中下层的经济状况呈现反相关。当经济状况好转

时，贫困阶层能够充分享受到金融服务，典当业的融资功能仅仅作为当户救急的手段；而当经济状况恶化时，贫困阶层无法享受充分的金融服务，典当业是救穷的最后一棵稻草。❶

(二) 日本典当业属于银行体系外最重要的消费金融产品供给者之一

日本的融资体系和格局已基本定型，其模式为：由城市银行、信托银行、长期信用银行等大银行主要提供大企业的资金；地方城市银行提供中小企业的资金；各类非银行金融机构提供小企业的资金；当铺属微利行业，通常主要靠典当利息、手续费等综合费用来维持，主要担负着向公民个人发放质押贷款的职能，主要受理的当物也是常见的金银饰品、高档手表、家用电器等动产。❷据国内学者考证："在日本，贷金公司是银行体系外最重要的消费金融产品供给者，包括12种非银行信贷机构。具体包括消费者无担保贷金公司、消费者有担保贷金公司、消费者住宅贷金公司、工商业贷金公司、票据贴现公司、信用卡公司、分期付款公司、流通和制造业金融公司、建筑和房地产业金融公司、当铺、租赁公司和按日还款贷金公司。"❸可见，日本典当业主要服务于消费借贷。

(三) 日本典当业监管机构先后为各地公安委员会和日本放贷业协会

在典当业监管方面，第二次世界大战后日本出台了《典当营业法》(1950年)，规定典当业的行业监管部门为各地公安委员会。凡从事典当业的人均需递交给所在地区警察署从业申请书，由其转呈各都道府县公安委员会负责审核批准。警察机构属于日本典当业的具体治安管理部门。之所以由公安委员会负责审批监管，主要目的是为了防止不法分子利用当铺销赃。而由警察机构进行治安管理，则有利于政府部门及时了解和掌握各家当铺的日常经营管理状况，并防止赃物通过典当渠道流通。所以，《典当营业法》在关于审核条件项目中特别规定："受到刑事处罚后不满三年者，不得从事典当业务。"这主要是为了防止当铺与社会不法分子相勾结，利用典当业这个十分特殊的行业进行违法

---

❶ 李沙：《走进典当行——独特快捷的融资方式》，学苑出版社2006年版。
❷ 同上。
❸ 孙章伟：《日本贷金公司的发展现状、问题应对及启示》，载《日本学刊》2010年第6期，第58页。

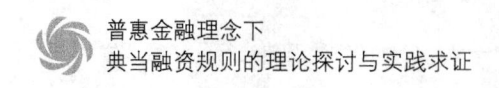

犯罪活动。

2010年6月日本规范放贷业的法律修改,名称变更为《放贷业法》。该法第2条明确规定其适用范围:"放贷业包括金钱借贷媒介业、票据贴现业之外,当铺、信用卡公司、流通业等也包含在内。"❶ 伴随法令修改,建立了"日本放贷业协会",该协会得到内阁总理大臣的许可,具有与放贷业者同样的法人资格,每个都道府县有义务设置分会,作为官方认可的行业组织进行指导和监管协会会员,制定该协会的自主规制章程等。修改后的立法将典当包含在内,意味着其同样受到放贷业协会的监管。

四、我国港澳台地区典当行业发展及其立法概况

(一) 香港地区典当行业发展及其立法概况❷

典当是香港古老的行业,早在19世纪40年代开埠前,香港所在地新安县即有当铺存在。1858年制定了香港现行唯一的一部专项典当法律——《当押商条例》,1930年、1946年、1947年、1948年、1950年、1984年历经修改,沿用至今。与大陆典当行业立法相比,有几个特点:第一,监管体制上,任何一家典当行的开业许可均须向政府警务处领取牌照,警务处处长负责具体审批;牌照不得转让;❸ 行业协会——香港九龙押业商会作为行业自律组织负有主要职责,代行政府部分职能。第二,当物主要是金银珠宝、名贵手表、金笔等动产。第三,认可流质契约。❹ 第四,限定最高贷款额 $50 000。❺

(二) 澳门地区典当行业发展及其立法概况❻

澳门典当行业兴旺,与其博彩业直接相关,典当行业高度依附于发达的博

---

❶ 注:1982年日本出台了"关于放贷业规制的法律",2006年对其进行了重大修改,2010年6月再次修改,名称变更为《放贷业法》。详细内容参见拙文:《日本规范放贷业的新动向及其启示》,载《经济法论丛》2013年上卷。
❷ 李沙:《中外典当》,学苑出版社2010年版,第69~83页。
❸ 《香港当押商条例》第4条、第5条、第6条。
❹ 《香港当押商条例》第17条:未赎回物品成为当押商财产。"除本条例及任何其他法律另有规定外,当押物品如在当押商贷出任何款项的日期起计4个农历月届满时仍未被赎回,则成为当押商财产。"
❺ 《香港当押商条例》附表1 本条例适用的最高贷款额 $50 000。
❻ 李沙:《中外典当》,学苑出版社2010年版,第83~86页。

彩业，为赌客提供融资服务。1903年12月殖民政府颁布施行《澳门市当按押章程》，将典当业依据当期和利息的不同，划分为当、按、押三种；当物限于动产；典当具有金融与商业的二重性质，不仅从事质押贷款方面的融资服务，而且从事商品销售方面的流通业务。

（三）台湾地区典当行业发展及其立法概况❶

台湾1940年就制定了《当铺业管理规则》规范典当行业，直到2001年6月修改后颁布实施了《当铺业法》。台湾典当行业的发展呈现出几个特点：市场准入严格，根据人口数量批准设立典当行；❷且设立典当行需要经过一定的"筹设期"，经勘验合格才能取得许可证；当物仅限于动产，当户以动产担保与典当行发生借贷行为；认可流质契约。❸

以上简要梳理美、英、日以及我国港澳台地区的典当行业发展概况，可以发现一些共同的特点：典当行业在各国及我国港澳台地区的金融体系中均属一个小行业，即一个袖珍金融机构支撑着一个微型金融市场；❹服务于社会中的下层和贫困群体，属于消费信贷的范畴；允许典当行经营寄售业务；典当业的兴衰与社会宏观经济环境直接相关。了解和把握这些共性和发展趋势，对于规范我国典当行业的发展具有一定的借鉴意义。

第三节　我国典当行业的法律地位

梳理我国改革开放后典当行业的法律地位变迁，从历史上典当行业的功能定位、现阶段典当的实际作用出发，放眼世界各国典当的发展趋势，科学合理地确立典当行业法律地位，使典当行业纳入普惠金融体系，享受国家关于普惠金融的各项利好政策，扩展中小企业融资渠道，是典当行业获得更大生长空间的基础。

---

❶ 李沙：《中外典当》，学苑出版社2010年版，第83～86页。
❷ 《台湾当铺业法》第4条："本规定实行后，第一年每增加3万人筹设一家（典当行），第二年起每增加2万人筹设一家。"
❸ 《台湾当铺业法》第21条："届期不取赎或顺延质当者，质当物所有权移转于当铺业。"
❹ 李沙：《走进典当行——独特快捷的融资方式》，学苑出版社2006年9月第1版。

一、典当行业法律地位的变迁

改革开放以来,典当行在我国的发展及其在金融机构体系中的定位经历了三个阶段:

(一)无序发展阶段(1987.12—1993.6):无法可依,定位缺失

自从 1987 年国内第一家典当行——成都华茂典当行成立,各地出现了很多典当行,由于多头审批、没有典当法规和全国统一的监管部门,无照经营、超范围经营现象严重。部分典当行主要精力集中在吸收存款、集资、资金拆借、信用贷款、担保等金融业务,以及商品寄售、零售、旧物收购业务等,完全背离了典当的主要业务,典当行的经营无法可依,名实不符,缺少定位,处于无序发展状态。

(二)严格监管阶段(1993.7—2000.6):非银行金融机构

1993 年 8 月 19 日,中国人民银行下发《关于加强典当行管理的通知》明确指出:"典当行是以实物质押形式,为个体工商户和城乡居民提供临时性贷款的非银行金融机构,其主管机关是中国人民银行。"根据 1994 年 8 月 5 日中国人民银行发布的《金融机构管理规定》,采用列举方式规定了我国的非银行金融机构,其中第 8 项为典当行。1996 年 4 月,中国人民银行颁布实施的《典当行管理暂行办法》第 16 条规定:经批准开业的典当行,应当持中国人民银行颁发的《金融机构营业许可证》到公安部门申领《特种行业许可证》,再到工商行政管理部门登记,领取营业执照后,方可营业。这个阶段,对典当行与银行业实行同样的监管。

(三)改革发展阶段(2000.6—今):特殊的工商行业

2000 年 6 月,依据国务院机构改革方案,国家经贸委接任典当业监管职责,自此,典当行脱离中国人民银行监管系列,取消典当行金融机构资格,不再被视为金融机构。2003 年国家经贸委撤销后,新组建成立的商务部行使其职责。其后的《典当行管理办法》(2001 年)、《典当管理办法》(2005 年)以及"2011 征求意见稿"中均指出典当行为经营典当业务的企业法人,应向商务主管部门申请取得《典当经营许可证》后,在 10 日内向所在地县级人民政府公安机关申请典当行《特种行业许可证》,现行立法《典当管理办法》

(2005年)及《典当行业监管规定》(2012年)对典当行的法律定位有三个要点：一为典当行是专门从事典当活动的企业法人，需要经过商务主管部门的特许经营；二为典当行的组织形式与组织机构适用公司法有关规定，即采取有限责任公司和股份有限责任公司的组织形式；三为典当行属于特殊工商行业。

二、我国典当的现实功能及其嬗变

典当与钱庄、票号并称为现代金融的鼻祖，因物而信、以物质钱是典当的显著特征。尽管经历了几千年的风霜雨雪，典当不仅延续了基本功能，而且在现代社会发展过程中不断嬗变和扩容衍生出新的功能。

(一) 资金融通功能

这是典当的初始功能，也是首要功能。旧社会作为穷苦人民生活救急的融资手段，典当行主要解决贫苦人民的消费性需求，属于消费性借贷。现代许多国家依然延续这一功能，并在立法中加以体现，如《俄罗斯民法典》第358条第1款规定："接受公民的个人消费品作抵押以保障短期贷款，可以由具有相关执照的专门组织——典当行作为其经营活动而进行。"❶ 然而，在我国现阶段，多数人解决了温饱问题，小微企业资金需求面临困境，现行立法从融资对象、经营范围、当物范围等方面，均出现了较大的扩展，❷ 典当成为小微企业生产性融资的重要渠道。

(二) 当物保管功能

由于传统当铺的当物为动产，以动产质押的方式移转占有。因此，当铺具有在约定的当期内保管当物的功能和义务，在赎当或绝当时保管义务终止。在现代社会，人员流动比较大，为了确保某些动产及财产权利的安全，典当行还接受这些物品短期的寄存保管，这是传统当物保管功能的延伸拓展。如《俄罗斯民法典》中"特殊类型的保管"，第919条、第920条就规定了当铺保管。又如日本典当业由于银行推出无担保的住房贷款以及预支消费贷款而逐渐

---

❶ 黄道秀、李永军、鄢一美译：《俄罗斯联邦民法典》，中国大百科全书出版社1999年版，第161页。
❷ 张炜：《试论准金融机构的司法规制——以典当行作为分析对象》，载卓泽渊等主编《金融法律服与管理创新建设论坛》，中国人民公安大学出版社2012年版，第438~439页。

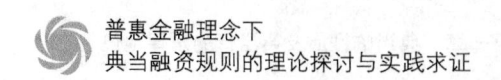

衰落,❶现在的主要业务是保管、寄存和旧货销售。从我国实践看,典当行利用其优势,开展与银行合作业务,共同对动产质押的贷款手续进行审核,在双方无异议的情况下,由典当行提供保管业务,由银行通过典当行典当,由典当行将款项放给企业,为银行资金安全多提供了一层保障。❷

(三) 商品销售功能

当户借助典当行融资是主要的目的,但由于各种原因不能赎当而绝当时,典当行可以对当物进行处分,这是其销售功能的体现。现代社会典当行进一步拓宽其经营范围,利用其无须经过司法程序直接处分当物的优势,与银行合作担保品,"银行将部分不良资产转移至典当行,由典当行根据企业行为进行追缴,既可以使银行放下解决不良资产的包袱,又可以发挥典当行的作用,为典当行增加收益,同时为解决各类错综复杂的多角债务提供了思路"❸。

(四) 评估鉴定功能

典当行是最早开展动产质押贷款业务的行业,在当物的评估鉴定方面已树立了一定的权威,正因如此,凭借对典当行的专业鉴定水平的信任,加之当物绝当时的价格优势,去典当行淘宝已经成为今天很多时尚人群的选择。

综上,尽管典当的功能在现代社会进一步拓展,但资金融通始终是典当的核心功能、初始功能,制约着其他几项功能的发挥;当物保管功能是辅助功能,商品销售功能和评估鉴定功能则是衍生功能,后几个功能无法改变典当最本质的金融功能。

三、立法与现实对法律地位认识的疏离

尽管现行立法明确规定典当行业为特殊工商行业,但从典当行业实践功能看,现阶段典当行业更侧重于融资功能的发挥,涉及典当经营管理及争议解决时,相关主体对典当行的法律地位反映出不同的态度。

---

❶ 李沙:《中外典当》,学苑出版社2010年版,第50~53页。
❷ 汪其昌:《典当行与银行的业务合作》,载《2010年上海典当业发展报告》,上海社科院2011年版,第121页。
❸ 张炜:《试论准金融机构的司法规制——以典当行作为分析对象》,载卓泽渊等主编《金融法律服务与管理创新建设论坛》,中国人民公安大学出版社2012年版,第438~439页。

（一）主管部门客观所限监管融资机构勉为其难

从主管部门商务部及各级商委角度而言，典当行区别于其同时监管的旧货业、生活服务业等一般工商业，其融资放贷属性突出，与银行金融机构连接紧密，登记的经营范围之外从事民间借贷等违规行为的可能性增多，有较大的风险扩散性。而主管部门对其违规行为的认定主要依靠典当监管系统显示的数据信息，更多地偏重于形式监管，对金融控股公司控股的典当行是否合规、是否从事其他违规行为，在典当行尚未纳入银行征信系统的现行体制下，主管部门金融监管的专业力量不足，要求对典当行潜藏的金融风险进行实质监管的确勉为其难。

（二）典当行自身工商业与融资机构的双重定位

从典当行角度而言，对于法律定位存在矛盾心理：一方面，典当行目前从事的主要业务是融资放贷活动，赚取的是当户的息费，获取的是期限利益和劳务费用，这一点与小贷公司的业务无异，由此认定为金融机构较为合理。但另一方面，由于现行立法对典当行的监管从严格监管到严厉监管，❶加之银监会等有时通过对其监管对象的监管，侧面对典当行进行压制的政策（如特定时期要求银行金融机构不得对典当行授信），此时典当行又认为特殊工商业的法律定位更为宽松。总之，典当行既希望享有金融机构特有的政策利好，同时又希望避开国家对金融机构的严厉监管。

（三）司法机关倾向于将其定位为准金融机构

随着典当行业实践增多，典当纠纷也不断增多，法院对典当行的定位曾经存在偏颇，如《最高人民法院关于审理民间借贷案件适用法律若干问题的规定（征求意见稿）》（2013年10月28日公布）第2条将典当行纳入民间借贷机构。❷随后北京、安徽等14个省市典当行业协会以公函的形式向最高人民法院提交了《关于优先适用〈典当管理办法〉处理典当企业合法权益的意见》，最高人民法院民事审判一庭回复"《关于审理民间借贷案件适用法律若干问题的规定》的适

---

❶ 参见第四章《典当融资监管规则评析及其完善》。
❷ 《最高人民法院关于审理民间借贷案件适用法律若干问题的规定（征求意见稿）》（2013-10-28）第一条【民间借贷的界定】本规定所称的民间借贷，是指自然人、非金融机构法人以及其他组织之间进行资金融通的协议。经政府金融主管部门批准设立的融资担保公司、融资租赁公司、典当行、小贷公司、投资咨询公司、农村资金互助合作社等非银行金融机构法人及其分支机构，通过担保、租赁、典当、小额贷款等形式进行贷款业务，引发的纠纷适用本规定。

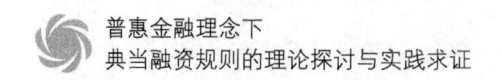

用范围不再包括典当行业"❶。2015年6月23日最高人民法院审判委员会第1 655次会议通过的司法解释采纳了这个意见。由此，法院明确了典当区别于民间借贷，区别于一般工商业，司法实践中倾向于将典当行定位为准金融机构。

四、科学合理确定典当行的法律地位

从典当行业的法律定位来说，有几种代表性观点："非银行金融机构""民间借贷行为""非法集资行为""准金融机构""特殊工商业"等。这些观点反映出我国在不同历史阶段对行业经营的主观认识。改革开放后继承我国古老的金融行业，经营范围主要限定在动产质押，适用流质契约等特有规则，因而立法认可行业定位为"非银行金融机构"；及至典当行业经营出现一些乱象，与非法集资、民间借贷盘根错节，国家对其进行清理整顿，又出现了"民间借贷行为""非法集资行为"的观点，这一时期行业的负面形象非常突出；随着行业的迅猛发展，特别是2001年《典当行管理办法》拓宽经营范围之后，基于典当行业经营范围主要面向中小微企业的放贷业务，司法实践中更认同其为"准金融机构"；而主管部门商务部则认为其兼有金融和商业的属性，现行立法明确规定其行业属性为"特殊工商业"。笔者认为，对典当行业的法律定位，应建立在对典当功能的历史发展和当代嬗变考察的基础上，发现我国典当行业其融资功能贯穿历史的逻辑主线，同时更要着眼于当前典当发挥的主要功能和未来发展趋势，以此对典当行进行定位。

（一）尊重历史与立足现实相结合确立典当行的法律地位

典当自古以来就是传统的金融机构，无论时代如何发展，各国及地区发展路径有何差异，典当始终是金融体系中不可缺少的一环。即使在我国改革开放之后恢复设立典当行之初，典当行的金融属性一直被官方认可。当前正处于金融法制变革时期，金融法制变革的指导思想是金融资源的公平配置，金融资源公平配置的前提是确立市场配置的基础性地位，对典当业的定位将其排除于金融业之外，与市场反应显然不符。在国家鼓励民间资本进入金融行业的政策背景下，合理确定典当业的法律地位，将为其赢得良好的制度环境。

---

❶ 《北京典当行业协会2013年会刊》，第81~88页。

（二）融资功能为主与衍生功能为辅定位典当行为准金融机构

典当行的主要功能和业务是融资活动，但其还兼有商品销售、保管、评估鉴定等功能和业务。与银行、保险公司、证券公司、信托公司等大型金融机构无法相比，又不同于批发公司、生产性公司等一般的工商业企业法人；典当业既非主流的金融业，又非主流的工商企业，处于边缘业态，是主流的金融业和商业的补充。古往今来的典当及典当业均属于"三小"性质，即小机构、小市场、小行业。所谓小机构，是指典当行从资金运营、业务范围、服务对象等方面衡量，均属于小型机构。所谓小市场，是指在金融体系中，典当市场的规模一般十分有限，其所占的市场份额较小，属于低端市场。所谓小行业，是指典当业被称为"微型"行业，属于民间金融，当高端市场发展成熟，无须服务对象"因物称信"，满足其资金需求时，这个行业将走向衰落。典当行不能吸收存款，不搞结算，缺乏中间业务，不经营信用贷款，当户不偿还当金时，典当业的货币经营内容势必转化为商品经营内容，面临绝当变现的业务。可见，典当业是介于金融和企业之间的特殊机构，法律术语中把程度上虽不完全够但可以作为某类事物对待的事物以"准"字作前缀，称之为"准金融机构"。

本章小结

典当是指当户将其动产、财产权利作为当物质押或者将其房地产作为当物抵押给典当行，交付一定比例费用，取得当金，并在约定期限内支付当金利息、偿还当金、赎回当物的行为。典当的法律性质是借贷与担保的联立。典当行的法律地位是准金融机构。典当的功能在现代社会进一步拓展，但资金融通始终是典当的核心功能、初始功能，制约着其他几项功能的发挥；当物保管功能是辅助功能，商品销售功能和评估鉴定功能则是衍生功能，后几个功能无法改变典当最本质的金融功能。美、英、日及我国港澳台地区均将典当行定位为小额消费信贷机构，主要提供动产质押业务，适用流质契约规则。我国典当制度包括两个特点：一是当物广泛。动产、房地产、财产权利均可作为当物；二是担保方式包括动产、权利质押以及房地产抵押。目前我国典当行七成以上服务于中小微企业和居民，属于生产性借贷为主的放贷业机构。

第二章 典当业融资服务现状、问题及成因

本书选取北京典当行业作为研究对象,主要基于两点:一是北京典当行业发达,目的是窥一斑而知全豹;二是基于首都的核心地位,典当行业的发展具有示范作用。典当业融资服务牵涉多方主体,为了对北京市典当业融资服务状况有较为全面的掌握,课题组前期确定开展了几个层面的调研:一是对政府主管部门——北京市商委及区县商委服务交易科进行调研,拟定了访谈提纲;❶二是对北京市典当行业协会调研,拟定了访谈提纲;❷三是对典当行的调研,设计了调查问卷;❸四是对法院审理案件的调研,主要通过北大法宝、北京法院系统、广东法院系统收集典型案例,本书重点分析收集到的北京市各级法院审结的典型案例,❹从案件的案由、焦点问题、审判结果等方面归纳总结。自课题于2012年6月批准立项以来,课题组先后分别对北京市朝阳区商委北京市典当行业协会进行了两次实地访谈,课题组成员及指导的学生对几十家典当行进行了问卷调查及实地访谈,❺通过多种途径收集法院典当案例近百个。通过召开座谈会和实地考察等形式,认真听取了关于典当行业融资服务的情况介绍,详细了解不同主体对典当融资服务的看法,根据课题组的不完全统计分析,认为目前北京市典当行业融资服务确实存在一些问题制约行业发展,其背后有多重成因。

---

❶ 参见附录—附件1。
❷ 参见附录—附件2。
❸ 参见附录—附件3。
❹ 参见附录—附件4。
❺ 参见附录—附件3"调查问卷统计分析"部分。

第一节 北京典当行业发展现状综述

北京典当业缘起于清末，新中国社会主义改造完成后，作为盘剥穷人形象的典当行全面停业。改革开放以后，以1986年成都华茂典当行营业为肇始，中国中断了30多年的典当业重新进入经济生活领域。北京市典当行业的发展与国家典当业的复兴同步，1992年11月20日，北京金宝典当行在西单商业区开业，二十天之后北京阜昌典当行在阜成门大街也举行了开业仪式，这不仅是大陆典当业全面复出的标志，而且在客观上表明了大陆推行市场经济体制的决心和气魄，海外媒体对中国首都重开典当行进行了颇具政治色彩的报道。❶ 经过二十余年的发展，基于企业旺盛的融资需求及国家立法政策鼓励民间金融的利好政策，典当业进入全面发展的新时期。十八大报告中提出加快发展民间金融机构，三中全会进一步提出发挥市场在资源配置中的决定性作用，为北京典当业的发展带来了新的机遇，同时金融体制改革也意味着更多的挑战。

一、2010—2015年北京典当业发展概况

（一）北京典当企业的数量变化情况

2008年金融危机之后，北京典当企业的规模得到较大发展，到2010年北京典当企业独立法人从130个发展到165个，分支机构43家，2011年发展到211个，2012年达到260个，分支机构86个，2013年达到302个，分支机构105个，2014年达到339个，2015年达到349个。可见数量呈现直线上升的态势，如图2-1所示。

（二）北京典当行的注册资本金额规模结构情况

从北京典当行的注册资本金额规模结构来看，如表2-11所示，注册资本500万元以下（含500万元）的典当行占比为10.60%，501万~1000万元（含1000万元）典当行占比为27.48%，注册资本1000万元以上的典当行占比

---

❶《北京典当行业协会2012年会刊》，第81页。

61.92%，注册资本1亿元以上的典当行有5个，如宝瑞通典当行有限责任公司注册资本5.7亿元、北京市华夏典当行有限责任公司注册资本3亿元、荣宝斋典当有限责任公司注册资本1亿元等。从2014年开始，北京市商委要求设立典当行的最低注册资本不少于5 000万元，显示出北京典当行整体资金实力雄厚。

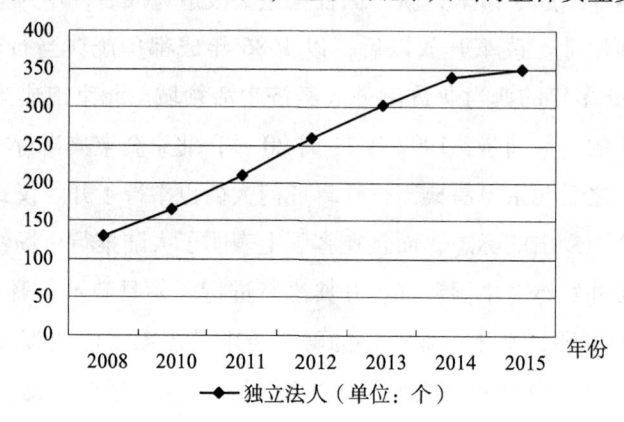

图2-1　2008—2015年北京典当企业数量变化情况（单位：个）

资料来源：北京典当行业协会。

表2-1　2013年北京典当企业注册资本金分布情况

序号	注册资本金区间	企业数量（个）	占比（%）
1	0~500万元（含500万元）	32	10.60
2	501万~1 000万元（含1 000万元）	83	27.48
3	1 001万~1 500万元（含1 500万元）	66	21.85
4	1 501万~2 000万元（含2 000万元）	49	16.23
5	2 001万~5 000万元（含5 000万元）	59	19.54
6	5 001万~9 999万元	8	2.65
7	10 000万元以上	5	1.66
合计		302	100

（三）北京典当行的注册资本金额总量变化情况

从北京典当行的注册资本金额总量来看，2010年注册资本金额总量为30.73亿元，2011年注册资本金额总量为41.77亿元，2012年注册资本金额总量为61.039亿元，2013年注册资本金额总量为67.2655亿元，2014年注册资本金额总量为89.05亿元，2015年注册资本金额总量为101.4亿元，如图2-

2 所示，全行业注册资本金呈现持续增加的态势。

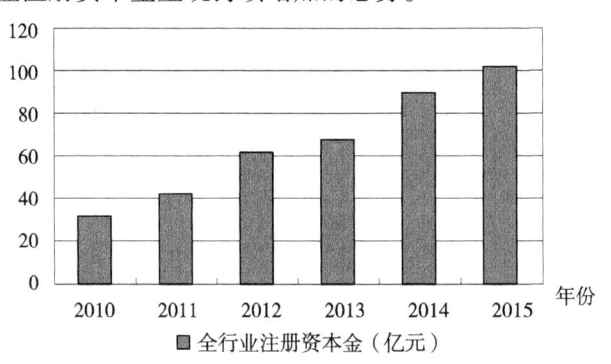

图 2-2 北京典当业全行业注册资本金变化情况（单位：亿元）

资料来源：北京典当行业协会。

（四）北京典当业典当总额变化情况

从北京典当业典当总额来看，2010 年典当总额 72.59 亿元，同比增长 17.01%；2011 年典当总额 135.46 亿元，2012 年典当总额 198.29 亿元，同比增长 46.38%；截至 2013 年 11 月 30 日，典当总额 235.20 亿元，同比增长 43.82%；截至 2014 年 12 月 31 日，典当总额 367.75 亿元；截止到 2015 年 12 月 31 日，典当总额 554 亿元，反映出典当企业在 2010 年特别是 2013 年之后典当水平及融资服务能力有了较大的提高，如图 2-3 所示。

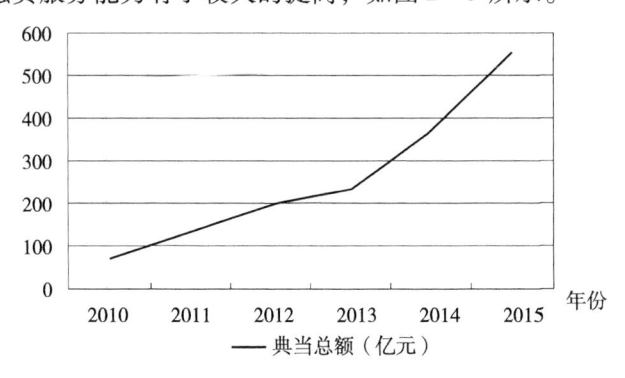

图 2-3 2010—2015 年北京典当业典当总额变化情况（单位：亿元）

（五）北京典当业业务结构及其变化情况

根据获得的统计数据，仅以 2010 年和 2013 年为分析样本。

2010年北京典当业业务结构如下：动产典当总额为12.87亿元，同比减少41.22%；不动产典当总额为55.63亿元，同比增加53.47%；财产权利典当总额4.09亿元，同比增加16.26%。动产、不动产、财产权利业务占比分别为18%、76%、6%，如图2-4所示，可见不动产业务占据了绝对优势地位。

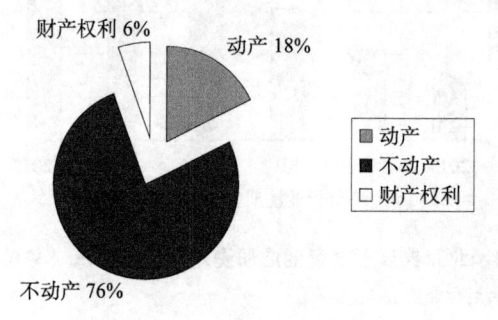

图2-4　2010年北京典当业业务结构图

2013年北京典当业业务结构如下：动产典当总额为54.95亿元，同比增长60.39%；不动产典当总额为16.45亿元，同比增加41.27%；财产权利典当总额15.77亿元，同比增加22.77%。动产、不动产、财产权利业务占比分别为63%、19%、18%，如图2-5所示。与2010年相比，动产典当总额增长迅速；不动产典当总额无论从数量，还是在典当业务结构中所占比重，呈现下降趋势，且下降幅度较大；财产权利典当总额亦表现出增长态势。

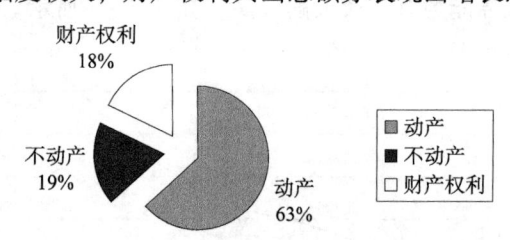

图2-5　2013年北京典当业务结构

对比2010年和2013年北京典当业业务结构情况（如表2-2），动产业务从2010年同比负增长41.22%，到2013年同比增长60.39%，说明动产典当一直保持了增长态势，且其增长幅度相对于不动产业务超过19.12%，显示出北京典当行业的业务结构逐渐趋于理性回归，传统的动产典当业务成为典当行业典当业务的主体，企业自觉分散经营风险的意识在觉醒。从不动产业务来看，典当总额大幅减少，从2010年55.63亿元减少到2013年16.45亿元，增长速度放缓,同比增长幅度下降12.2%。财产权利典当业务呈现增长趋势,从2010年4.09亿元到2013年增长为15.77亿元,增长幅度上升6.51%。从总体上看,截至2013年11月底,北京典当业务结构呈现合理化趋势,与典当行短期、小额、零售的性质逐渐契合,表现出良性发展的态势。

表2-2 2013年北京典当业务结构变化情况

业务 年份	动产 典当总额 (亿元)	增长幅度 (%)	不动产 典当总额 (亿元)	增长幅度 (%)	财产权利 典当总额 (亿元)	增长幅度 (%)
2010	12.87	-41.22	55.63	53.47	4.09	16.26
2013	54.95	60.39	16.45	41.27	15.77	22.77

(六)北京典当业的典当笔数情况

典当笔数是指典当行办理典当业务的数量,反映典当服务的市场需求和典当行业务结构,可以提示典当行业务经营存在的风险。以2010年为例,全面实现典当93 622笔,同比减少13.11%;其中动产典当为83 757笔,同比减少12.60%;不动产典当9 603笔,同比增加29.37%;财产权利典当262笔,同比增加89.86%。由此可见,传统的动产典当业务成为典当行的主要业务,且超过不动产典当业务,一定程度上可以避免房地产典当业务由于市场波动而带来的经营风险,典当行的目标市场逐渐定位于动产典当业务。截至2014年年底,典当笔数增加到143 536笔;到2015年年底,典当笔数增加到178 700笔。说明典当行的业务量持续增加,逐步回归小额、短期、灵活的业务特征。

(七)北京典当企业加入行业协会的情况

北京典当行业协会成立于2004年,协会以社会团体的组织形式运行,是全国典当行业中最早成立的行业协会,开展会员入会工作方面走在前列。2008年,全市典当企业中入会会员有80个;2010年全市165个典当企业中159个成为协会会员,会员覆盖率达96.36%;2011年全市211个典当企业中199个成为协会会员,入会会员占94.3%;2012年全市260个典当企业中协会会员248家,入会会员占95.38%;2014年全市339个典当企业中协会会员218家,入会会员占93.8%;2015年全市349个典当企业中协会会员281家,入会会员占 80.51%。说明北京典当企业的行业交流意愿强烈,行业协会作为政府与企业的中间纽带,在服务会员方面工作比较到位,会员的认可度较高,但 2015 年入会会员有所下降。

（八）北京典当行业上缴税收及提供就业岗位情况

2010 年北京典当行业上缴所得税 0.56 亿元,提供就业岗位 1 640 个;2011 年上缴所得税 1.94 亿元,提供就业岗位 2 289 个;2012 年上缴所得税 1.38 亿元,提供就业岗位 3 172 个;2013 年上缴所得税 2.34 亿元,提供就业岗位 3 813 个;2014 年上缴所得税 1.48 亿元,提供就业岗位 4 444 个;2015 年上缴所得税 1.92 亿元,提供就业岗位 4 746 个。可见,北京典当行业不论是在就业岗位还是税金缴纳方面,都做出了重要贡献。

二、北京典当业融资服务的主要特征

（一）行业规模持续扩大,居全国领先地位

从全国整个典当行业发展情况看,截至 2013 年 9 月底,全国共有典当企业 6 833 家,分支机构 774 家,全行业资产总额 1 297.2 亿元,从业人员 5.6 万人,企业通过增资、连锁经营方式扩大经营规模趋势明显。北京典当业与全国典当业部分数据占比情况如表 2-3 所示。

表 2-3 2013 年北京与全国典当业部分数据对比

项　　目		全　国	北　京	北京占比（%）
典当企业（家）		6 833	302	4.42
注册资本（亿元）			67.27	
典当金额（亿元）		3 336	235.2	7.05
上缴利税（亿元）		11.7	2.34	20
从业人员（人）		56 000	3 813	6.8
业务结构	房地产典当（%）	52.3	19	
	动产典当（%）	28.7	63	
	财产权利典当（%）	19	18	

根据商务部流通发展司发布的 2013 年典当行业发展情况及北京典当行业协会数据统计。

表 2-3 数据显示,北京典当业经营规模较大,典当金额占全国典当业的

7.05%；企业数量较多，占全国典当企业的4.42%，在全国典当行业中具有重要的地位；从经营效益来看，北京典当企业上缴税收收入占全国典当业的20%，反映出北京典当行业的经营效率较高。此外，根据《典当管理办法》第八条规定，典当行注册资本最低限额为300万元；从事房地产抵押典当业务的，注册资本最低限额为500万元；从事财产权利质押典当业务的，注册资本最低限额为1 000万元。但由于北京典当行业的投资者众多，加上典当行的设立由商务部实行总量控制，如2014年1月6日商务部发布的《2013年全国典当行业发展布局方案》指出："2013年各省典当行分配指标的分配方式按照地域来划分，其中东部地区和西南地区新增典当行的调控档为现有典当行总数的13%，东北地区和中部地区调控档为14%，西北地区调控档为16%，还根据典当行业效益、典当企业覆盖状况、地方监管水平来调整各地的档位，因长期以来北京市典当行供需矛盾较大，北京市新增典当行的调控档为现有典当行总数的15%，各地优先在小微企业融资需求旺盛的市或县设立典当行。"[1] 因此，北京市商委逐渐采取提高最低注册资本的要求，如2013年要求申报设立分支机构的典当行注册资本不少于人民币1 500万元；[2] 2014年设立典当行要求注册资本不少于5 000万元，为股东实缴的货币资本，不包括以实物、工业产权、非专利技术、土地使用权作价出资的资本。申报设立分支机构的典当行应经营典当业务三年以上，注册资本原则上不少于人民币5 000万元。[3] 2015年注册资本要求同2014年。[4] 由此可见北京典当行业的注册资金规模较大，反映出北京典当行业供需矛盾比较突出。

（二）连锁发展模式明显，经营相对比较规范

典当行的经营模式有四种：单一制、分支行制、连锁店制、集团控股制。连锁制由于在经营理念、企业识别、服务方式、规章制度及行为操作等方面，按照标准化、系统化、简单化原则，在管理上形成一元化、一致化和一贯化，在服务标准上采取统一化操作，对于树立新的典当行业形象、消除社会各界对

---

[1] 孙丽朝：《北京：2013年可新增典当行配额为15%》，载《北京商报》2014年1月7日。
[2] 《北京市商务委员会关于做好2013年度新增典当行有关工作的通知》（京商务交字〔2014〕18号）。
[3] 《北京市商务委员会关于做好2014年度典当设立有关工作的通知》。
[4] 《北京市商务委员会关于做好2015年度典当设立有关工作的通知》。

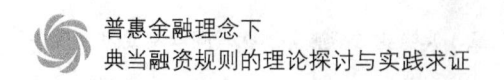

典当行的灰色产业歧视具有重要的作用，且在未来行业发展中利于集中资金、人才、物力等方面优势，形成专业化特色服务，因此，北京市商委作为主管部门在发展典当行业中的基本思路，一直坚持倡导建立规范化的管理理念及连锁化产业发展模式。

从全国典当行业连锁经营情况看，2012年全国分支机构672家，同比增长25.6%。[1] 就北京而言，截至2011年5月底，北京市有22家典当企业开办了60个分支机构，占已经领取经营许可证企业的10.43%；实收资本金10.52亿，占全市典当企业实收资本金的33.34%。截至2012年12月31日，共有典当业独立法人260家，分支机构86个，全市典当门店346个；至2013年11月30日，北京市具有独立法人资格的典当企业302家，分支机构105家。北京华夏、宝瑞通、金马典当等均为连锁企业，[2] 这些典当行通过建立统一的标识、统一的息费标准、统一受理特色业务等，树立了品牌形象。根据课题组对北京典当行业协会访谈得知，目前北京典当行业发展最好的经营模式为连锁制，其中华夏典当行是最大的一家，有35家连锁典当行；唯一采取集团控股制的中发集团旗下的四家典当行：金福、金禄、金寿、金禧分别作为独立法人，则由于企业识别不鲜明，未能形成较好的规模效应，经营模式优势不足。

（三）民品业务稳步发展，业务结构趋向合理

传统典当业务一直以动产典当为主，2001年8月颁布实施的《典当行管理办法》扩大了当物范围，允许房地产等不动产、财产权利进入当物范围。自从当物范围扩大之后，房地产由于其评估手续简便，担保物价值大而备受青睐，部分典当行对房地产典当过于倚重，房地产典当业务在各典当行业务中占据重要地位，比例居高不下，有的典当行房地产抵押典当业务占据典当行业务总量的比例达90%以上。与国外及我国台湾、香港地区立法相比，这是我国典当业务的特色。但是由于房地产市场价格变动比较频繁，如果出现房地产市场价格大幅下跌，市场价格低于评估价格，当户放弃赎当，典当行将出现大规模的绝当，大量资金无法收回，甚至面临破产的命运。还有的典当行经营房地产典当业务存在不规范的行为，如由于当金数额较大，当户到期无力偿还，典

---

[1] 商务部流通发展司：《2012年典当行业发展报告》。
[2] 《北京典当行业协会2011年会刊》，第45页。

当行允许数次续当，使典当行的短期借贷变成了长期借贷，如遭遇房地产价格下跌泡沫，将对行业产生致命的冲击。

从北京典当业务的发展来看，表2-2数据显示，动产典当业务增长幅度惊人，2010年尚处于41.22%的负增长状态，2013年比2012年一跃增长为60.39%，典当总额增加了42.08亿元；而不动产典当业务出现明显下降，典当总额减少38.18亿元；财产权利典当业务也出现了进一步增长态势，其中动产典当业务占据了主要地位，而房地产业务明显下降，显示出典当行业的理性回归。

（四）不断创新业务品种，拓宽典当特色服务

北京典当行业整体实力雄厚，经营比较规范，典当行注重走专业化、特色服务的发展思路，不断开发典当产品，拓宽服务对象。如宝瑞通典当行开发了典贷通业务，加强典当行与银行之间的合作，与银行共享部分客户需求，找准目标客户，拓宽了自身业务，满足了客户需求。宝瑞通在深入了解汽车产业及汽车相关金融衍生品基础上，针对汽车经销商4S店还研发了许多汽车典当新产品，如针对质押车辆虽然卖出但还没有回款的状况，采用用新车置换旧车的动态质押模式；针对经销商的短期应急业务，开展"随借随还""一日典当"等新产品；此外，还推出了"工程车典当""典车宝""典速通""典易通""典贷通""典银通"等一系列"典当融资创新产品"七大新品业务，开展批量车典当业务、解困4S店资金告急的新产品。[1] 房产抵押最高额循环贷也是宝瑞通推出的业务，是循环贷的典当版操作，此项业务的最大亮点就是实现房产的信用卡功能，即一次授信，循环使用，且评估额度高，额度内客户随借随还。[2] 再如华夏典当行，2003年华夏典当行推出了最高额抵押贷款业务，以灵活的借款方式方便了企业的融资需求，并降低了企业的融资成本。最有特色的是注重拓宽民品典当业务，一方面培养专业人才，充实民品评估鉴定人才队伍；另一方面通过为消费者免费提供评估鉴定、擦洗保养等大型公益服务活动，宣传典当行业务，树立典当行的正面形象，吸引客户资源。2012年华夏典当行又正式启动会员机制，首创典当行绝当品销售会员中心，最特别的会员服务是知识讲座及鉴定类活动，同时开展专场或专柜销售活动，方便会员购买

---

[1] 赵雷：《宝瑞通推批量车典当业务 解困4S店资金告急》，载《中华工商时报》，2013年01月27日。
[2] 吴风：《宝瑞通再降综合息费 解微企"燃眉之急"》，载《中国经营网》，2012年03月14日。

更优惠或更稀缺的绝当品。以集中性强、品质保证、价格实惠三个优势发展会员,据初步统计,华夏典当行19家店面在4天时间里累计发展会员3 000名以上。典当行正是瞄准了商场本身客流量大的特点,只要有少部分人进来逛,就有助于这部分顾客了解绝当品的销售情况,就有可能使这些人群进一步转换为典当客户,发展庞大的客户群,从而推动典当业务的发展。❶

（五）行业交流较为深入,行业协会职能到位

北京市典当行业发展较快,在行业协会的组织下,针对不同时期的难点、热点等共性问题开展行业内的业务交流,如对特定业务机动车质押业务的交流、房屋抵押登记存在的问题的解决办法的交流、高管沙龙形式的交流等,并到外省市、国外定期进行考察、交流、研讨,把握行业发展的动态,开发典当融资新品种。

北京典当行业协会是2004年依据《社团管理条例》成立的社会团体法人,自成立以来注重加强会员之间的联系,协助会员解决共同面对的难题,从前述数据显示的会员入会率可以充分反映出行业协会得到业界的高度认可,在维护全体会员的利益,维持、促进与官方、公众的联系及沟通方面做了很多工作。主要有:第一,开展服务会员的工作。根据不同时期的国家政治经济形势以及行业面临的共性问题,组织高管形势报告制、专业培训（动产业务包括瓷器、二手车鉴定培训、财务培训）、风险管控等方面的培训工作;开展公益活动,加强典当行业的正面宣传,树立典当业的新形象,扭转人们对典当业作为灰色产业的错误认识。第二,协调行业与政府之间的关系。作为典当企业与政府部门的中介机构,积极反映行业诉求,协调政府部门解决,发挥纽带作用。例如,2010年就典当企业办理房地产抵押登记要求与金融机构平等适用北京市建委统一制定的格式的申请,获得了北京市建委的支持;对北京市国税局预向典当企业征收消费税的问题,在北京市商委的协调下得到了北京国税局的理解;2012年对全国当票监管系统中出现的问题,向北京市商委请求试用期延长三个月得到许可等。第三,承接政府部分职能,创新行业协会管理体制。在政府加快职能转换的改革过程中,政府购买行业协会服务工作稳步推

---

❶ 林文龙:《典当行"商业化"开推会员制》,载《新京报》,2012年08月23日。

进,北京典当行业协会以其扎实有效的工作作风获得政府主管部门的高度认可,自2008年起,北京市商委先后将政府部分职能的具体工作交予协会承担,主要有:典当企业年度核查的组织、初审工作;新企业设立初审工作;统一会计制度的组织管理工作;当票监管系统的落实工作;当票的印制和购领工作;根据《典当行业监管规定》遴选审计的会计师事务所工作等。通过交办这些工作,北京市商委扶持培育其发展壮大,为行业协会健康发展创造了有利的外部环境。

第二节 北京市典当融资服务存在的主要问题

北京典当行业发展迅速,反映出整个行业发展中存在的一些共性问题,概括起来主要有:

一、同质化经营缺少竞争优势

从北京市典当行业统计数据来看,2013年典当行业业务结构趋向合理化,房地产业务远远低于动产业务,但在实际调查过程中,发现有2/3的典当行中房地产业务在整体业务中所占比重较大,业务种类不均衡,由于单笔房地产典当业务典当金额高,收益也高,而评估鉴定成本较低,在利益驱动下,典当行经营人员更倾向于从事这种业务,而不去钻研本应属于典当行的传统业务——民品业务,更不去追求开发新的业务产品,导致典当笔数与典当金额的正比例关系被人为倒置。房地产典当业务的当金较高,相应地作为资金成本的息费相对也高,而在房地产市场运行随国家政策波动较大时,典当行的经营风险无疑会增大,如果该种业务比重过大,甚至可能危及整个行业的生存与发展。且以房地产作为抵押担保,在国家政策引导下,银行加快开发中小企业融资产品,降低融资门槛的前提下,与银行业务并无本质区别。与小贷公司、村镇银行等民间融资机构相比,典当行较少享有政策扶持,缺少差异化经营特色,其融资业务不具有竞争优势。

二、连锁经营责任不清存在潜在风险

如前所述,北京典当业初步形成了一批具有特色服务、专业化分工、连锁

经营的品牌典当行，在管理上实现几个统一：统一管理、统一形象标识、统一店面招牌、统一人员培训、统一受理特色业务、统一当物费率。但是，在宝瑞通、华夏、金宝、阜昌等典当行之外，整个行业内部的企业连锁经营不容乐观，存在形式统一而实质不统一的情况。2011年在行业协会的组织下，通过高管沙龙形式针对困扰典当连锁经营的问题进行探讨，认为存在的主要问题是管理人员的综合素质不能适应连锁经营的要求，专业业务人员奇缺，尚需确立规范化的管理理念，落实各连锁经营典当行的制度。

北京典当企业连锁经营模式采取总店分店模式，其中总店是连锁店经营管理的核心，主要承担连锁公司经营策略制定、市场调研、产品开发、促销策划、教育培训等；门店是连锁店的基础，主要职责是按照总部的总体规划承担典当业务。总店和分店均具有独立的法人资格，依法应以各自资产独立承担法律责任。但是，由于总店具有决策权，分店主要是依据总店的规划执行，如果总部决策错误导致分店经营亏损，则可能给分店造成巨大损失，不仅影响单个连锁店的经营效益，最终破坏整个连锁集团的形象。

三、恶性竞争可能损害行业环境

随着银行、小贷公司、担保公司、民间融资机构等对零售业务的进一步介入，典当行业所面临的外部竞争压力越来越大，从行业内部而言，典当企业的数量处于持续增长的态势，每个典当企业要想在融资业务中居于优势地位，必须提供更为贴心的融资产品和个性化服务。就北京市典当行业而言，整体上业务品种单一，差异化经营理念淡薄，当物主要集中在房产、汽车，其他当物较少，尤其是未充分把握当地中小微企业的融资困难及融资需求，比如，2008年北京举办奥运时曾经提出的"科技奥运""绿色奥运""人文奥运"后演变成"科技北京""绿色北京""人文北京"作为政府建设的目标。根据"科技北京"行动计划，北京三年内集中力量在电子信息、生物医药等八大产业集中支持一批产学研用项目，努力在重大关键技术上形成突破，同时建设"12项科技支撑工程"，推广一批具有自主知识产权并能带动形成新的市场需求、改善民生的成熟技术和产品，提升科技惠民能力。然而，典当行碍于缺少完善的知识产权评估鉴定程序，科技型中小企业无法提供其他担保而无法获得贷款。同理，当前北京正在大力发展文化创意产业，而艺术品典当只有金保、宝瑞通、华夏等实力雄厚的典当行推出此项业务，规模较小，主要原因依然是专业典当人才相对稀缺，而外请专家成本相对较高，使得艺术品典当处于尴尬地位。❶

此外，典当行之间资金实力差异较大，资金雄厚的企业利用自己的优势，采取降低息费的方法吸引客户，可能带来典当行业的恶性竞争，自相残杀；资金小的企业创新业务成本较高，资金分散容易使资金链断裂，从而带来巨大的流动性风险，严重的可能导致破产。如宝瑞通典当行分别于2010年、2012年两次大幅降息吸引客户，❷是否涉嫌垄断行为，在业界引起颇多争议。

四、典当行自身融资受限成为瓶颈

典当企业作为准金融机构，定位为中小微企业融资服务，因此要求其有充足的货币资金，但是，立法从风险控制角度出发，对典当行自身融资作出多重限制：（1）融资对象的限制。典当行不得从商业银行以外的单位和个人借款；不得与其他典当行拆借或者变相拆借资金（同业拆借）；典当行不得从本市（地、州、盟）以外的商业银行贷款。（2）银行融资比例控制。典当公司对金融机构贷款不得超过注册资本。（3）单笔业务比例控制。对同一法人或自然人的典当余额不得超过注册资本的25%；对股东典当余额不得超过该股东入股余额，且典当条件不得优于普通用户。（4）对分支机构注册资本额及融资地域的限制。典当行应当对每个分支机构拨付不少于500万元的营运资金；典当行分支机构不得从商业银行贷款。上述限制性规定堵塞了典当行的大部分融资渠道，使其仅限于商业银行和自有资金，而获得商业银行的贷款本身又非常难，营运资金的筹集和扩展无法拓宽，根本上影响了典当行的规模扩展和经营质量的提升。

五、行业经营管理水平低下

典当行的职员构成包括两类，一类是评估专业人才，一类是典当管理人才。从评估专业人才来说，由于典当行当物种类繁多（尤其表现在民品业

---

❶ 丁晓琴：《华夏典当行将推艺术品典当》，载《新京报》，2009年08月26日。
❷ 吴风：《宝瑞通再降综合息费 解微企"燃眉之急"》，见《中国经营网》，2012年03月14日。

务），大多数典当行很难具备所有的评估鉴定专家，一般只注重聘请业务量较大的汽车、名表、金银珠宝、玉器等方面的专家作为职员，此外的业务一般采取外聘专家的办法，企业不愿意花费较大资金培训，当专家费用较高时只好放弃该项业务。从典当行业管理人才来说，目前劳动部并无专业资格认证制度，有培训机构组织的"典当管理师"等培训并非国家劳动和社会保障部所认可的职业资格证书，典当行从业人员未经系统培训，无须职业从业资格证书即可上岗。从从业人员的学历结构构成来说，以大专学历为主，缺少金融、法律、财务或相关专业背景者居多。在课题组实际调查中，政府部门工作人员反映典当行有部分员工对典当信息监管系统不熟悉，不会使用该软件，填写当票等文件经常出现错误，缺少典当业务流程的规范性认识，签订合同时随意性较大，导致与当户发生纠纷时难以提供适当的证据被法院采信，使典当行在诉讼中处于被动地位，常常遭遇败诉的后果。由此可以看出，两类人才的缺少，导致典当行整体经营水平效率低下。

六、行业协会监管手段不足难收实效

北京典当行业协会自成立以来，一直注重加强行业自律，发挥行业监管职能，制定了行业自律公约。2009年行业协会在广泛征求意见的基础上，于第二届二次会议修改通过了《北京市典当行业协会自律公约》；2010年针对个别会员企业降低费率是否符合《反垄断法》，发出《关于进一步加强行业自律，自觉维护行业秩序的倡议》；2011年制定了第二部行业自律规范——《北京典当行业业务服务规范》，针对年初经营环境出现新变化的形势，为防止出现因业务量下降而忽视风险控制，进而引发企业与当户之间的矛盾和不诚信经营的问题，发出了《规范经营，进一步提高风险控制能力的倡议》。

但是，行业协会目前主要限于制定规则，其行业监管方面的手段只能是倡议、建议，并无强制力，因此行业自律公约的收效甚微。且现行立法将典当行定位为特殊工商业而非金融机构，尚未纳入银行征信系统，对典当行及当户的不诚信行为无法在金融系统信息共享，使得这些企业不能得到应有的惩罚和淘汰，客观上助长了不诚信行为的泛滥，形成恶性循环。如何有效发挥行业协会的监管职能，仍然需要不断地探索。

第三节 北京市典当融资服务存在问题的成因

北京典当行业融资服务中存在的问题，在表象的背后，有着多方面深层次的原因。

一、专门法律的缺失与部门规章的疏漏

我国对典当融资的规范包括几种：（1）行政规章。国家经贸委2001年颁布《典当行管理办法》，商务部、公安部2005年颁布实施《典当管理办法》。（2）地方政府规章。如深圳市（1993年）、海南省（1994年）、广东省（1997年）、安徽省（2002年）。（3）最高法院的批复及地方法院的指导意见。如浙江省高级人民法院《关于审理典当纠纷案件若干问题的指导意见》（2010年）。现有规则立法层级低，缺少法律层级的立法，且相互之间出现了龃龉之处。2009年商务部已向国务院提出《典当行管理条例（征求意见稿）》，2011年商务部《关于典当业"十二五"规划》中明确提出2015年形成典当法规体系，2012年《国务院办公厅关于印发国务院2012年立法工作计划的通知》（国办发〔2012〕12号）已将《典当行管理条例（征求意见稿）》列入需要抓紧工作、适时提出的项目，但时至今日尚未出台。盖源于目前民间借贷问题解决的迫切性似乎远远高于典当业问题，且最高法院《关于审理民间借贷案件适用法律若干问题的规定》将典当业列入民间借贷之中。在征求意见过程中，在各地典当行业协会的强烈建议下，2015年6月23日最高人民法院审判委员会第1655次会议通过《关于审理民间借贷案件适用法律若干问题的规定》，将典当行业排除在外。2015年8月12日国务院发布了《非存款类放贷组织条例（征求意见稿）》，表明了完善多层次信贷市场、发展普惠金融的决心，体现出一体解决非存款类放贷组织困境的倾向。2015年12月31日国务院印发《推进普惠金融发展规划（2016—2020年）》，其中"健全多元化广覆盖的机构体系"部分明确提出拓宽典当行的融资渠道，表明了将典当行纳入普惠金融发展规划之中。

就北京市典当融资服务的立法及政策来说，对典当行业未加以足够关注，

《关于促进首都金融产业发展的意见》《关于促进首都金融产业发展的意见实施细则》（京发改〔2005〕2736号）所称"金融企业是指经中国银监会、中国证监会和中国保监会等国家金融监管部门批准，在京注册并具有独立法人资格的金融企业"，将典当行业排除在外。《关于金融促进首都经济发展的意见》（京政发〔2009〕7号）第（三十）指出："建设和完善首都农村金融体系，切实增强金融强农惠农能力，加强对金融中介服务机构的指导和管理。强化对融资担保、融资租赁、典当机构和信用评级机构的监督管理和协调服务，提升融资服务支持能力。建立金融中介服务机构沟通联系机制，发挥金融中介行业协会作用，加强行业自律，规范行业行为，促进金融中介服务机构规范发展。"此文件将其纳入金融中介服务机构，但具体落实并无下文。

就北京市典当融资服务的监管体制而言，主管部门在人力有限的情况下，将更多的精力放在全国典当监管信息系统的执行监管以及与相关政府部门协调，为典当行业解决具体问题，开拓一些发展空间方面。北京市典当行业协会在实践中为会员服务，并承担了商委委托的一些典当行业调查、统计等任务，在向国家相关机关提出关于《典当管理条例（征求意见稿）》《最高法院关于审理民间借贷案件适用法律的若干规定》（征求意见稿）等过程中，逐步认识到北京市典当行业发展中存在的一些问题，包括典当监管、典当交易以及典当促进方面，需要有地方性特色的立法及政策为北京典当业发展起到引导规范和促进的作用。

二、规范监管为主与促进发展失衡的立法理念

典当行业作为金融体系中的一个单元，小额、短期、快速、灵活融资的特点，能够弥补银行大额融资的不足，其定位始终是小机构、小行业、小市场，在金融体系中起到补充作用。国家鼓励民间资本进入金融领域，建立多层次的金融体系，满足多层次的金融需求，典当行具有这一功能，地方立法鼓励发展也是题中之意。但是，从北京市关于促进首都金融发展的历次"意见"中，仅仅有一个"意见"提及典当行，与小贷公司、村镇银行等小型机构相比，典当行提供金融中介服务，并未有专门立法或政策鼓励其发展，明显处于政策之外，无法享受到相关的政策优惠。总体上说，对典当行业的监管仍然停留在堵塞多于疏导的理念层面，隐含着仍然将该行业视为灰色产业的认识，而调整

手段表现出强制性规范监管有余、任意性规范引导不足，显现出二元规范结构的失调。

典当行作为准金融机构，其规则具有公法和私法的二元性，又基于现行立法对其特殊工商业的定位，私法交易规则应占主导地位。而现行立法从《典当管理办法》到《典当行业监管规定》，凸显商务部从严格监管到严厉监管的立法思路，在具体内容上体现为融资的严格限制、业务比例的严格管控等。即使是列入立法规划的《典当管理条例》，仍然没有摆脱"管理"二字，坚持监管的思路，而非赋权性思路、促进发展的思路，加上当前民间借贷乱象丛生，银监会从严监管的具体做法，虽然监管对象为商业银行，但对商业银行的某些行为监管却间接指向典当行，如禁止商业银行贷款给典当行，无形中将典当行置于被压制的范围。从典当交易规则而言，绝当后流质契约有限适用与行业惯例存在矛盾、经营范围限制过死约束企业业务拓展等，违约责任的设定方面过于原则，具体操作中发生歧义等疏漏，在实践中多有诟病。

三、游移的法律定位与屡遭打压的经济政策

典当行近二十年的发展定位表明，从无序发展到严格监管的思路，隐含着治乱思维的路径依赖，对典当业独特价值的认识还不够充分。从取消典当行金融机构资格到特殊工商企业的定位，则反映出立法者并未深刻认识到典当行融资业务的高风险性本质，以及典当业在服务中小企业短期、急需、小额、简便的资金需求方面的独特价值未充分挖掘。定位的游移不定所带来的直接后果是，在当前国家已经广泛关注破除金融二元体制、解除金融抑制、鼓励发展民间金融、使民间金融机构分享改革成果的利好政策下，作为特殊工商业的典当行无法纳入民间金融的序列享受相关的鼓励发展政策，无法接入征信系统，进行典当行业的分级管理，行业监管无法充分发挥作用，服务职能与监管职能失衡。

四、灰色产业的道德弱势与放松监管的政治心理

根据学者研究："我国20世纪二三十年代前的传统社会中，通过高利贷获得的借款并非主要用于生产，而是主要用于消费，尤其是日常生活（粮食借贷占相当大的比重，还有很大部分的借贷用于满足本来就需要支付生活中的大

笔支出，如建房、疾病、婚丧等），因此，高利贷起到了相当程度的'救急'作用。"❶ 且由于典当行存在折当率"以十折五"的行业惯例，历史上一直被作为盘剥穷人的形象延续至今。因此，今天的典当立法当然地将当户放在弱势地位，立法的指导思想坚持将当户作为弱者对待，在具体规则设计上，将传统典当的行业惯例——绝当后当物流质契约的适用，以当物价值区分有限制地适用流质契约。典当行处理当物得不到当户的配合难以实现债权，不得不退而求其次允许一次次地续当，最终导致当户债台高筑，典当行所处的道德弱势，在大多数情况下法院出于保护债务人的目的并不支持典当行的大额债权，典当行对违约金的诉讼请求大多不能得到法院的全部支持。在课题组调研选取的北京市15个典当纠纷案件中，有4例法院认为绝当后违约金无法律依据，不予支持；其他11例支持了典当行关于绝当后违约金诉讼请求，其中有6例认为合同约定标准过高，法院根据公平原则和诚实信用原则，结合典当行业的高风险高收益、融资成本较高等特征，酌情予以了调整：其中有2例采取了银行的同期逾期贷款利率标准，有4例采取了同期银行贷款利率的4倍标准；有5例采取了合同约定标准，其中2例约定标准为当金数额日利率0.05%（为行业通行标准的十分之一）。

　　另外，调研中我们也了解到，碍于当前监管过多，出于干涉企业内部经营的顾虑，典当企业并不愿被银监会监管。但部分典当行在经营中与商业银行的合作以及产融结合控股公司模式的典当行中，必然受到银监会的监管，部分典当行采取边缘化操作试图避开监管，客观上混淆了监管层的视线，使监管者实践中有意无意地将典当行作为灰色产业对待，具有逃避监管的嫌疑。

　　综上，地方性立法的缺失，现有规范的失调，促进规范的不足，行业定位的犹疑，以及传统的道德弱势，几个因素结合起来，对北京市典当行业的发展尚未形成有利的立法及政策环境。与道德的不具强制性、政策的灵活多变性、金融体制的偏颇歧视性相比，以立法来规范、促进典当行业的发展，是一个最佳途径。这方面地方法院审理典当纠纷案件中已经形成一些经验，如江苏、浙

---

❶ 徐畅：《二十世纪二三十年代华中地区农村金融研究》，第103页；费孝通对此也早有论述，见费孝通：《江村经济——中国农民的生活》，江苏人民出版社1986年版，第201页。转引自许德风：《论利息的法律管制——兼议私法中的社会化考量》，载《北大法律评论》（2010）第11卷第1辑，第206页。

江、上海、广东等发达地区出台了相关文件，特别是浙江省高级法院专门就典当纠纷案件出台指导性意见，其中的精华值得在未来立法中加以研究和采纳。

本章小结

选取国内典当行业发达的北京作为研究对象，以2010—2015年为时间节点，从北京典当企业的数量变化情况、注册资本金额规模结构情况、注册资本金额总量变化情况、典当总额变化情况、业务结构及其变化情况、典当笔数情况、典当企业加入行业协会的情况、典当行业上缴税收及提供就业岗位情况八个方面，进行了统计分析，总体上反映出北京市典当行业发展状况良好。但也存在同质化经营、恶性竞争、典当行自身融资受到限制、行业协会监管手段不足等问题。其原因可概括为四个方面：国家及地方立法不足、规范监管为主与促进发展失衡的立法理念、法律定位游移、灰色产业的道德弱势与放松监管的政治心理。建议在调查研究基础上，对浙江、江苏、重庆、上海等地方法院审理典当纠纷案件中已经形成的经验进行归纳和总结，在未来立法中加以采纳。

第三章 典当行市场准入规则及其适用

市场准入是指国家或政府设定一定的条件，对企业或其他主体进入某领域或地方的市场从事活动施加一定的限制或禁止的制度。❶ 市场准入的目的在于通过对市场主体设置一定的壁垒，提高市场主体的质量，达到市场主体运营规范的目的。改革开放后，随着经济体制的转型，特别是十八届三中全会《中共中央关于全面深化改革若干重大问题的决定》进一步提出市场要在资源配置中起决定性作用，并更好发挥政府作用，国家治理思维发生重大转变，降低市场准入门槛，充分激发市场活力，进行了一系列实质性举措，如2014年国务院推出注册资本登记制度改革方案，企业登记管理由实缴制改为认缴制，取消注册资本最低限额，将年检制度改为年度报告公示制等；❷ 国务院每年都取消和下放一批行政审批项目。❸ 但根据2004年《国务院对确需保留的行政审批项目设定行政许可的决定》，"设立典当行及分支机构审批"属于确需保留行政许可的事项。❹ 在政府推行三张清单——"权力清单""负面清单""责

---

❶ 刘文华：《经济法》，中国人民大学出版社；刘隆亨：《经济法》，北京大学出版社。

❷ 《国务院关于印发注册资本登记制度改革方案的通知》国发〔2014〕7号。

❸ 2015年取消下放审批事项有三个特点：一是涉及投资创新创业、企业生产经营、促进就业的审批事项占大头，有68项，占63%，如物业管理师注册职业资格认定等；其他占37%，主要涉及机构认定、规划或方案审批等。二是按"取消"处理的比重高，共87项，占81%，体现了"能取消尽量不下放、理由条件不充分不下放"的原则。三是取消的非行政许可审批事项数量较多，加大消除行政审批灰色地带，共48项，占44%。《国务院关于取消和下放一批行政审批项目的决定》，中国政府网，2015-3-13，2015年3月15日访问。

❹ 《国务院对确需保留的行政审批项目设定行政许可的决定》，2004年6月29日中华人民共和国国务院令第412号发布。

任清单"的管理模式下,❶ 在国家鼓励民间资本设立多种金融机构建立多层次信贷组织、发展普惠金融组织体系的背景下,对于典当行业如何处理好市场准入与放松管制的关系,现行立法中对股东资格、注册资本、经营范围的规定合理性如何,未来立法中如何完善,直接关系着典当行业的发展走向。

第一节 典当行的股东资格问题

如前所述,现阶段我国典当行主要是经营融资放贷业务、绝当品销售业务等的准金融机构,其业务范围决定了其最大和最根本的要求就是防止风险发生及风险扩散。因此,典当行的准入许可首先对发起人股东规定了严格的条件。

一、典当行股东的法定人数问题

（一）股东法定人数的规定

发起人,也称创办人,是指向商务主管部门提出设立典当行申请,向典当行出资或认购股份,并对典当行设立承担责任的人。由于其向典当行出资或认购股份,典当行成立后即成为典当行的股东。十八大以来,鼓励发展民间金融机构,但是对于这些非银行金融机构的发起人（股东）的人数要求作出了严格的规定:设立小额贷款公司、有限责任公司应由50个以下股东出资设立,股份有限公司应有2~200名发起人,可见不允许由一个股东创办一人公司组织形式的小额贷款公司。❷ 关于典当行设立的人数要求,《典当管理办法》（2005年）第7条第1款第5项明确规定,要"有两个以上法人股东,且法人股相对控股",该条表明了设立典当行的股东人数至少应有两个,同样不得采取一人公司的组织形式。

（二）股东法定人数要求的法理依据

从企业组织形式发展的历史来看,随着资本扩张和风险规避的需要,企业

---

❶ 参见王希、刘景洋、刘林:《"三张清单"释放哪些信号?》,新华网,2014-09-12,2015年11月16日访问。

❷ 《关于小额贷款公司试点的指导意见》银监发〔2008〕23号:小额贷款公司的股东需符合法定人数规定。有限责任公司应由50个以下股东出资设立；股份有限公司应有2~200名发起人,其中须有半数以上的发起人在中国境内有住所。

的投资者人数逐步增加，由此企业的组织形式由独资企业、合伙企业向股份有限责任公司、有限责任公司演变发展。从我国典当行的历史发展来看，典当行的组织形式最初多为独资经营、领本经营❶、合伙经营，以致于后期的合股经营发展起来后，因其股东承担有限责任被认为信用不够而遭到质疑；从我国台湾、香港地区以及国外的当铺业立法看，也并无这一限制性规定。虽然《典当管理办法》（2005年）早于现行公司法，但对一人公司的诸多限制却颇为一致。加上我国近年发生的老板跑路事件，这一规定显得十分合理。但是，不可否认的是，股东数量的多少是否直接决定其责任承担能力的大小，这一点不能一概而论。对股东人数的限制属于事前监管，对典当行运营的效率如何，更要注重事后监管，强化股东法律责任。这方面民营银行的设立提供了经验借鉴：如对于设立民营银行，《促进民营银行发展指导意见的通知》确立了"生前遗嘱"制度，即银行必须事前明确，出现危机之后，先由股东自我救助，努力恢复正常经营；如果全面恢复正常经营无望，应该通过业务模块分拆等方式，确保其主要服务功能得以持续。❷ 简单说，股东对民营银行的生死全过程负责，通过责任控制达到目的。既然国家鼓励民营资本设立金融机构，而小贷公司、典当行这一类非存款类放贷组织的竞争能力有限，更应在市场准入方面放宽条件，加强事中、事后监管，如对一人公司制度、公司法人格否认制度等的责任控制方面进一步完善，真正实现制定政策立法的初衷。

二、典当行股东的身份和信用问题

发起人股东的设立行为对典当行未来的营业行为及经营理念有直接的影响，典当行作为经营放贷业务的机构，立法必然对其作出严格的规定，但是这些规定的合理性值得探讨。

---

❶ 领本经营，即一位善于经营而缺乏资本的人，从财东那里领取资本运营，由经营者负责盈亏，财东按固定利率分取利润，是后期合伙方式的早期形态。参见刘秋根：《中国典当制度史》，上海古籍出版社1995年版，第57页。

❷ 《促进民营银行发展指导意见的通知》国办发〔2015〕49号：三、准入条件（四）借鉴试点经验，确定民间资本发起设立民营银行的五项原则。有承担剩余风险的制度安排；有办好银行的资质条件和抗风险能力；有股东接受监管的协议条款；有差异化的市场定位和特定战略；有合法可行的恢复和处置计划。

(一) 典当行是否必须法人股东控股

《典当行业监管规定》第16条第1款对《典当管理办法》第7条进一步作出详细的规定:"法人股应当相对控股,法人股东合计持股比例占全部股份1/2以上,或者第一大股东是法人股东且持股比例占全部股份1/3以上;单个自然人不能为控股股东。"❶ 该规定隐含的逻辑在于自然人股东作为控股股东存在较大的风险,但是相对于同为非存款类放贷机构的小额贷款公司,立法对是否必须法人股东控股并无特别规定,主要是关于股权分散的控制,体现为:"小额贷款公司的注册资本来源应真实合法,全部为实收货币资本,由出资人或发起人一次足额缴纳。有限责任公司的注册资本不得低于500万元,股份有限公司的注册资本不得低于1 000万元。单一自然人、企业法人、其他社会组织及其关联方持有的股份,不得超过小额贷款公司注册资本总额的10%。""小额贷款公司的主要资金来源为股东缴纳的资本金、捐赠资金,以及来自不超过两个银行业金融机构的融入资金。"❷因此,需要关注的是对股东信用状况、股权结构、关联交易及股东责任追究机制的完善,相对于民营银行经营存款业务要求其较高的抗风险能力而言,典当行更需要在股权结构、关联交易等方面提出相应的要求,❸ 而非必须法人股东控股。

(二) 自然人股东的信用要求问题

《典当管理办法》对自然人股东的资格规定是应无故意犯罪的记录(第16条第4款),但《典当行业监管规定》第16条第3款规定为"无犯罪记录,信用良好,具备相应的出资实力"。从"无故意犯罪"到"无犯罪记录",提高了自然人股东的资质要求。立法对资质要求的规定,特别是消极资格的规定,主要目的在于防止自然人股东不当利用公司财产损害公司利益的行为发生,因此各国公司法中即使对董事任职资格的条件也主要是对经济类犯罪的规定,我国《公司法》第147条第2款规定:因犯有贪污、贿赂、侵占财产、挪用财产罪或者破坏社会经济秩序罪,被判处刑罚,执行期满未逾5年,或因犯罪被剥夺政治权利,执行期满未逾5年,不得担任公司的董

---

❶ "2011征求意见稿"规定,要求有两个以上最近两个会计年度连续盈利的企业法人股东。
❷ 参见《关于小额贷款公司试点的指导意见》银监发〔2008〕23号。
❸ 参见《国务院办公厅转发银监会关于促进民营银行发展指导意见的通知》国办发〔2015〕49号。

事、监事、高级管理人员。作为典当行的自然人股东，其主要义务是缴纳出资义务，这是典当行最主要的资金来源渠道，根据立法规定不得作为公司的控股股东，其较之于公司的董事、监事、高级管理人员，自由支配公司资金的机会恐怕少之又少，即使存在关联交易，尚需要受到公司股东会决议的制约。立法对自然人股东无犯罪记录的要求，将有财产犯罪之外的犯罪记录的自然人（如重婚、过失伤害等）排除在外，过分提高了对自然人股东的信用要求，剥夺了这部分自然人的投资权利，法律上对这部分自然人有歧视之嫌。

第二节　典当行的资本制度问题

典当行注册资本的最低数额是立法对从事典当经营活动的准入设定的必要门槛，以对债权人的利益提供最低限度的担保。最低资本数额的高低，一定程度上反映了典当行设立门槛的高低。

一、注册资本最低数额问题

（一）关于"法定注册资本最低数额"

2005年公司法修改秉承放松资本管制的理念，降低了公司设立时的注册资本最低数额。2014年国务院公布了关于注册资本登记制度的改革方案，其中之一是实行注册资本认缴登记制，放宽注册资本登记条件，除法律、行政法规以及国务院决定对特定行业注册资本最低限额另有规定的外，取消了公司法中对有限责任公司注册资本最低限额为人民币3万元、一人有限责任公司注册资本最低限额为人民币10万元、股份有限公司注册资本最低限额为人民币500万元的限制。同时取消公司设立时全体股东（发起人）的首次出资比例，取消公司全体股东（发起人）的货币出资金额占注册资本的比例，取消公司股东（发起人）缴足出资的期限。本次注册资本登记制度改革的基本精神体现了公司自治的指导思想，进一步突出了公司作为商事主体的独立地位，意思自治是其灵魂，自担风险是其底线。而典当行业属于经营融资放贷业务的行业，世界各国普遍对金融机构实施审慎监管，要求金融机构具备相当数量的实缴货币资本,以维护金融稳定。因此本次公布改革方案的同时,明确规定暂不实行注册资本认缴登记制的行业有27个,典当行名列第25个。❶对于典当行注册资本最低限额,《典当管理办法》(2005年)第8条采取统一规定:"典当行注册资本最低限额为300万元;从事房地产抵押典当业务的,注册资本最低限额为500万元;从事财产权利质押典当业务的,注册资本最低限额为1 000万元。典当行的注册资本最低限额应当为股东实缴的货币资本,不包括以实物、工业产权、非专利技术、土地使用权作价出资的资本。"2011年《典当行管理条例(征求意见稿)》根据典当行注册资本的实际情况作出调整,第9条提高了典当行的注册资本最低限额,规定不少于人民币500万元;经营财产权利质押或者不动产抵押业务的,注册资本不少于人民币1 000万元。❷2013年商务部组织专家论证"征求意见稿",据参与论证的专家表示,注册资本最低限额又进一步提高。

(二) 地方政策中的注册资本最低限额

虽然现行立法对注册资本最低数额采取统一规定,但由于我国地区经济发展不平衡,实践中各地典当行的注册资本最低数额差异较大,如北京市商委公布的《关于做好2015年度典当行设立有关工作的通知》有关设立典当行的条件中,注册资本不少于5 000万元,为股东实缴的货币资本,不包括以实物、工业产权、非专利技术、土地使用权作价出资的资本。❸陕西省、湖北省公布典当行设立通知仍然沿用《典当管理办法》(2005年)的规定。❹可见,实行统一的注册资本最低限额,可能导致各地典当行的准入条件畸高畸低。由于实践中商务部对典当行的设立实行总量控制,每年根据本地区的现有典当行总数为基数根据地域来划分,同时根据典当行业效益、典当企业覆盖状况、地方监

---

❶ 《国务院关于印发注册资本登记制度改革方案的通知》国发〔2014〕7号。
❷ "2011征求意见稿"第9条:典当行的注册资本应当为实缴货币资本,并且不少于500万元人民币;经营财产权利质押或者不动产抵押业务的,注册资本不少于1 000万元人民币。
❸ 《关于做好2015年度典当行设立有关工作的通知》(京商务交字〔2016〕9号),北京市商务委员会网,http://www.bjmbc.gov.cn/nsjg/fwjy/xxtg/201601/t20160115_69256.htm,2016年2月5日访问。
❹ 参见《陕西省商务厅关于做好2015年度典当行设立工作的通知》及《湖北省关于2015年度全省典当行设立有关工作的通知》。

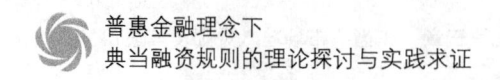

管水平来调整各地的档位。❶ 建议未来《典当行管理条例》规定最低注册资本的同时，授权各省、自治区、直辖市政府商务主管部门根据当地经济发展水平和审慎监管的需要，确定注册资本的最低限额。

二、股东的出资形式问题

现行立法对股东的出资形式规定较为严格，包括典当行的注册资本最低限额应当为股东实缴的货币资本，不包括以实物、工业产权、非专利技术、土地使用权作价出资的资本；典当行的股东应以自有资金出资，不得以借贷资金或者他人委托资金出资；法人股东应具备以货币出资形式履行出资承诺的能力。立法如此规定，仍然基于典当行经营风险的考虑，货币形式的出资不仅是确保典当行经营所必需的物质资本，也是资本维持原则的需要。从本质上来说，典当行是持续的负债经营，但其必须具备一定的自有货币资本，否则典当行将可能成为剥夺他人利益的躯壳，这是因为有限责任公司或股份有限责任公司的股东均受到有限责任制度的庇护，缺少自身利益风险的投资犹如脱缰的野马，将在资本市场上狂奔。

第三节 典当行经营范围的确定问题

"经营范围是指国家允许企业法人生产和经营的商品类别、品种及服务项目，反映企业法人业务活动的内容和生产经营方向，是企业法人业务活动范围

---

❶ 注：北京市商委《关于做好 2014 年度典当行设立有关工作的通知》：一、发展布局根据商务部《2014 年全国典当行业发展布局方案》中有关原则与依据测算本市 2014 年度新增典当行及分支机构数量。1. 各区县新增典当行数量不超过现有典当行总数的 14%；2. 2014 年度内因违规问题被终止经营许可或发生其他严重违规问题的典当行所在区县，新增典当行数量按照不超过 50% 的比例核减；3. 全市新增分支机构数量原则上不超过新增典当行数量的 1/3。北京市商委《关于做好 2015 年度典当行设立有关工作的通知》：一、发展布局根据商务部办公厅《2015 年全国典当行布局规划要求》中有关原则与依据测算本市 2015 年度新增典当行及分支机构数量。（一）各区新增典当行数量不超过现有典当行总数的 8%；（二）2015 年度内因违规问题被终止经营许可或发生其他严重违规问题的典当行所在区，新增典当行数量按照不超过 50% 的比例核减；（三）全市新增分支机构数量原则上不超过新增典当行数量的 1/3。北京市商务委员会网，http://www.bjmbc.gov.cn/nsjg/fwjy/xxtg/201601/t20160115_69256.html，2016 年 2 月 5 日访问。

的法律界限，体现企业法人民事权利能力和行为能力的核心内容。"❶ 法学上也称为目的事业、目的范围，是国家对某一行业或企业市场准入的条件之一，经营范围的大小一定程度上反映出国家对该行业准入条件的宽严程度。具体到典当行经营范围的确定，我国一直坚持从严监管的思路，在当前推行负面清单的法治理念下，如何作出适当调整，考验着立法者的智慧，同时直接关系到典当行业未来发展的基本方向。

一、问题的提出

2014年2月，国务院《注册资本登记制度改革方案》（国发〔2014〕7号）出台，阐明了放松市场主体准入管制、切实优化营商环境的指导思想、基本原则和具体措施。与此相配套，2014年8月12日，国家工商行政管理总局对2004年颁布实施的《企业经营范围登记管理规定》进行了修订，公布了《企业经营范围登记管理规定（征求意见稿）》及相应的《关于〈企业经营范围登记管理规定〉的说明》，向社会公开征求意见，明确修订的基本原则有三：放宽工商登记条件，实现便利化原则；主体自治原则；配套改革原则。2015年8月27日，国家工商行政管理总局公布《企业经营范围登记管理规定》，自2015年10月1日起施行。❷ 具体到典当行业，经营范围的多重限制一直为业界诟病，一定程度上妨碍了典当行的自治权限，成为行业立法中热议的焦点问题之一，国务院法制办公布的《典当行管理条例（征求意见稿）》（2011年）及其后的专家讨论会均有体现。2014年10月23日，党的十八届四中全会通过了《中共中央关于全面推进依法治国若干重大问题的决定》，提出深化基层组织和部门、行业依法治理，支持各类社会主体自我约束、自我管理，为我国典当行业的规范健康发展提供了政策依据。从典当行经营范围的变迁入手，反思现行立法在行业实践中遭遇的困扰，探究扩展典当行经营范围的法理基础，把握现代立法的基本理念和发展趋势，寻求企业自治与行业管制之间的法律平衡，应是题中之意。

---

❶ 百度百科，2014年7月30日访问。
❷ 《企业经营范围登记管理规定》，2015年8月27日国家工商行政管理总局令第76号公布。

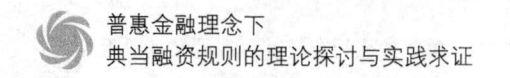

二、典当行业经营范围的历史变迁与实际适用

典当行是我国古老的金融机构,是我国当前多元化融资体系的组成部分,是银行业金融机构等主流融资渠道的有益补充。现代典当行在继承传统典当业务的同时,因应实践需要不断扩大经营范围,且在立法上予以确认。典当行"短期、小额、快捷、灵活"的融资特点与中小微企业有天然的契合性,在国民经济生活中发挥了重要作用。另一方面,现行立法对典当行经营范围的限制也在一定程度上束缚了行业的发展,相应地产生了一些问题。

(一)典当行经营范围的历史变迁

1. 继承传统业务——动产质押典当

典当作为一种以物质钱的融资行为,有着漫长的发展历史:(1)典当起始于南北朝时期的佛教寺院,僧人主要为获得生活必需品的购买费用,其经营范围包括衣物典当、金银首饰典当、书籍典当、佩剑典当等;唐代以后民间典当、官府典当发展起来,主要是普通百姓为解除生活窘迫、满足生活消费需要,以物质钱,因此也称为"质库";典当兴盛于明清两季,衰落于清末民初,其经营范围主要限定于动产质押典当。(2)20世纪30年代,国民党政府时期典当行还被授权从事中间业务,如货币兑换业务[1]、金类收购业务[2]、货币发行业务[3]等。(3)新中国成立之前典当业因其高利贷性质,解放区全面取缔典当业,新中国成立之后有些地方保留,如《福州市典当业管理暂行办法》规定:"典当业的经营范围限于发放居民抵押贷款,禁止典当行经营存款、代客买卖以及受当金银首饰以外的金银成锭、元宝及赃物、违禁物品。"(4)改革开放后,1987年第一家典当行——成都华茂典当行正式成立,标志着典当行恢复设立。之后地方颁布了相关立法,如《海南经济特区典当管理办法》(1994年)、《广东省典当条例》(1995年),直到1996年中国人民银行颁布

---

[1] 1935年11月4日国民党政府发布《财政部改革币制公告》《兑换法币办法》规定,中、中、交三行及其分支行或代理处委托典当行,就近换取法币。

[2] 1939年8月国民党政府公布《取缔收购金类办法》,规定"金类的收购由中、中、交、农四行收兑金银处指定四行的分支行及其委托的各地金融机关、银楼、典当等办理",授予典当行金类的收购权。

[3] 李沙:《中外典当》,学苑出版社2010年版,第22页。

《典当行管理暂行办法》,这些立法基本上延续了动产质押典当的传统业务。

2. 扩展多项业务——财产权利典当、不动产典当

2000年,经国务院同意,中国人民银行与国家经贸委联合下发了《关于典当行业监管职责交接的通知》(银发【2000】205号),人民银行将其监管的典当行移交国家经贸委统一归口管理,对典当行业进行清理整顿,2001年国家经贸委颁布了《典当行管理办法》,对经营范围作出重大扩展,增加了财产权利质押业务、房地产典当业务、限额内绝当物品的变卖、鉴定评估及咨询服务,为典当行的发展扩充了广泛的空间。由于房地产市场异常活跃,房地产典当业务逐渐成为大多数典当行青睐的业务。据北京典当行业协会统计,2010年北京典当业业务结构如下:动产、不动产、财产权利业务占比分别为18%、76%、6%,可见不动产业务占据了绝对优势地位。之后,北京典当行业业务结构逐渐出现理性回归,到2013年北京典当业业务结构中,动产、不动产、财产权利业务占比分别为63%、19%、18%,但不排除有的典当行中不动产典当业务仍然占据主要地位。这一时期,典当行的经营范围逐渐由应急性或消费性典当转变为主要为中小微企业解决生产性融资需求的生产性典当。

3. 增加禁止业务——动产抵押典当和违规的股票质押典当

2005年商务部《典当管理办法》继承了2001年经贸委《典当行管理办法》规定的经营范围,典当行不得经营的业务增加了动产抵押典当。为了加强行业监管,2012年12月5日商务部颁布《典当行业监管规定》,股权典当由于与融资融券的结合度紧密,容易将典当行的经营融入金融市场的大循环体系,将金融风险无限放大,从隔离风险出发,禁止和预防典当行违规融资参与上市股票炒作或为客户提供股票交易资金。

(二)典当行经营范围的实际适用

尽管典当行的经营范围呈现扩展趋势,但在实际适用中,业界普遍认为过于狭窄,一定程度上束缚了行业自身的生存和发展。

1. 典当行业狭窄的经营范围限制弱化了同业竞争中的优势

典当行业主要从事放贷业务,与银行、小贷公司、担保公司、一般工商业等同类机构相比,典当行在竞争中却处于劣势。与银行相比,典当行不能吸收公众存款,且银行创新业务吸引和争夺小微企业作为自己的客户,改变先还后

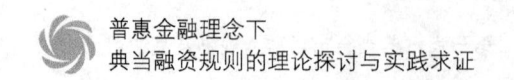

贷的续贷模式，对典当行实行的过桥贷款业务带来直接影响，典当行在业务开展和盈利能力方面更加艰难，生存空间再度被挤压；与小贷公司等相比，其经营范围仅限于担保贷款业务，而后者还可发放信用贷款；与担保公司、投资公司相比，后者准入门槛低，同样可以经营放贷业务；与一般工商企业相比，零售业务、寄售业务等均为禁止经营范围；与新兴的互联网金融相比，后者的准入条件、监管体制等方面尚无立法出台，经营自主权较大。

2. 典当行越围行为的乱象强化了行业经营的负面形象

《典当管理办法》（2005年）对典当行经营范围既明确规定了"可以经营的业务"，同时又明确规定了"不得经营的业务"，这种规定表面看穷尽了典当行的经营范围，但二者最后一项均为"其他业务"，典当行充分利用这一规定创新了大量业务，由此也形成了越围行为的乱象。（1）动产抵押业务。立法对于动产只允许开展质押业务，但动产抵押克服了动产质押因需要移转占有而影响当户继续利用的不足而备受青睐，实践中机动车抵押典当、设备抵押典当比较普遍，发生纠纷时法院对合同效力的认定却截然不同。❶（2）寄售、零售业务。现行立法只允许限额内的绝当物品的销售，但在调研中发现，不少典当行开展寄售业务、金银首饰等贵重物品的销售业务，对于类似业务一旦出现质量问题，按照当物销售规则还是一般商品销售规则承担责任存有争议。（3）民间借贷业务。由于典当行融资受到诸多的限制，业务量较小，当遇到大额业务时，采取一部分按照典当合同出具当票的形式来办理，剩余部分则签订一般借款合同，后者的合同效力如何，是否可以认定为有效的民间借贷合同，存在多种意见。（4）仅有保证人担保的借款合同业务。有的典当行在实际操作中，存在通过人情关系解决资金融通的问题，或者当户没有当物而提供保证人担保的情况等。该行为是否为立法禁止的信用贷款业务存有争议。（5）债权转让业务。典当行与P2P平台合作，以债权阶段性流转方式回笼资金，再将资金回流投放运营，如果在债权期限内不能回收资金，则就会给典当行带来集资或变相吸存的风险。❷ 现行立法的严苛规定与典当实践的不断突破

---

❶ 姚浩、潘婵媛：《典当行从事动产抵押借款业务的法律效力》，http://blog.sina.com.cn/s/blog 6297738a0100_kqrx.html, 2010-08-13 20:27:24, 2014年8月30日访问。

❷ 陈周琴：《债权阶段性流转P2P平台或将牵手典当行》，大洋网，发布时间2014-07-28 07:16:00, 2014年7月30日访问。

形成鲜明的对照,一定程度上强化了传统上认为典当行业为灰色产业的负面形象的认识。

三、典当行业经营范围扩展的法理基础与基本趋势

从上述典当行业实践与立法的背离情形分析,是典当行从经济人的理性出发,在合法与违法之间寻求扩展经营范围的一种努力和尝试。而扩展经营范围是否符合基本的法理逻辑、是否符合现代法制改革的基本趋势,需要深入论证。

（一）典当行经营范围扩展的法理基础

1. 越围无效规则

越围行为规则,也称为越权行为规则,是指公司应在其组织章程所载明的经营范围内开展经营活动,即在法律所授权的范围内,公司超越章程所载明的经营范围从事经营活动的行为为越权。英国普通法时代对于公司的越权行为是绝对排斥的,其行为被认定为绝对无效。19世纪以后,"由于公司越权绝对无效的观点建立在极不公平的基础上,忽视了对第三人的保护……绝大部分法庭在这种场合更愿意采越权行为相对无效的观点。只要越权交易的双方对越权无争议,法庭并不主动加以干涉"❶。因此,越围无效规则由最初的绝对无效发展到相对无效,甚至有的国家如美国许多州明确废止了该原则,反映了现代立法从保护静态安全向保护动态安全的理念变迁。我国商事立法中也同样确立了促进交易、鼓励交易的原则,并具体确立了越围无效的规则。如1999年《合同法》第50条规定:"法人或者其他组织的法定代表人、负责人超越权限订立的合同,除相对人知道或应当知道其超越权限的以外,该代表行为有效。"最高人民法院《关于适用〈中华人民共和国合同法〉若干问题的解释（一）》【法释〔1999〕19号】第10条规定:"当事人超越经营范围订立合同,人民法院不因此认定合同无效。但违反限制经营、特许经营以及法律、行政法规禁止经营规定的除外。"2005年公司法取消了"公司应当在登记的经营范围内从事经营活动"的规定,只在第12条规定:"公司的经营范围由公司章程规定,

---

❶ 张民安:《论公司法上的越权行为原则》,载《法律科学》1995年第2期,第69页。

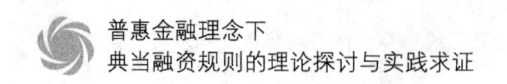

并依法登记。公司可以修改公司章程,改变经营范围,但是应当办理变更登记。公司的经营范围中属于法律、行政法规规定须经批准的项目,应当依法经过批准。"具体到典当行业的经营范围,立法应依据行业的性质、行业惯例明确禁止的对象,除此之外,依照现代公司法的越围规则,即使超越经营范围,该行为也将有效。

2. 商业判断规则

商业判断规则,也称为经营判断原则（Business Judgment Rule）,是从19世纪开始美国法院在长期的司法实践中逐步发展起来的一项判例法理,是以董事和高级管理人员的经营决策是否尽到注意义务为判断标准,从而确定是否追究其责任的规则。一般认为,董事、高级管理人员善意地进行商业决策即可满足注意义务的要求。即符合三个构成要件：（1）独立性,指作出商业决策的董事与进行的商业决策不存在利害关系；（2）善意,指董事理性地相信商业决策符合公司的最佳利益；（3）适当的注意,指董事合理知悉该商业决策的具体内容,并合理相信在该种情况下是适当的。❶ 确立商业判断规则的法理基础在于,商事交易风云变幻,风险与收益总是相伴而生,如果不加区别地对董事的冒险商业运作行为于事后作出分析判断要求其承担责任,董事的商业决策行为将瞻前顾后,因此合理区分董事一般过失和重大过失,对于因一般过失违反董事注意义务的行为免于承担责任,将鼓励董事从股东和公司利益出发积极作为,在这个意义上,商业判断规则是董事经营权的必然延伸。放松政府管制,加强企业自治,我国从2005年公司法修改开始的一系列改革举措均表明了这一思想,典当行业作为准金融机构,在不违反法律、行政法规的强行性规定前提下,经营范围的决策权应还权于企业,根据所有权和经营权相分离的原则,董事及高级管理人员可以根据商业判断规则而受到保护。

（二）典当行经营范围扩展的基本趋势

如前所述,2005年《公司法》对经营范围的修改扩大了企业自治权,2014年2月国务院注册资本登记制度改革方案实施之后,为了适应工商登记制度改革,2015年8月27日国家工商行政管理总局公布了《企业经营范围登

---

❶ 参见陶一鸣：《商业判断规则的多维分析》,载《政法论坛》2009年第5期,第157~159页。

记管理规定》,其中体现了企业自治理念的内容有:

1. 确立越围相对有效的规则

明确了经营范围登记的公示性质和公共服务作用,超越登记的经营范围从事经营活动,只要该行为不违反法律、行政法规关于市场准入的限制性规定,不仅在民事关系中合法有效,也不再承受行政处罚。[1]

2. 自主选择经营范围表述用语

企业经营范围由申请人参照《国民经济行业分类》规范中的"大类""中类"或"小类"自主选择经营范围表述用语,充分尊重企业意思自治,方便投资者根据经营策略自主决定和调整经营方向及类别。[2]

3. 遵循行业惯例

对于《国民经济行业分类》中没有表述的新兴行业或具体经营项目,明确企业可以参照政策文件、行业习惯或者专业文献提出申请。[3]

作为经营范围的政策依据和一般性立法规定,为典当行业规定经营范围提供了参照和指引,基于典当行业的准金融属性,在政府必须管制的范围之外,典当行自主选择经营范围,遵循行业惯例,如我国古老的典当行中存在的寄售业务将重新回归典当行等,适当扩展典当行的经营范围,赋予典当行以更多的自由,符合现代立法的基本趋势。

四、负面清单法治理念下典当行经营范围的适度扩展

党的十八届四中全会通过的《决定》指出:行政机关要坚持法定职责必须为、法无授权不可为,勇于负责、勇于担当。行政机关不得法外设定权力,没有法律法规依据不得作出减损公民、法人和其他组织合法权益或者增加其义务的决定。具体到典当行业的政府主管部门,就是要坚持负面清单的法治理念,引导和支持典当行做好中小微企业融资服务,鼓励典当行发挥经营特色,采取组合配置当物种类等灵活多样的方式提供差异化服务等。[4] 所谓负面清单

---

[1] 参见国家工商行政管理总局《关于〈企业经营范围登记管理规定〉的说明》。
[2] 《企业经营范围登记管理规定》第3条。
[3] 同上。
[4] 商务部《关于进一步引导和支持典当行做好中小微企业融资服务的通知》,商办流通函[2015]6号。

也称为否定清单（negative listings）、负面列表等，是指在法律上仅仅列举禁止的事项，对于禁止事项之外的事项法律不进行干预，市场主体自主决定。简言之，"法无禁止即自由"❶。负面清单管理我国最早在上海自贸区率先实行，之后作为国家治国理政的一种法治理念和方法在整个经济领域推行。对典当行业经营范围的确定坚持负面清单的法治理念，至少有如下几点益处：第一，立法只规定禁止经营的事项，避免了正面列举可能挂一漏万的弊端，其余则由典当行根据商业风险自主衡量决定，赋予了典当行以更多的自由，是弱化甚至取消特权的有效手段，有利于发挥典当行业的自主性，有助于真正实现市场在资源配置中的决定性作用；第二，可以从经营范围更加客观地认识现阶段典当行业主要从事放贷业务的法律属性，使典当行回归准金融机构的法律定位，将其纳入普惠金融体系获得平等竞争的政策支持，形成多元化的市场融资主体体系；第三，在准确定位基础上，有利于对典当行业确立适当的监管体制及监管内容。负面清单明确了禁止事项，也就明确了监管机构的职责所在，便于确定适当的监管机构及监管内容，有利于政府转变职能；同时，对于合理厘定政府和市场的关系，提升国家经济治理能力，全面推进国家的经济法治建设具有重要的意义。具体而言，在未来典当立法应明确划定两条不能触碰的红线，在此基础上对典当行的经营范围作出适度扩展。

（一）不得吸收公众存款

这是典当行作为准金融机构的明显公共性特征所决定的，是典当行经营范围合法性的要求。古往今来，典当行一直从事只贷不存的业务，属于零售型贷款的非吸收存款类贷款机构。根据《商业银行法》第11条规定："设立商业银行，应当经国务院银行业监督管理机构审查批准。未经国务院银行业监督管理机构批准，任何单位和个人不得从事吸收公众存款等商业银行业务，任何单位不得在名称中使用'银行'字样。"目前，在我国有权吸收公众存款的只有商业银行，典当行不具备从事吸收公众存款的资格。因此，典当行吸收公众存款或变相吸收公众存款的行为，将构成非法吸收公众存款罪；如果将吸收的公众存款据为己有，可能构成集资诈骗罪。

---

❶ 参见王利明：《负面清单管理模式是国家治国理政的重要方法》，中国民商法律网，发布时间2014-8-21，2014年9月1日访问。

国务院法制办的两个"征求意见稿"均删去了《典当管理办法》中关于"不得非法集资"的规定，盖原因有二。首先，非法集资不是严密的法学概念，刑法中所指包括两个具体罪名：非法吸收公众存款或变相吸收公众存款罪和集资诈骗罪；其次，集资诈骗一般均以吸收公众存款为前提，区别只在于主观目的的不同，前者是使用吸收的资金用于盈利，后者以非法占有、据为己有为目的，享有这部分资金及收益的所有权。且集资诈骗是以享有吸收存款部分的所有权为目的，而典当行吸收资金的目的是为了放贷收取规定的高息费以盈利，与该罪名的主观要件不符合。因此，只规定禁止非法吸收公众存款比较妥当。❶

不得吸收公众存款是一条红线。典当行有合法的资金池，社会公众可以以股东名义投资入股，在典当行成立之前成为原始股东，或成立之后增资扩股时成为新股东，享受股东权益。典当行不得在成立之后向社会公众借款，这样有利于鼓励民间游资从寻求高利转贷回报，变为真正进入实体经济，将短期投资固化为长期投资，补充典当行货币资本的不足。

（二）不得发放信用贷款

这是由典当行自身的性质决定的。典当是借贷与担保的联立，与一般借款合同相比，典当要求必须要有物或权利的担保，基于折当率的约定，担保物或权利可以确保典当行债权的充分受偿，否则典当无异于民间借贷，与其性质相违背。

需要指出的是，碍于《典当管理办法》（2005年）规定不得超比例贷款的限制，典当行与网络借贷平台联手合作开展创新业务，而网络借贷平台开展的主要是信用贷款业务，网络借贷平台极可能利用典当行合法的资金池开展归集新的资金池的行为，触碰非法吸收公众资金的红线，也可能有发放信用贷款的嫌疑。为此，典当行与网络借贷平台的合作处于风险的边缘，严控不得利用典当行合法的资金池吸收公众存款，典当行不得发放信用贷款，必须严守这两条底线，防止陷入信用贷款的泥淖而不能自拔。

从典当立法动向看，国务院法制办2011年公布的《典当行管理条例（征

---

❶ 叶良芳：《从吴英案看集资诈骗罪的司法认定》，载《法学》2012年第3期，第16~22页。

求意见稿）》第 19 条规定："典当行收当的当物应当是依法可以质押的动产、财产权利或者依法可以抵押的不动产。法律、行政法规和国家规定禁止质押的动产、财产权利或者禁止抵押的不动产，典当行不得收当。正在建造的建筑物不得作为当物。"该条对经营范围的规定摈弃了 2005 年《典当管理办法》中列举式的立法模式，采取概括性规定，可以经营的范围继承了《典当管理办法》（2005 年）的内容，对于实践中争议的动产抵押、寄售、民间借贷等均未提及，是否意味着立法允许典当行开展该类经营业务并不明确。对于"禁止经营的范围由法律、行政法规和国家规定来确定"，其中"国家规定"具体指向含糊，由有关机关以通知、命令等形式设定禁止事项似应包含在内，如此则为行政机关的权力滥用打开方便之门，与负面清单的法治理念相违背。2013 年国务院法制办对前述征求意见稿的修改稿（简称"2013 征求意见稿"）恢复了对经营范围采取列举式的规定，其中可以经营的业务范围增加了寄售商品销售，意味着对行业习惯的认可；绝当物品销售去掉了"限额内"，可能意味着流质契约的解禁；对于动产抵押，立法表述上也有松动的迹象。

　　至于民间借贷业务的效力，比较复杂。《最高人民法院关于审理民间借贷案件适用法律若干问题的规定（征求意见稿）》（2013 年 10 月 28 日）第 1 条规定："民间借贷，是指自然人、非金融机构法人以及其他组织之间进行资金融通的协议。通过担保、租赁、典当、小额贷款等形式进行贷款业务，引发的纠纷适用本规定。"按照这个规定理解，从事民间借贷的主体除银行外并无特别限制。前述典当行将大额业务分解成典当合同和借款合同，对后者的效力有三种意见：(1) 认为典当行不得从事无担保的借贷业务，如当户未提供相应的担保物，违反立法关于典当行不得发放信用贷款的规定，属于无效合同；(2) 认为如当户提供相应的担保物，当户为自然人的，认定为民间借贷，借款合同有效；当户为企业的，属于同业拆借，违反非金融企业之间不得同业拆借的规定，为无效行为；(3) 认为典当行从事借贷行为均为有效，超过银行同期贷款利率的 4 倍部分无效。正如前述规定（征求意见稿）指出，典当行归属于民间借贷，因此适用民间借贷的规则。但在征求意见过程中，北京、安徽、上海等 14 个典当行业协会均向最高人民法院民事审判一庭提出异议：典当行不同于民间借贷，不应适用该规定，2014 年 3 月该建议被最高法院采纳。2015 年 6 月 23 日《最高人民法院关于审理民间借贷案件适用法律若干问题的规定》正式通过，司法解释最终确认民间借贷不包含典当，且对民间借贷的利率作出调整，❶在利率市场化调节下，与典当行息费水平相当。综合这些情况，对于典当行从事民间借贷行为，除违反发放信用贷款外，仍然适用典当的基本规则，当属有效。

综上，不得吸收公众存款、不得发放信用贷款是典当行经营范围的两条底线，在负面清单管理法治理念下，不仅存在禁什么限什么，怎么禁怎么限，要科学合理的问题，而且，该禁的要禁得住，该限的要限得住；进入或准入之后，事中、事后监管要跟上。更重要的是加强事中、事后的监管。❷

五、结语

综上，《典当行管理条例（征求意见稿）》已对典当行的经营范围进一步放宽，实践中业已存在的业务合法化，且随着典当行业与互联网金融的渗透与融合，典当行业将不断创新业务，正面列举仍然难以穷尽相应规定。因此，坚持负面清单管理的法治理念，设定两条底线，赋予典当行充分发挥独特价值的权利，拓宽经营范围符合行业发展的趋势。同时，负面清单与权力清单、责任清单作为新一届政府力推的三张清单的实施，对于完善国家对典当行业的治理体系和提升治理能力具有重要的意义。

本章小结

典当是市场经济条件下不可缺少的融资方式之一，我国对典当行采取了严格的市场准入，从股东的法定人数、身份信用要求，到注册资本的最低数额、出资形式，以及典当行的经营范围，都作出了严格规定。面对百姓的生活消费需求、中小企业旺盛的融资需求与有限的融资方式和融资渠道的矛盾，未来典当行业立法应适当放松市场准入条件，加强事中、事后监管，完善一人公司制度、公司法人格否认制度等，借鉴民营银行的"生前遗嘱"制度，进一步完

---

❶ 民间借贷利率的分析请参见本书第四章"典当合同交易规则及其适用"部分。
❷ 史际春：《负面清单：市场准入与准入前、准入后控制》，第十一届中国青年经济法博士论坛暨"经济法视野中的市场准入与退出制度"研讨会上的讲话。

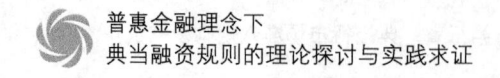

善强化股东法律责任。在注册资本最低限额方面,建议授权各省、自治区、直辖市政府商务主管部门根据当地经济发展水平和审慎监管的需要确定,以做到原则性和灵活性相结合。典当行的经营范围随着我国经济发展商业实践已经发生重大变化,建议坚持负面清单管理的法治理念,坚守"不得吸收公众存款""不得发放信用贷款"两条底线,适当扩展典当行的经营范围,这符合公司越围无效规则的基本法理和现代法制改革的发展趋势。

第四章 典当交易规则及其适用

典当是一种金融交易的商事行为，我国当前的典当立法，更多地关注其可能发生的金融风险，侧重于监管制度的建立及完善，体现在历次立法均以"管理"命名，包括国务院法制办公布的征求意见稿也不例外。从交易行为的双方当事人角度看，焦点则集中在合同的性质、效力、绝当后当物的处理、息费的多少等问题上，典当作为交易行为的私法属性，地方立法中对此认识较为前瞻：《深圳经济特区典当规定》[1]共35条，规定总则、典当机构和出典人、典当、典当管理、罚则，其中有19条均是典当交易规则的内容；《广东省典当条例》[2]以典当交易为其主线，主要依据是《民法通则》，总则部分确定典当的概念、原则、适用范围，其后承当与出当人、典当物、典当三个部分确立典当交易的规则，最后是法律责任及附则。这些立法随着"2011办法"出台已经失效。值得指出的是，地方法院总结审理实践中的经验，提出了一些具体的典当交易规则，如江苏省高级法院[3]、浙江省高级法院[4]、重庆市高级法院[5]均颁布了相关指导性意见，对现行典当交易纠纷的解决提出的审理思路和具体意

---

[1] 《深圳经济特区典当规定》1993年9月25日深圳市人民政府第六十二次常务会议通过，1993年11月7日起施行，2002年7月11日失效。

[2] 《广东省典当条例》1995年5月9日广东省第八届人民代表大会常务委员会第十五次会议通过，1997年5月31日广东省第八届人民代表大会常务委员会第二十九次会议修改，2003年2月17日失效。

[3] 2009年8月21日，江苏省高级人民法院审判委员会第20次全体会议讨论通过《江苏省高级人民法院关于当前宏观经济形势下依法妥善审理非金融机构借贷合同纠纷案件若干问题的意见》第10~12条，参见附录二。

[4] 2010年《浙江省高级人民法院关于审理典当纠纷案件若干问题的指导意见》（浙高法〔2010〕195号），共13条，参见附录二。

[5] 《重庆市高级人民法院关于审理涉及小额贷款公司、担保公司、典当行商事案件若干问题的解答》（渝高法〔2013〕245号）第11~14条，参见附录二。

见,将使典当交易规则更加丰富,在完善我国典当交易规则方面具有重要的价值。本章首先从理论上探讨典当合同的特点、认定标准,然后选取法院审理的典型案件,就典当合同的定性、效力、履行中的争议问题进行类型化,并就具体案件从案情简介(或资料导读)、法理分析、风险提示三个方面进行分析;最后就典当案件审理中如何运用商法思维和商事法律解释提出一些建议和思考。

第一节　典当合同的认定

典当合同的本质是借贷合同与担保合同的联立,实践中常常被误读为普通的担保合同、一般的借贷合同或民间借贷合同。然而,对典当合同的误读可能无视行业内部延续几千年的交易习惯,抹杀了典当的本质属性,无法实现典当制度的独特价值。

一、典当合同的特点

典当合同之所以被误读,根本原因在于其特点不清晰,因此首先从合同法原理出发,分析典当合同的基本特征。

(一) 典当合同为复合合同

法律关系按照其调整的社会关系的种类是否单一,分为简单法律关系和复杂法律关系。典当的法律性质为借贷与担保的联立,借贷为目的,担保为前提,即提供当物担保以偿还当金及息费作为先合同义务,以此为前提订立借贷合同。一般的借贷担保合同中同样存在借贷和担保两个因素,但借贷合同是主合同,担保合同是从合同,可能体现为一个合同,也可能体现为两个合同,而典当合同中担保和借贷统一于一个合同中,在当票中明确规定了二者的内容。因此,典当合同包含两种法律关系,属于复合合同。

从借款合同立法来说,1981年《经济合同法》规定的借款合同是指人民银行、专业银行、信用合作社根据国家批准的信贷计划和有关规定与借款方之间以书面形式订立的以金钱为标的的合同。1985年《借款合同条例》第2条规定:"本法适用于实行独立经济核算的全民和集体所有制企业、事业等单位、个人同银行、信用合作社之间以书面形式签订的借款合同。"1999年《合同法》第十二章规定了"借款合同",包括商业借贷合同和民间借贷合同。《典当行管理暂行办法》(1996年)将典当行定性为金融机构,需要中国人民银行批准获得金融业务许可证,按照当时的立法,典当合同属于商业借贷合同毫无争议。但之后最高人民法院《民事案件案由规定》(法〔2011〕41号)"第四部分 合同、无因管理、不当得利纠纷"之"合同纠纷"规定,借款合同纠纷与典当纠纷分别排序第89与第110,❶ 同为第三级案由。此外,浙江省高级人民法院根据《关于民事和商事案件主管划分的意见》(浙高法〔2008〕64号)和浙江省高级人民法院《关于全省法院案件字号编立的规定》(浙高法〔2008〕378号)的规定,典当纠纷作为商事纠纷案件,编立商字案号。❷综上所述,我国将典当合同认定为商业性借贷担保合同较为合理。

(二) 典当合同为有偿合同

根据当事人取得权利是否偿付代价为标准,合同可分为有偿合同和无偿合同。有偿合同是指当事人因享有权利而必须偿付一定代价的合同。典当合同中,典当行是专门从事贷款业务的企业法人,当户获得当金必须向典当行偿付约定的息费,因此典当合同为有偿合同。有偿合同的法律意义在于:(1)缔约人的要求较高。只有经过国家批准的商业性借贷机构才能从事合法放贷业务,包括各类金融机构以及非银行金融机构类放贷人,典当行是合法经营资金放贷的机构。(2)当事人应尽的注意义务较高、责任较大。典当行作为专业融资服务机构,对当物的评估鉴定、当票的使用填写、当金的发放、风险的控制等方面,应尽较高的注意义务。❸ (3)有偿性得到法律的认可。历次典当立法均明确规定典当行可以向当户收取利息和综合费用的权利,同时规定不同当物收取息费的限制标准。

但是,典当行的"高息费"屡遭质疑,甚至法院实践中也曾比照民间借

---

❶ 最高人民法院《民事案件案由规定》(法〔2011〕41号)规定:89. 借款合同纠纷(1)金融借款合同纠纷(2)同业拆借纠纷(3)企业借贷纠纷(4)民间借贷纠纷(5)小额借款合同纠纷(6)金融不良债权转让合同纠纷(7)金融不良债权追偿纠纷……110. 典当纠纷。
❷ 《浙江省高级人民法院关于审理典当纠纷案件若干问题的指导意见》第3条。
❸ 马俊驹、余延满:《民法原论》,法律出版社2007年版,第504页。

贷的利率标准进行调整。❶ 本书主张要尊重和认可现行立法规定息费范围内当事人约定的高息费的合法性，理由如下：（1）典当行贷款费率遵守立法规定，并遵循市场规律，与其他金融机构相差不大。典当行计收的综合费用，按照规定评估费用，明码标价，与银行抵押贷款对抵押物的评估鉴定费用相比，多通过合同作出约定，其实际费用比率不相上下，典当行的高息费只是虚高之名。现实中迫于生存竞争压力，典当行屡屡下调息费，使息费虚高成为无稽之谈。(2) 典当行相对于银行金融机构从事的零售业成本高。银行从事的大额交易更类似于批发业，针对信用度高的客户，风险成本低；典当行面对的是中小企业及贫困阶层，贷款额度低，客户信用度低，更接近于零售业，经营成本高。

（三）典当合同为实践性合同

根据合同的成立是否必须交付标的物为标准，合同可分为诺成性合同和实践性合同。诺成性合同，又称为不要物合同，是指不交付标的物合同即可成立。实践性合同，又称为要物合同，除双方意思表示一致以外，还须交付标的物，合同才能成立。二者划分的法律意义在于：合同成立要件不同，交付行为的意义不同。诺成合同中交付标的物系当事人的给付义务，也即是履行合同的行为，违反该义务便产生违约责任；而实践合同中交付标的物，不是当事人的给付义务，只是先合同义务，违反它不产生违约责任，可构成缔约过失责任。❷

从学界对实践性合同的研究来看，认为由于现代社会将"信用"提高到一个新的高度，实践性合同呈现诺成化变迁的趋势。特别体现在商事合同中，"商事性在实践中是推定合同当事人的信赖利益须得到较高水平保护的最直接的依据。故得承载商事目的的有偿性实践性合同在各国法律中都有鲜明的诺成化倾向"。如《瑞士债法典》第312条将全部消费借贷规定为诺成合同。《俄罗斯民法典》在一般实践性借贷合同以外专立商事色彩突出的"信贷合

---

❶ 《江苏省高级人民法院关于当前宏观经济形势下依法妥善审理非金融机构借贷合同纠纷案件若干问题的意见》12、典当企业主张典当合同约定的利息及综合费的，应予保护，但超过《典当管理办法》规定范围的除外。典当企业主张借款期限届满后的利息及综合费的，对于两项合计数额超过按银行同期同类贷款基准利率四倍计算的利息的部分不予保护。典当企业主张合同违约金，借款人请求调整违约金的，人民法院应依据相关法律及司法解释处理。

❷ 马俊驹、余延满：《民法原论》，法律出版社2007年版，第505页。

同"——一种诺成性要式合同（第820条）。❶我国《合同法》（1999年）第210条规定："自然人之间的借款合同，自贷款人提供借款时生效。"表明自然人之间的民间借贷合同是诺成性合同。那么，贷款合同作为商事合同虽然没有如此规定，但由其有偿性决定，解释为诺成性合同更为合理。由此看来，我国的借款合同亦呈现出诺成化趋势。

具体到典当合同，是否同样出现了诺成化趋势呢？

首先，从立法角度梳理历次立法规定。（1）《典当行管理暂行办法》（1996年）第27条规定："当票是典当行收妥当物后开给当户的收据，也是质押贷款的契约。当票由双方签字盖章后生效。"前一句表明典当合同成立要求收取当物，当票是质押贷款的契约，说明该契约为实践性合同；后一句指出当票要求双方签字盖章后生效，似乎印证了"将交付标的物的行为由合同的成立要件变为合同的法定生效要件"这一实践性合同诺成化的特征，❷但实际上，从系统解释和历史解释的角度看，1999年《合同法》生效之前，我国立法对合同的成立和生效不加以严格区分，合同成立即合同生效是通行的观点。因此，当时典当立法中将典当合同认定为实践性合同符合法律解释的原则。（2）《典当行管理办法》（2001年）❸和《典当管理办法》（2005年）❹中对典当的定义均指出提供当物、取得当金两个要物行为，因此，立法仍然坚持典当合同为实践性合同。（3）《典当行管理条例（征求意见稿）》（2011年）第2条第2款："本条例所称典当业务，是指当户将其财产作为当物质押或者抵押给典当行，典当行向当户发放当金，双方约定由当户在一定期限内赎回当物的融资业务。"第20条规定："典当行收当当物后，应当向当户开具当票、发放当金。法律、行政法规规定当物的质押、抵押需要办理登记的，应当依法办

---

❶ 张力：《实践性合同的诺成化变迁及其解释》，载《学术论坛》2007年第9期，第140～145页。

❷ 张力：《实践性合同的诺成化变迁及其解释》，载《学术论坛》2007年第9期，第142页。

❸ 《典当管理办法》（2001年）第3条：本办法所称典当，是指当户将其动产、财产权利作为当物质押或者将其房地产作为当物抵押给典当行，交付一定比例费用，取得当金，并在约定期限内支付当金利息、偿还当金、赎回当物的行为。

❹ 《典当管理办法》（2005年）第三条：本办法所称典当，是指当户将其动产、财产权利作为当物质押或者将其房地产作为当物抵押给典当行，交付一定比例费用，取得当金，并在约定期限内支付当金利息、偿还当金、赎回当物的行为。

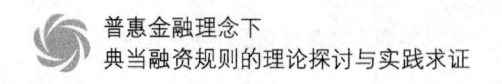

理登记手续。"

　　其次，从实践来看，业界有两种观点。一种认为典当合同是实践性合同，即典当合同的成立必须具备两个成立要件：一是当户交付当物，二是典当行交付当金。❶ 一种认为典当合同是典型的诺成合同。认为第一种观点混淆了合同的成立与生效的条件，理由有二：典当合同不属于《合同法》所规定的实践合同；典当合同若为实践合同易致当事人权利救济不足。❷ 本书赞同第一种观点，第二种观点所述理由值得商榷。（1）典当合同适用法律的问题。诚如所言，典当合同不属于合同法所规定的实践合同，但并非借款合同和物权担保合同分别为诺成性合同，组合起来的合同必然为诺成性合同，而是典当合同并非《合同法》和《担保法》《物权法》所能涵盖，其适用的法律首先是特别法——《典当管理办法》，如前所述，典当合同虽然兼具借款合同和担保合同的性质，但不同于一般的担保借贷合同，而是复合合同，其担保合同并非借款合同的从合同，而是类似于融资租赁合同的一种独立合同，只有当特别法无规定时，才适用一般法。而在特别法中，典当合同的成立要件完全符合实践性合同的特征。（2）合同不成立、不生效各自有不同的救济手段，桥归桥、路归路，不能混淆，不能因为生效后救济力度大于成立的救济力度就可以错配。而且，由于不提供当物或不交付当金，合同不能成立，对对方当事人来说，未必比生效后要求承担违约责任的救济力度大。如当户不提供当物，则典当行发放信用贷款，是否违法姑且不论，实质上放弃了当期届至处分当物以回收当金的权利，即使生效，也较难及时有效回收债权；如典当行不提供当金，当户签订合同的目的已经落空，即使合同生效，通过诉讼等手段要求典当行履行支付当金的义务，诉讼期间的冗长拖沓，与当户利用典当行的快捷、短期、小额、灵活的初衷完全相悖，并非认定典当合同为诺成性合同就能实现充分的救济。（3）典当合同无须交付当物，无须交付当金，与典当性质严重不符。（4）利用典当融资的当户为中小企业或消费者，其信用程度不够，提供担保物的目的在于增加信用，如解释为诺成性合同，与银行等金融机构的信用贷款毫无二

---

❶ 徐力英、何彬彬：《典当纠纷审判实务探讨》，载《人民司法》2010年第3期，第52页。
❷ 上海市高级人民法院课题组：《典当纠纷案件审理中的法律适用问题研究》，载《法律适用》2013年第6期，第62页。

致，如果依靠信用可以贷款，典当行不是当户的首选。

最后，将典当合同定位为诺成性合同的坏处。主要有几点：(1) 合同成立，意味着典当行发放信用贷款成为合法行为，这与典当的担保性质相违背。(2) 不交付当物，合同成立生效后，典当行的债权偿还丧失担保，当然丧失了绝当后行使优先受偿权；典当合同纠纷中极少出现典当行不交付当金的行为，因此合同法规定的借款合同诺成化，"交付标的的行为由合同的成立要件，向单纯的合同生效要件推移"❶ 的观点对典当合同并不适用。(3) 实践性合同虽然整体上呈现诺成化趋势，但是之所以诺成化，是基于这些合同已经脱离其作为实践性合同的存在基础——无偿性和便捷性使得合同的履行成本较高，需要交付实物降低交易成本。对于典当合同而言，正是由于当户本身的信用不足以作为成立的要件，因之不能从银行获得融资，转而通过提供当物实现信用增级，通过典当达到融资目的，这一点自古以来从未改变。即使主张实践性合同诺成化的学者也同样认为："不应当一刀切地在合同类型的层面上作实践或诺成的强制划分，而应当仅仅作出实践合同与诺成合同的学理阐述，成为供援引的制度备选项，将历史上存在争议的合同领域独特出来，对合同的诺成与实践性应仅仅规定一些判断的标准，待具体发生纠纷时作个案认定。"❷

（四）典当合同为要式合同

根据合同依照法律规定或当事人约定，是否应采取特定形式为标准，可将合同分为要式合同和不要式合同。此分类的法律意义在于如法律规定或合同约定采取特定形式，如不符合合同成立的特殊要件，合同不能成立、不能生效或不能向法院诉讼要求强制执行。《合同法》第 36 条和第 37 条规定了例外情形："法律、行政法规规定或当事人约定采用书面形式订立合同，当事人未采用书面形式但一方已履行主要义务，对方接受的，该合同成立。""采用合同书形式订立合同，在签字或者盖章之前，当事人一方已经履行主要义务、对方接受的，该合同成立。"

就典当合同来说，《典当管理办法》第 30 条规定："当票是典当行与当户

---

❶ 张力：《实践性合同的诺成化变迁及其解释》，载《学术论坛》2007 年第 9 期，第 144 页。
❷ 张力：《实践性合同的诺成化变迁及其解释》，载《学术论坛》2007 年第 9 期，第 145 页。

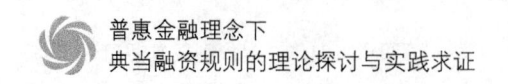

之间的借贷契约,是典当行向当户支付当金的付款凭证。"因此,当票是认定典当关系的重要依据。《商务部关于全国统一当票使用和管理的通知》❶规定:"典当交易必须开具当票。典当行和当户就当票以外事项进行约定的,应当补充订立书面合同,但约定的内容不得违反有关法律、法规及《典当管理办法》。"

当票式样如下:

（正面）

全国统一

当　票　　×××商务厅（委）监制

注意背面 典当须知

NO:

典当行	名　称					电　话										
	地　址					经营许可证编码										
当　户	名　称					电　话										
	地　址					联系人										
	证件名称					证件号码										
序号	当物名称	规格和状况	数量	估价	折当率%	典当金额										
						千	百	十	万	千	百	十	元	角	分	
典当金额（大写）				合　计												
综合费用（大写）			小写金额¥			月费率　%				月利率　%						
实付金额（大写）			小写金额¥			当户签章				典当行签章						
典当期限：由　　年　月　日起至　　年　月　日止																
备注：					除当票外双方其他约定											

第一联存根

复核：　　　经办：　　　保管：　　　制单时间：　年　月　日

---

❶《商务部关于全国统一当票使用和管理的通知》商建发 [2011] 49 号。

（背面）
典当须知

1. 当票由省级商务主管部门监制，是典当行与当户之间的借贷契约，是典当行向当户支付当金的付款凭证。当票不得涂改、伪造和转让。典当双方就当票以外事项进行约定的，应当补充订立书面合同。

2. 当户凭有效证件办理典当，典当行有权要求当户出示当物来源等证明。

3. 当物估价金额及当金数额由典当双方协商确定。

4. 典当期限由双方约定，最长不得超过 6 个月。

5. 典当行在当期内不得使用或处分当物。当物在典当行保管期间发生遗失或损毁的，典当行应按估价金额进行赔偿。遇有不可抗力导致当物损毁的，典当行不承担赔偿责任。

6. 典当行可收取综合费用和利息。动产质押典当、房地产抵押典当和财产权利质押典当的月综合费率分别不得超过当金的 42‰、27‰和 24‰。典当当金利率按中国人民银行公布的银行机构 6 个月期法定贷款利率及典当期限折算后执行。当期不足 5 日的按 5 日收取利息和费用。

7. 经双方同意可以续当，续当一次的期限最长为 6 个月。

8. 当期届满 5 日后，当户不赎当也不续当的，即为绝当。绝当物估价金额不足 3 万元的，典当行可以自行变卖，损溢自负；估价金额在 3 万元以上的，可依照双方事先约定由典当行委托拍卖行公开拍卖，拍卖收入在扣除拍卖费用及当金本息后，剩余部分应当退还当户，不足部分可向当户追索。

9. 绝当后，当户与典当行协议赎当的，逾期费用由双方协商确定。

10. 当票遗失须由当户本人凭有效证件及时办理挂失手续，交纳一定手续费后可以补办当票。未办理挂失手续或挂失前已被他人赎当，典当行无过错的，典当行不负赔偿责任。

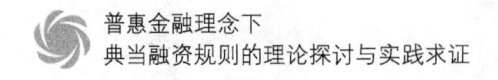

续当凭证式样如下：

(正面)

| 注意背面
续当须知 | 续 当 凭 证 | ×××商务厅（委）监制
NO： |

典当行名称		原当票号		
当户名称		联系人		第
原典当金额（大写）		小写金额¥		一
续当综合费用（大写）		小写金额¥		联
当户应付上期利息（大写）		小写金额¥		存
当户总计交付金额（大写）		小写金额¥		根
续当期限：由　　年　月　日起至　　年　月　日止				
月费率%	当户签章	典当行签章		
月利率%				

复核：　　　经办：　　　保管：　　　制单时间：　　年　月　日

(背面)

续当须知

1. 办理续当，须持原当票及前期续当凭证办理，原典当契约不变。
2. 续当时须结清上期当金利息。
3. 本期续当利息在赎当时或下期续当时交付。
4. 赎当须凭原当票和续当凭证及当户有效证件办理手续。

但是当票在实际运用中，业界普遍认为存在一些问题。第一，不能部分赎当、部分续当，造成物权和债权关系的混乱。第二，典当金额、综合费用、实付金额三栏的设置不合理，按照《典当管理办法》规定，综合费用可以预扣，利息不得预扣。但是预扣综合费用带来三个问题：一是如果当户提前赎当，预扣时多扣的部分要退回当户，财务处理增加了负担；二是当金发放一般是一个整数，如果预扣综合费用，实付当金就变成了零钱，结算利息时财务处理增加了负担；三是这种设置也容易导致法官认为主张债权只能是第三栏的实付金额。实际上是否预扣综合费用只是典当行与当户之间实际操作过程，典当行的债权金额为典当金额——本金部分，实践中大多采取预先不扣综合费用的方法，同时结算综合费用和利息。因此，综合费用栏和实付金额栏都没必要设置。❶ 第三，当票背面的《典当须知》，实际上是典当行与当户之间的约定，商务部强制印在当票背面的内容主要是《典当管理办法》的相关规定，这部分应该是双方之间需要另外约定的一些内容更为可取，相当于备注栏条款较为合理。

既然当票是典当合同成立的特殊形式要件，而立法及实践赋予了当票多个功能，因此有必要回归当票的本质，对其进行分析。

1. 当票的特征及性质

从这些规定来看，首先肯定当票是一种票据，是设定并证明持票人享有取得一定财产权利的书面凭证。其所代表的财产权利至少包括两点：（1）当票设定了当户对当物的回赎权。《典当管理办法》规定到期可以凭票回赎当物，从而取得当物的物权。（2）当票是付款凭证，当票是当事人之间的借贷契约。代表当户有权要求典当行依据当票所载明的当金金额支付给当户的权利，享有债权请求权。那么，当票是否可以成为一种有价证券呢？所谓有价证券，是指设定并证明持券人有取得一定财产权利并且能够流通的一种书面凭证，是物的一种特殊类型。❷ 有价证券的特点有：产权性、收益性、流通性、风险性、期限性。❸ 当票是否为有价证券，从这几个特点衡量，最重要的就是当票的流通性问题。

2. 当物的流通性问题

流动性又称变现性，是指当票持有人可按自己的需要灵活地转让当票以换取现金。从现行《典当管理办法》来看，禁止当票和当物的流通转让，❶ 因此，当票无法成为有价证券。当票和当物不得流通转让，极大地限制了当户及典当行对当物的充分利用，同时阻塞了典当行调剂资金余缺的一个渠道。正是基于以上理由，我国古代对动产当物允许转当，将该当物转质给其他典当行，但是限制了三个条件：一是接受转当的当事人必须为典当行；二是转当获得

---

❶ 杜胜亮：《建议修改"当票"》，载《中国拍卖》2004年第10期，第43页。
❷ 马俊驹、余延满：《民法原论》，法律出版社2007年版，第72页。
❸ 百度百科，2015年4月30日访问。
❹ 《典当管理办法》第32条：典当行和当户不得将当票转让、出借或质押给第三人。第33条：典当行和当户保管当票。当票遗失，当户应当及时向典当行办理挂失手续。未办理挂失手续或挂失前被他人赎当，典当行无过错的，典当行不负赔偿责任。第41条：第1款 典当行在当期内不得出租、质押、抵押和使用当物。

的当金额不得超过原来的当金额;三是转当期限短于原典当期限。原典当行通过转当实现了提前收回大部或全部当金的目的,"实际上典当行相互通过转当的当物为媒介和担保实现间接的同业资金拆借,通过转当行为,同一当物在典当期限内出当(转当)两次,其信用实际上也相应放大了二倍"。❶虽然现行《典当管理办法》禁止同业拆借,但是是最新的国务院法制办《典当管理条例(征求意见稿)》已对此予以认可,因此,未来动产转当将不存在法律障碍。

3. 当票的流通性问题

当户欲将当票转让,可能基于以下原因:当物价值大于当金及其息费,回赎成本高,当票转让还可以提前得到部分收益。一般而言,典当行对当物的折当率较低,所谓"以十当五",就是鼓励当户按期赎当,避免典当行积压过多当物,在绝当后须处理当物而导致资金周转困难。当票转让的实质是权利和义务的概括性移转,其中既包含返还当金及其息费的义务,同时包含可以获得当物的权利,如果对当物的预期价值高于前述两项之和时,受让人将愿意获得该当票。旧时曾经有专门机构或人员收购当票以获得其中的利益。我国香港地区立法间接认可当票的流通性。❷《新加坡 1993 年典当商法》第 26 条规定:"持有和出示当票赎当者被推定为有权赎回当物的人,典当商应根据本法规定在当金本利获得清偿后将当物交还给当票持有人。"有学者也主张应允许当票的适度流通,同时相应完善当票转让的条件、转让的范围、转让的次数等。❸ 在押当票有无升值潜力,当期长短、当物的不同均会影响当票的流通性,❹ 但是作为有价证券流通转让,具有可行性和必要性,也是业界多年来的呼声。❺

---

❶ 胡宗仁:《典当业法律制度研究》,中国政法大学出版社 2012 年版,第 181~183 页。

❷ 我国香港地区《当押商条例》第 15 条:在当押商贷出当金的 4 个农历月内,如有人交出当票或当票复本及支付赎当时应付的全部当本、利息,则当押商须将该张当票或当票复本及当押物品交付该人。据此,持票人可能包括当户或当户授权赎当的代理人或依法受让当票的人,后者表明允许当户转让当票。

❸ 胡宗仁:《典当业法律制度研究》,中国政法大学出版社 2012 年版,第 185 页。

❹ 《浅析当票能否在市场上流通转让》,载百度文库,2014 年 4 月 15 日访问。

❺ 广东省典当行业协会:"随笔与感悟:四川、重庆典当业考察学习总结",载 http://www.pagd.com.cn/NewShow.asp?id=29.3.2015 年 2 月 15 日访问。

二、典当合同定性实例分析

(一)"众义达公司案":一般借款合同还是典当合同

【案情简介】

2008年5月15日,汇鑫公司(乙方)与华盛典当公司(甲方)签订2008年借字023号《借款合同》。合同约定:甲方同意依据本合同约定向乙方提供机动车质押借款。本合同项下的借款金额为180万元。本合同项下的借款期限自2008年5月15日至2008年6月14日。同日,为了确保主合同债务人汇鑫公司与华盛典当公司于2008年5月15日签订的借款合同的履行,出质人汇鑫公司(乙方)与质权人华盛典当公司(甲方)签订(2008)动质字023号质押合同。同日,保证人众义达集团、何连义分别与华盛典当公司签订保证合同,保证合同中约定:本合同项下主债权的种类为机动车质押,本合同项下被担保的主债权币种为人民币,本金数额为180万元。上述合同签订后,汇鑫公司于2008年5月15日将15辆荣威汽车的合格证原件、发票(空白)原件和车钥匙交付给华盛典当公司。华盛典当公司于2008年5月15日出具当票,典当金额为180万元。华盛典当公司在扣除综合费用75 600元后,将其余1 724 400元汇入汇鑫公司账号。[1]

后汇鑫公司在2009年5月17日违约,没有支付综合费。经多次催要未果,华盛典当公司诉至法院,要求汇鑫公司、众义达集团、何连义偿还借款本金180万元、支付综合费(自2009年5月17日至实际履行日止,按月收取4.2%的综合费)、支付逾期滞纳金(自2009年7月17日至实际履行日止,按日收取0.5%的逾期滞纳金)、承担诉讼费用。

【法理分析】

本书关注的本案争议的焦点问题有两个:一是双方签订的合同的性质,二是质押合同的效力。后一个问题是确定合同性质的基础。

本案中,从合同主体来看,一方为典当行,为具有放贷资质专门从事放贷的机构;从合同内容看,为借款以及因借款而依出借方要求提供的抵押或质押

---

[1] 参见附录一附件4案例1。

担保合同。从这两个方面衡量，可以作出基本判断，双方签订的合同性质为典当合同。一审法院和二审法院均将案由定为借款合同不太恰当。

被告答辩理由提出质押合同未进行登记，质押合同未生效，典当合同因当户未提供当物属于典当行发放信用贷款的违法行为，因而合同无效，这一理由不能成立，正如一审法院判决认定：因汇鑫公司将质押车辆的合格证原件、发票原件以及汽车钥匙交与了华盛典当公司，虽然车辆停在汇鑫公司处，但汇鑫公司已不能随意处置车辆，华盛典当公司可以视为已经实际占有了车辆，故汇鑫公司的该项理由不成立，汇鑫公司与华盛典当公司签订的借款合同和质押合同合法有效。法院通过其他证据证明了质押和借贷并存的典当合同本质，值得肯定。

【风险提示】

对于质押合同或不动产抵押合同应办理登记而未办理登记，由此对典当合同的效力认定，实践中有不同意见，如浙江高级法院认定为典当关系有效，质押、抵押不设立，❶ 江苏省高院则认为该行为因未办理登记而成为发放信用贷款的行为，典当关系无效，非因当事人过错未办理登记的除外。❷ 从本案可以发现，法院根据案件具体情况，可以通过相关证据判断当事人的真实意思，从而作出合乎情理的判决，但是典当行必须严格按照规范流程操作，预防被判定典当无效的风险发生。

（二）未提供当物的借款合同：民间借贷合同还是典当合同

【案情简介】 某典当行民间借贷纠纷案❸

2007年12月28日，被告叶永丽向原告某典当公司借款20万元，借款时向原告出具了《借款借据》，双方约定月利率4%，2008年3月26日还款，逾期则向原告支付每日千分之五的逾期还款违约金。同时被告叶秋兰在《借款借据》上签名，以担保人身份承诺对借款承担连带赔偿责任。同日，原告将借款存入到被告叶永丽的账户。借款到期后，经过原告催讨，两被告案发时未付，故诉至法院。

---

❶《浙江省高级人民法院关于审理典当纠纷案件若干问题的指导意见》第10条。
❷《江苏省高级人民法院关于当前宏观经济形势下依法妥善审理非金融机构借贷合同纠纷案件若干问题的意见》第11条。
❸ 湖北楚华典当研究所：《典当热点法律问题解析》（先行版），2014年6月。

法院审理认为，原告以借贷名义向社会公众发放贷款，因此原告与被告叶永丽之间的借款合同无效，不受法律保护。被告于判决生效之日起15日内返还给原告借款20万元，驳回典当行其他诉讼请求。

【法理分析】

本案中当事人争议的焦点问题有二：一是合同的性质（民间借贷合同还是典当合同）及合同是否有效；二是叶秋兰是否承担保证责任。

第一个问题，合同性质的认定应考虑以下因素：（1）合同的当事人一方为专门从事放贷业务、经过主管部门批准的专门机构——典当行；（2）合同的标的是20万元贷款；（3）设定了保证担保。既然与典当行签订的合同内容是借款，首先判断双方应订立典当合同。但典当合同是实践性合同，合同成立要件要求当户提供当物，典当行提供当金，而在本案中当户提供了保证担保，《典当管理办法》规定，典当行不得发放信用贷款，否则为从事非法金融活动，属于违法行为。对于违法行为的合同效力，根据《合同法》第55条规定，违反法律、行政法规的强制性规定，合同无效。最高法院关于适用《合同法》若干问题的解释（一）》进一步阐明了"违反法律、行政法规的强制性规定"的内涵："合同法实施以后，人民法院确认合同无效，应当以全国人大及其常委会制定的法律和国务院制定的行政法规为依据，不得以地方性法规、行政规章为依据。"按照学理解释，违法行为有两类：违反管理性规范、违反效力性规范，前者不会导致合同无效，后者将导致合同无效。依据最高法院司法解释[1]及相关意见[2]，现行典当专门立法的部门规章——《典当管理办法》

---

[1] 《最高人民法院印发〈关于当前形势下审理民商事合同纠纷案件若干问题的指导意见〉的通知（法发〔2009〕40号）第15条："正确理解、识别和适用合同法第五十二条第（五）项中的'违反法律、行政法规的强制性规定'，关系到民商事合同的效力维护以及市场交易的安全和稳定。人民法院应当注意根据《合同法解释（二）》第十四条之规定，注意区分效力性强制规定和管理性强制规定。违反效力性强制规定的，人民法院应当认定合同无效；违反管理性强制规定的，人民法院应当根据具体情形认定其效力。"

[2] 《最高人民法院印发〈关于当前形势下审理民商事合同纠纷案件若干问题的指导意见〉的通知（法发〔2009〕40号）第16条："人民法院应当综合法律法规的意旨，权衡相互冲突的权益，诸如权益的种类、交易安全以及其所规制的对象等，综合认定强制性规定的类型。如果强制性规范规制的是合同行为本身即只要该合同行为发生即绝对地损害国家利益或者社会公共利益的，人民法院应当认定合同无效。如果强制性规定规制的是当事人的'市场准入'资格而非某种类型的合同行为，或者规制的是某种合同的履行行为而非某类合同行为，人民法院对于此类合同效力的认定，应当慎重把握，必要时应当征求相关立法部门的意见或者请示上级人民法院。"

不能作为判断依据。首先，作为借款合同应根据《民法通则》《合同法》以及司法解释的规定，公民与非金融企业之间的借贷属于民间借贷行为，只要双方意思表示真实一致即可成立并生效；其次，典当行发放信用贷款的行为虽然在《典当管理办法》中规定为违法行为，至于属于何种规范，对合同效力的判断不发生任何影响，法院可以选择适用。如果认为典当行不得发放信用贷款的目的是维护交易安全和行业秩序，属于管理性规范，该典当合同是有效合同；最后，如果认为该行为与合同主体的担保性质相违背，即属于效力性规范，该合同将是无效合同。正是由于立法的效力层次较低，法院在具体适用过程中作出不同的理解，适用了不同的法律，得出不同的审判结论。从学理上解释，当户提供保证人担保，其功能只是从另一个角度去支撑私法自治而已。仅具有"权限"规范的内涵，常常有迂回完成交易的可能。该强制性规范强制性的规定是否具有强行性，从而不得就权限规定再为调整，即应就该法的目的、管制的强度作整体解释。❶ 从典当合同的本质要件衡量，必须要有当物或权利作为担保，否则与典当的性质相悖，这类规范应该属于效力性规范，否定该种行为的效力较为妥当。

　　以上述判断为基础，若本案认定为民间借贷行为，借贷合同有效，则叶秋兰应承担保证责任。若为典当合同，分两种情况：根据现行法律、行政法规，没有禁止性规定，该合同为有效合同，被告叶秋兰应承担保证责任；根据部门规章《典当管理办法》，该合同违反效力性规范，该典当合同无效，但不影响二者之间形成的借款关系，只认可和保护典当行按照民间借款不得超过 4 倍的利率的规定，从平衡双方当事人利益出发，这部分利益应受到保护，不得按照典当行的息费水平要求保护。当然，如果本案发生在《最高法院民间借贷司法解释（2015）》实施之后，则应按照现行立法所确定的民间借贷利率作出适当调整。

　　本案中法院判决认定典当行以借贷名义向社会公众发放贷款，所以二者之间的典当合同无效，不受法律保护。被告是自然人，叶秋兰作为借款合同当事人一方叶秋丽的保证人，因主合同无效，保证合同无效。根据《担保法》❷ 及

---

❶ 苏永钦：《私法自治中的国家强制》，中国法制出版社 2006 年版，第 68 页。
❷ 《中华人民共和国担保法》（1995 年）第 5 条：担保合同是主合同的从合同，主合同无效，担保合同无效。担保合同另有约定的，按照约定。担保合同被确认无效后，债务人、担保人、债权人有过错的，应当根据其过错各自承担相应的民事责任。

最高法院相关司法解释❶的规定，主合同无效而导致担保合同无效，担保人无过错的，担保人不承担民事责任。因此，判决叶秋丽应返还典当行借款20万元，驳回其他诉讼请求。综上，该案将合同定性为民间借贷合同，而不是典当合同，典当行处于非常被动和不利的地位。

【风险提示】

本案中法院判决认定典当行以借贷名义向社会公众发放贷款，所以二者之间的借款合同无效，不受法律保护，使典当行处于非常被动和不利的地位。这也警示典当行业务操作必须规范：严格按照规范的收取当物、开具当票、发放当金操作，专业机构以专业服务进行规范化操作，才可以通过当物处置确保《典当管理办法》的息费收益，做活预防性措施；否则，未来的收益将具有极大的不确定性，法院或者认定为无效的典当合同、有效的民间借贷合同，保护不超过银行同期贷款利率水平的利益，或者认定为违反效力性规范的无效合同，不保护典当行任何利益，将使典当行遭遇较大的息费损失。

不过，2015年《最高人民法院关于审理民间借贷案件适用法律若干问题的规定》调整了民间借贷的利率，简称为"两线三区"利率。本次规定利率有几个特点：第一，规定的利率是一个固定利率，而不是像以前是参照央行同期贷款基准利率。第二，划了"两线三区"。首先划了第一条线，就是民事法律应予保护的固定利率为年利率24%；第二条线是年利率36%以上的借贷合同为无效。这"两线"划分出三个区域：一个是司法保护区，年利率24%以下的借贷合同认定有效；一个是自然债务区，年利率为24%~36%的借贷合同，如果当事人提起诉讼，要求法院保护，法院不会保护，但是当事人愿意自动履行，法院也不反对；一个是无效区，年利率36%以上的借贷合同认定无效。从最高法院作出调整的目的看，主要是控制高利贷发展实体经济，这对于主要服务中小微企业的典当行应该是一个利好政策。❷

---

❶ 《最高人民法院关于适用〈中华人民共和国担保法〉若干问题的解释》（2000年）第8条：主合同无效而导致担保合同无效，担保人无过错的，担保人不承担民事责任；担保人有过错的，担保人承担民事责任的部分，不应超过债务人不能清偿部分的三分之一。

❷ 罗书臻：《规范民间借贷 统一裁判标准——杜万华就〈最高人民法院关于审理民间借贷案件适用法律若干问题的规定〉答记者问》，载《人民法院报》2015年8月8日第1版。

三、典当合同的认定标准

以上运用实例从几个方面分析了典当合同认定中存在的一些问题。概括而言，典当合同的认定标准有以下几个关键点。

（一）典当合同主体一方的特定性

合同主体的特定性是典当合同的重要特征。典当业务只有经过特别许可成立的典当行才可以经营，其他任何主体都不得从事该种以物质钱的放贷业务。因此，判断是否为典当合同，首先从主体特定性可以作出鉴别。这也是典当行与寄售行、担保公司、小贷公司等机构的明显区别之一。

（二）合同纠纷案由的明确性

典当是一种融资服务活动，实践中存在将其等同于一般借贷合同、担保合同的观点，对其法律性质存在模糊认识。从北京市典当典型案例的分析来看，将典当合同等同于借贷合同处理、认为典当合同的息费过高等认识，本质上是对典当制度的独特价值缺少深刻认识所致。典当行是根据相关立法特许设立的准金融机构，自古以来典当行的息费高于一般民间借贷利率已经成为行业惯例，但其小额、短期、快捷、手续简单是其他金融机构无可比拟的。由于市场经济条件下人员流动频繁，地缘、血缘形成的信用关系在大城市已经基本瓦解，且基于高端人群对个人隐私的保护意识，以及不愿意欠人情等多种因素的考虑，虽然典当行的当金息费相对高昂，去典当行以当物质押贷款仍然成为当户的首要选择。必须承认的是，典当行出具的当票明确注明息费，当户对使用典当行当金的资金成本心知肚明，不能在事后出尔反尔。如果立法及司法实践认可这种行为，就是纵容当户的失信行为，对典当行的利益保护有失偏颇。此外，绝当后流质契约适用范围的适度扩大，是对行业惯例的肯定，同时有利于发挥典当制度的独特价值、快速了结双方当事人之间的债权债务关系。

（三）合同内容约定的特定性

典当合同中权利义务的约定不同于一般的借款合同，最明显地反映在息费和绝当物品的处理两方面。《典当管理办法》规定，使用典当行的资金成本包括两部分：银行同期贷款利息、综合费用，且其息费水平远远高于一般借款合同，这部分息费是典当行的合法收入，受到法律保护。按照合同约定，到期不偿还当金也不赎回当物的,视为绝当;根据当物价值的大小,典当行可以有限制地适用流质契约。而一般的借款合同,即使有担保物,按照《担保法》规定,禁止适用流质契约。因此,这两方面的内容约定也是判断是否为典当合同的重要依据。

以合同内容确定案由。按照《典当管理办法》第30条的规定:"典当行和当户就当票以外事项进行约定的,应当补充订立书面合同,但约定的内容不得违反有关法律、法规和本办法的规定。"典当行和当户在典当业务关系中可以另外补充订立书面合同,但是在合同性质的认定上,不应囿于形式和名称,应结合合同的具体内容来确定合同性质。在典当行借款纠纷案件中,凡典当行与借款人签订的合同,合同名称包含"典当"的,不论其内容如何约定,均应以典当纠纷确定案由;合同名称为借款合同的,如有符合立法规定的当物作为担保的合同,则以典当纠纷确定案由;如以保证人担保的,只能以借款合同纠纷确定案由。在"众义达公司案"中,北京华盛典当有限公司开具了当票,因此其与北京众义达汇鑫汽车销售服务有限公司直接的借款合同应为典当交易的补充合同,将该案案由确定为借款合同纠纷是有待商榷的。

(四)合同组成部分的要式性

2011年商务部《关于全国统一当票使用和管理的通知》(商建发〔2011〕49号)依据《典当管理办法》规定,当票是典当行与当户之间的借贷契约,是确定双方权利义务关系的主要依据。全国统一当票分为"当票"和"续当凭证"两类,分别在典当和续当时使用,要求典当交易必须开具当票。典当行和当户就当票以外事项进行约定的,应当补充订立书面合同,但约定的内容不得违反有关法律、法规及《典当管理办法》。从商务部立法规定看当票的法律性质,当票是借贷契约。但是,当票在现代典当合同中是否可以等同于借贷契约,有待商榷。

第一,当票的权利义务内容规定比较简略,当代典当的复杂性,如第三人提供当物、第三人代付当金、权利质押、不动产担保等内容已经超越了我国古代的消费借贷型典当,无法涵盖生产性借贷型典当的所有内容。第二,典当合同是借贷与担保的联立,属于复合型合同,不同于约定了担保条款的一般借贷合同,其担保债权的实现具有特殊性,绝当规则是典当制度的独特价值所在。当一般法与特别法并存时,遵循特别法优于一般法的效力层级规则。当票反映不出来这些复杂的关系,而一般借贷合同仅仅遵循担保法的规则即可。第三,商业实践中，在典当合同签订时除当票之外，均要签订详细的书面合同明确双方权利义务。立法上将二者等同，可能基于以下因素考虑：一是尊重典当行业的传统交易习惯，当票作为典当法律关系的交易凭证和手续；二是基于简化交易流程的考虑，同时不违反《担保法》对物权担保合同的要式性的规定。有的法院甚至认为，在当前的法律环境与司法实践中，当票的象征意义要大于其实际意义。❶第四，司法实践中，无当票而实际内容为典当合同的纠纷，如前所述，法院并不因此否定典当合同的成立和生效。但是可以肯定的是，存在当票的借款合同，从形式要件上为认定典当合同提供了有力的佐证，再结合其他几个特点判断为典当合同更加顺理成章。

第二节 典当合同的效力

实践中，典当合同纠纷的焦点问题主要集中在合同的效力问题上，本书选取典型案例，就效力问题上争议的主要纠纷类型化，并从案情简介（或资料导读）、法理评析、风险提示三个方面归纳总结，以便典当行在经营过程中预防法律风险，在实务经营中借鉴参考。

一、不具备典当行资质的典当合同的效力

【资料导读】

商业实践中，有的寄卖行采取"明修栈道、暗度陈仓"的隐蔽方法，其手段主要是寄售回购，即将物品"寄"给经营者，由经营者支付一定价款。在约定的期间内，旧货寄卖商店不得将该物品销售，物主有优先回购权；当超过约定期限时，经营者可以对"寄卖品"予以销售。寄售行的经营范围是小件物品寄售，实践中存在的名义上汽车和房产类的"寄售"占到业务总额的50%以上，❷这种经营方式已超越了寄卖行的经营范围，扰乱了金融行业和典

---

❶ 上海市高级人民法院课题组：《典当纠纷案件审理中的法律适用问题研究》，载《法律适用》2013年第6期，第65页。

❷ 夏宇：《寄售行"越界"为何屡禁不止？寄售行依旧在"典当"》，http://news.cang.com 2012/9/20 9：26：43，《中国商报 - 典当融资导报》，2015年12月3日访问。

当行业的秩序，对典当行的业务造成冲击。

【法理分析】

典当行业实行特许经营，取得商务主管部门的《典当经营许可证》和公安部门的《特种行业许可证》才具备合法的经营资质，由于商务部对典当行的设立实行总量控制，各地每年允许设立典当行的数量不同，各地由于经济发展水平不同，典当行的准入条件差异较大，典当行在北京、上海、广州仍然属于稀缺资源，因此实践中，一些无典当资质的旧货寄卖行或融资担保公司变相从事典当业务。对于没有典当经营资质的寄售行与客户签订的典当合同，实质是寄售回购合同；其他缺乏典当资质的公司签订的这类典当合同，均应认定为无效的典当合同，但是不影响其根据合同本身的内容来确定是否属于民间借贷合同，从而根据相关立法保护其合法的利益。

【风险提示】

典当业务由法律及我国传统习惯赋予特定资质的典当行，对其有严格的准入限制，同时有严格的事中监管和事后监管，未经许可的任何企业组织都无权经营。典当行在经营过程中，与相关机构的业务合作应严格遵循法律规定，避免触碰法律底线，丧失经营资质。

二、超越法定经营范围的典当合同的效力

【资料导读】

商业实践的智慧总是层出不穷，如汽车抵押典当[1]、设备抵押典当[2]、土地承包经营权典当[3]、应收账款质押典当[4]、科技成果典当[5]、艺术品典当等，这些业务或者将立法规定的动产质押变为动产抵押，或者突破原有的权利质押

---

[1] 刘明丽：《汽车典当"质押"变"抵押"是否可行》，载《商报》2012年11月3日；参见佚名：《汽车典当热潮升温 抵押典当模式引发思考》，http://www.pawn.com.cn 2011-9-5 9：26：02 中国经济新闻网。

[2] 孙勇、梁利民：《典当行老总的淘金之道》，载《证券时报》2009年3月5日。

[3] 《典当公司可否在农地经营权上"做文章"》，中国典当融资导报，2015-02-28 10：02：25，2016年2月11日访问。

[4] 《应收账款质押登记管理办法》第7条、第29条。

[5] 汪沐：《科技成果融资难住典当行》，载《中国商报典当导报》2013-06-06 08：37：14，2016年2月11日访问。

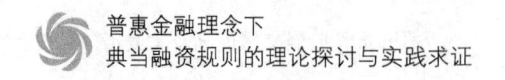

范畴，随着政策立法变化而滋生新的权利形式，担保财产的扩展相应地扩大，❶作为当物的财产形式也在发生变化，对于这些超越法定经营范围的典当合同如何认定其效力，的确值得探讨。

【法理分析】

典当立法的疏漏为典当行从事灰色地带的创新交易预留了较大空间：汽车、设备这类动产质押变为抵押，无须移转当物，具有明显的优势，既扩大了当户担保财产的范围，又方便了当户对当物的继续利用；土地承包经营权典当是国务院开展农村土地承包经营权抵押贷款试点明确规定典当行可以开展的业务，❷但是实践中如何办理相关的抵押登记是制约瓶颈，❸且与《典当管理办法》（2005年）规定的财产权利质押不符，也不属于商务部依法批准的其他业务，运行中存在违规之嫌；应收账款质押应由质权人典当行向中国人民银行征信中心申请登记；科技成果典当实践中仍然需要科技成果再组合其他担保物才能担保；与此同类的艺术品评估是个难题。以上诸项业务中，超越法定经营范围是最大的问题。

公司法上对"越围无效"规则的效力问题，法学界曾进行广泛的讨论，代表性观点主要有权利能力限制说、行为能力限制说❶、代表权限限制说、内

---

❶ 《物权法》第180条：债务人或者第三人有权处分的下列财产可以抵押：（一）建筑物和其他土地附着物；（二）建设用地使用权；（三）以招标、拍卖、公开协商等方式取得的荒地等土地承包经营权；（四）生产设备、原材料、半成品、产品；（五）正在建造的建筑物、船舶、航空器；（六）交通运输工具；（七）法律、行政法规未禁止抵押的其他财产。抵押人可以将前款所列财产一并抵押。

❷ 《国务院：开展农村土地承包经营权抵押贷款试点》（国办发〔2014〕17号）（三十四）防范金融风险。金融管理部门要按照职责分工，加强金融监管，着力做好风险识别、监测、评估、预警和控制工作，进一步发挥金融监管协调部际联席会议制度的作用，不断健全新形势下的风险处置机制，切实维护金融稳定。各金融机构要进一步健全制度，完善风险管理。地方人民政府要按照监管规则和要求，切实担负起对小额贷款公司、担保公司、典当行、农村资金互助合作组织的监管责任，层层落实突发金融风险事件处置的组织职责，制定完善风险应对预案，守住底线。（银监会、证监会、保监会、人民银行等按职责分工分别负责）

❸ 对于土地承包经营权的抵押，目前银行业已形成了一套比较科学的模式：受理贷款申请后，借款人须提供土地转出户与村民委员会签订的原始"土地承包合同"、土地转入户与土地发包农户签订的"土地流转合同"，然后由乡镇经营管理站登记确权。接着，银行的信贷工作人员会与借款申请人到当地乡镇经营管理站，对转包的土地经营权进行登记、确权，并到拟抵押地块实地勘察，根据流转土地面积、流转价格、流转期限，计算出贷款最高额度。最后，由县农经局颁发他项权证，银行与借款人签订抵押合同，并到县土地流转中心（农经局）办理抵押登记手续，领取他项权证，发放贷款。参见《典当公司可否在农地经营权上"做文章"》，中国典当融资导报，2015-02-28 10：02：25，访问时间：2016年2月11日。

❶ 梁慧星：《民法总论》，法律出版社1996年版，第128页。

部责任说❶、交易安全保护说❷。商事实践瞬息万变,企业往往需要根据经济情势的变化及时调整其经营范围,对此我国立法也经历了一个过程。《民法通则》第42条规定,企业法人应当在核准登记的经营范围内从事经营;1993年《公司法》第11条规定,公司应当在登记的经营范围内从事经营活动。对于超越核准登记的经营范围实施的行为的效力,《民法通则》第59条规定为无效民事法律行为。但是,随着市场经济的不断发展和完善,全球市场环境变化剧烈,如果严格要求法人按照登记的经营范围从事经济活动,无法适应纷繁复杂的市场环境。各国立法均逐步放宽对法人民事行为能力的限制,如我国《法人登记管理条例》规定,经营范围可包括主营事项和兼营事项两部分。1999年《合同法》废除了"越围规则",第50条规定:"法人或者其他组织的法定代表人、负责人超越权限订立的合同,除相对人知道或应当知道其超越权限的以外,该代表行为有效。"最高人民法院《关于适用〈中华人民共和国合同法〉若干问题的解释(一)》(法释〔1999〕19号)第10条规定:"当事人超越经营范围订立合同,人民法院不因此认定合同无效。但违反限制经营、特许经营以及法律、行政法规禁止经营规定的除外。"2005年公司法修改,取消了"公司应当在登记的经营范围内从事经营活动"的规定,只在第12条规定:"公司的经营范围由公司章程规定,并依法登记。公司可以修改公司章程,改变经营范围,但是应当办理变更登记。公司的经营范围中属于法律、行政法规规定须经批准的项目,应当依法经过批准。"

在我国负面清单管理法治思维指导下,典当相关立法正在作出重大的变革,针对典当行超越经营范围签订的典当合同的效力,应依据这些立法,从鼓励交易原则出发,坚持两条底线,作出相应的判断。❸如某典当公司与艾某典当合同纠纷上诉案中❹,法院认为,某典当行出借款项供艾某在其股票账户内从事证券投资,该行为已经超出了其特许经营的范围,认定二者订立的《借款协议》无效,同时还合理确定了无效融资协议的责任承担及损失分配,法院的判断值得肯定。

---

❶ 许明月:"法人目的范围外行为研究",见梁慧星主编《民商法论丛(8)》,法律出版社1997年版,第172~174页。
❷ 尹田:《民事主体理论与立法研究》,法律出版社2003年版,第190~196页。
❸ 具体观点请参见第三章第三节。
❹ 参见附录二附件4案例8。

【风险提示】

典当行创新典当业务，不断开拓新的市场领域是典当行增强竞争力的表现，但是超越法定经营范围面临亏损、违规或者违法的风险，要求典当行在创新业务时，必须有相应的前期市场风险和法律风险的调研，加强与第三方机构的合作。如土地承包经营权典当业务，需与农地局登记方面进行沟通；如艺术品典当、科技成果典当、应收账款典当，在于当物（财产权利）本身及其价值难以控制，均需要评估机构的合作；动产质押变为抵押，违反《典当管理办法》（2005年）规定，当物不好控制，当物价值减少使典当行债权风险无限增大，同时容易成为信用担保的人情当等。因此，典当行要把握最新的立法及政策，从中寻找商机，避免签订的合同被认定为无效，带来较大的损失。

三、当物未办理登记的典当合同的效力

【案情简介】

2008年10月，叶某以自有机动车作为质押物向典当行借款，并办理了车辆典当手续，典当行出具了当票。当票上记载：典当金额18 000元，综合费用846元，月费率4.2%，月利率0.5%；典当期限由2008年10月31日起至2008年11月30日止；除当票外，双方无其他约定。

叶某将当物交付典当行，典当行预扣了综合费用后，向叶某支付了典当金额。但是，典当行未到车辆管理部门办理质押登记手续，亦未与叶某协商确定当物的估价金额。典当期限届满后，叶某继续向典当行按月支付综合费用至2009年7月30日止。而自2009年8月起，叶某未再向典当行支付过综合费用，亦未赎当，典当行没有处理当物。当票所附典当须知内容包括：当期届满5日后，当户不赎当也不续当的，即为绝当，典当行按照有关规定处理绝当物品；当户于典当期限或者续当期限届满至绝当前赎当的，属逾期赎当，应当根据当期内的息费标准和实际逾期天数，补交当金利息和综合费用；绝当后，当户与典当行协议赎当的，逾期费用由双方协商确定。

法院经审理认为，这一案件中，当事人约定的典当期限为一个月，但典当期限届满后，叶某按月向典当行支付综合费用的行为表明，当事人有约定续当的意思表示，并将典当期限约定延长至2009年7月。自2009年8月起，叶某停止向典当行支付综合费用，由此引发纠纷。

北京市西城法院认定,当事人之间的典当关系所涉及的当物已构成绝当。叶某虽将机动车及机动车的相关手续交典当行占有,但因典当行未办理质押登记的行为,致使该质押未生效,且双方未对当物协商确定估价金额,因此,虽然已经绝当,典当行尚不能行使质押权,但依据公平原则,叶某应向典当行偿还典当金额。绝当后不能处理当物,典当行负有责任,对典当行向叶某收取绝当后的利息、综合费用、滞纳金的诉讼请求,西城法院不予支持。[1]

【法理分析】

本案的焦点问题有二:一是合同的性质是否为典当合同;二是未进行质押(抵押)登记是否影响典当合同的成立。

这两个问题紧密相关,如前所述,典当合同为实践性合同,交付当物是合同成立的条件。本案中,叶某将自有机动车作为质押物向典当行借款,并出具当票,典当合同即可成立,故合同的性质为典当合同。

但是,直到发生纠纷为止,典当行未到车辆管理部门办理质押登记手续,亦未与叶某协商确定当物的估价金额。《典当管理办法》第42条第2款规定:"当物的估价金额应当由双方协商确定,典当行经营机动车质押典当业务,应当到车辆管理部门办理质押登记手续。"至于如未办理如何确定合同的效力并未明确规定。《机动车登记规定》第33条第1款规定:"申请办理机动车质押备案或者解除质押备案的,由机动车所有人和典当行共同申请,机动车所有人应当填写申请表。"由此可见,从系统解释观点出发,对于机动车质押,现行立法只要求备案即可。本案中包括当户在内并未对此提出异议,故质押合同生效,未进行机动车质押登记手续,并不影响典当合同的成立并生效。

进一步说,当户办理机动车抵押的,依据《物权法》第188条规定:"交通工具设定抵押的,抵押权自抵押合同生效时设立;未经登记,不得对抗善意第三人。"法律采取登记对抗主义,只要没有第三人主张权利,机动车抵押也是有效的。但是,如果当物为建筑物等不动产,依据《物权法》第187条规定,应当办理抵押登记。抵押权自登记时设立。此时,法律对建筑物等不动产抵押采取登记生效主义,如果未办理抵押登记,将导致抵押合同不生效,典当行将面临绝当时无法实现抵押权的困境。

---

[1] 梁敉静:《解密典当纠纷》,载《金融世界》2012年10月号。

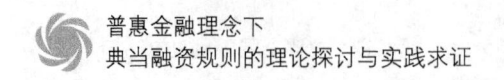

综上所述，当物未办理相关登记手续，不影响典当合同的成立和效力，但是根据相关法律规定当物采取登记生效主义还是登记对抗主义的不同，对典当行行使绝当时的优先处分权会有决定性影响。

【风险提示】

本案中，法院判决二者之间典当关系成立，续当有效，当户逾期不赎构成绝当，值得肯定。但是对于机动车质押合同的效力认定存在错误：机动车质押采取登记对抗主义，既然已经交付占有，机动车质押只需履行备案手续，所以质押合同可以有效成立。当户逾期不赎构成绝当时，典当行有权行使质权，对机动车进行处分优先受偿。但是，对于绝当之后的利益保护应限定在合理期间内（一般是一个月），否则典当行只能责任自负。西城法院对典当行向叶某收取绝当后的利息、综合费用、滞纳金的诉讼请求，完全不予支持有失当之处。

对于按照法律规定应办理登记而未办理的，法院审理实践中态度不一，如浙江省高级法院认为："典当行未接管动产质押当物或未办理房地产抵押登记手续，与当户确立典当关系并发放当金的，认定为典当关系有效，质押或抵押不设立。"❶ 而江苏省高级法院则持不同的态度："典当企业出借款项未依法设定抵押或者质押的，其性质属于违反《典当管理办法》关于典当企业'不得从事信用贷款'规定的非法金融活动，借贷合同应当认定无效，借款人应当返还借款本金和孳息，孳息按银行同期同类贷款基准利率计算。但因抵押登记机构未及时办理登记、城市建设规划调整等非因当事人过错原因导致典当企业未依法取得抵押权、质押权的除外。借款人仅向典当企业提供保证担保的，借贷合同和保证合同均应当认定无效。"❷

以上内容给予典当行的风险警示有两点：第一，对于法律、法规要求进行登记的规定，属于效力性规范还是管理性规范，根据当物采取登记生效主义还是登记对抗主义的不同，对典当行行使绝当时的优先处分权会有决定性影响。第二，典当行相对于当户而言，对典当的整个操作流程负有较高的注意义务，即通常所说的专家义务，对于应当办理的登记手续等，应严格遵循规范流程，

---

❶《浙江省高级人民法院关于审理典当纠纷案件若干问题的指导意见》第10条。

❷《江苏省高级人民法院关于当前宏观经济形势下依法妥善审理非金融机构借贷合同纠纷案件若干问题的意见》第11条。

否则将可能承担不利的法律后果。

四、第三人提供当物的典当合同的效力

【案情简介】

1995年3月24日,陆丰县康乐奶品有限公司(以下简称康奶公司)时任董事长陈卫平与典当行签订典当协议书,向典当行借款50万元,并以位于陆丰市东海镇望洋广汕公路北侧土地使用权作抵押。双方约定,典当手续费、保管费1.2%,典当利息、保险费按月利率1.5%计收,借款期限2个月。协议签订后,康奶公司将土地使用人为陆丰县第一装卸运输公司的陆府国用总字第0002556号(1992)第15220100908号《国有土地使用证》、陆丰县国土局陆国土函(1995)001号批准转让文件、陆发批 NO.0001288号土地转让款发票交典当行质押,典当行付给陈卫平借款50万元。典当行签约代表人在协议书上签名并加盖典当行印章,陈卫平在协议书上签名,担保人张其心签名担保,负责到期一次还清借款。借款期满后,借款人陈卫平、担保人张其心未偿还借款本息。因抵债的土地使用权实际面积与抵债协议所载面积不符,典当行向广东省陆丰市人民法院提起诉讼,要求陈卫平、陈淑铭等返还转让款。

本案历经一审陆丰县法院、二审汕尾市中级法院、再审广东省高级法院审理,康奶公司(当户)以第三人(陆丰县第一装卸运输公司)的土地使用权向典当行提供抵押,典当协议是否成立生效,存在不同意见。最高法院审理认为,典当行持有中国人民银行颁发的金融机构法人许可证,其经营范围有为非国有中、小企业和个人办理质押贷款的业务,是经批准合法成立的金融机构。尽管陈卫平向典当行借款是以康奶公司取得土地的合法手续作为抵押,然而不违反有关法律的禁止性规定。虽然该土地抵押未向有关部门办理抵押登记,但仅不发生对抗第三人的法律效力,并不为此影响典当行与陈卫平、陈淑铭所签典当协议合法有效。[1]

【法理分析】

对于第三人提供当物的典当合同,在法理上是否可以成立并生效,可以从

---

[1] 参见最高人民法院民事判决书《陆丰市陆丰典当行与陈卫平、陈淑铭、陆丰市康乐奶品有限公司清算小组,张其心土地抵债合同纠纷案》(2006)民二提字第10号。

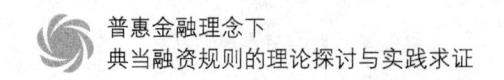

典当合同成立要件和担保法的相关规定结合起来分析。

典当合同的成立，要求当户提供当物，《典当管理办法》第 3 条规定的"当户将其动产、财产权利作为当物质押或将其房地产为当物抵押给典当行"，主要强调当户对当物在绝当时的处分权，并不特指享有所有权；依据《担保法》的规定，担保物可以由自己或第三人提供，因此第三人提供当物符合立法规定。有法官更是从立法规定、典当的本质、司法实践三个方面论证了第三人提供当物的合理性。❶

本案中，第三人陆丰县第一装卸运输公司提供土地使用权作为抵押，依据《担保法》和《物权法》规定，土地使用权抵押采取登记对抗主义，因此，虽然未办理抵押登记手续，但由于无其他人对该土地使用权提出异议，故对土地使用权抵押的效力不产生影响，典当合同有效。

【风险提示】

典当行允许第三方提供当物，解决了当户本身无适格担保物的问题，但是典当行接受这种业务时要特别注意担保合同的效力，确保绝当时对当物可以行使优先受偿权，否则将受到较大损失。在"鸿鑫公司案"❷ 中，法院之所以判决鸿鑫典当行要求刘雪峰支付利息、综合费及违约金的诉讼请求缺乏合同依据不予支持，是因为抵 H201118 号《抵押合同》虽由刘某峰签字，但合同所约定的抵押财产系刘某松所有的房屋，在刘某松未签字认可合同的情况下，该抵押合同不能生效。假如刘某松签字认可抵押合同，则典当合同有合法的当物存在，典当合同将生效，鸿鑫典当行就不致于遭受损失。这两个案例均从另一个侧面表明了法院对第三人提供当物的态度，只要当物合法有效，担保合同有效成立，典当合同生效。

五、第三人支付当金的典当合同的效力

【案情简介】

某典当行与某塑胶公司签订典当合同，当金为人民币 200 万元，以其拥有的

---

❶ 韩文卓：《典当纠纷审判实务若干问题浅析》，载《山东审判》2012 年第 2 期，第 75 页。

❷ 北京市海淀区人民法院民事判决书（2012）海民初字第 5584 号，简称"鸿鑫公司案"，参见附录二附件 4 案例 2。

某房产作抵押，分三次开具当票，某制药公司自愿以某房屋及其土地使用权为塑胶公司向典当行的借款200万元提供担保。合同签订后，典当行委托案外人肖某代为向塑胶公司汇款三笔共计928 800元。后因其他原因，塑胶公司提供给典当行的抵押房屋未能办妥房屋抵押登记手续。典当期限届满后，当事人又办理了两次共六份续当手续。自最后一次续当期限届满之日起，塑胶公司未再向典当公司支付任何费用，也未办理续当。典当行多次催收未果，向法院提起诉讼。

法院判决要点有：塑胶公司应清偿所欠典当行当金本金，并支付当金利息及管理费用；制药公司应对塑胶公司所欠款项承担连带清偿责任；塑胶公司反诉典当行未将提供的抵押房产办理产权他项权证，违反合同要求，违反《典当管理办法》规定向其开具当票是根本违约，要求典当行支付违约金、退还已经收取的综合费用并处罚金的请求无法律和事实依据，不予支持。❶

【法理分析】

本书关注本案的问题有二：一是当户提供的房屋未办理抵押登记手续，是否影响典当合同的效力；二是典当行委托第三人代为支付当金的行为是否合法，是否影响合同的效力。

第一，当物未办理抵押登记手续。由于不动产采取登记生效主义，抵押合同成立，但是，根据物权行为和债权行为区分原则，抵押物的处分行为不能生效，因此，仍然属于提供当物的典当合同，可以成立并生效，但典当行不能行使优先受偿权。

第二，典当行委托第三人代为支付当金的行为，也即第三人代为履行债务的行为。《合同法》第60条❷规定了合同履行原则上由当事人履行，第65条❸则规定了当事人约定的例外情形。根据民法原理，对于私主体之间的交易行为，遵循意思自治原则，如当事人之间有约定，从约定，但是不得违反法律、行政法规的强制性规定。本案中，根据典当合同性质及其交易习惯，提供当

---

❶ 何庆：《未办理抵押登记之典当效力确定》，洛阳生源典当行，2011-12-26. http://www.zhenyuan999.com/diandang/ShowArticle.asp? ArticleID=321. 2015年2月13日访问。

❷ 《合同法》第60条："当事人应当按照约定全面履行自己的义务。当事人应当遵循诚实信用原则，根据合同的性质、目的和交易习惯履行通知、协助、保密等义务。"

❸ 《合同法》第65条规定："当事人约定由第三人向债权人履行债务的，第三人不履行债务或者履行债务不符合约定，债务人应当向债权人承担违约责任。"

金、发放贷款是典当行获得经营许可证后履行合同的特定行为,现行《典当管理办法》第 34 条规定,典当行不得委托其他单位和个人代办典当业务,不得向其他组织、机构和经营场所派驻业务人员从事典当业务,即典当合同对贷款主体的限定性规定,说明第三人支付当金的行为存在法律障碍。而本案中由制药公司代典当行向塑胶公司履行,可能构成违法行为。2011 年国务院《典当行管理条例》(征求意见稿)中坚持了这一规定。❶ 当然,由于《办法》仅为部门规章的位阶,法院在审理中可以不加以适用。法院判决中,有两点值得肯定:一是未对房产及土地使用权办理抵押登记手续,不影响典当合同的成立和生效。二是对第三人代为支付当金的行为,通过对塑胶公司与典当行后期的几次续当协议、典当合同、保证人的《不可撤销担保书》等证据的真实性、合法性、关联性进行审理,确认了塑胶公司与典当行之间的典当合同有效。但是,对于典当行委托案外人肖某代为向当户汇款行为,只说明合法有效,并未作出理由阐释,有失当之处。

从立法动向看,《典当行管理条例》(2011 征求意见稿)已经取消禁止同业拆借规定,❷ 由自然人作为第三人代为履行的行为,是否为变相吸存然后高利贷的行为,还有一定的风险存在。一旦确认为违法行为,将属于《合同法》第 52 条第 1 款第 5 项的合同无效情形,典当行将承担由此造成的损失。

【风险提示】

本案风险提示有两点:第一,不办理抵押登记即提供当金,有可能被认定为信用贷款,则综合费用得不到法院支持;同时,抵押合同未生效,抵押权利无法实现,失去了对当金债权的担保,无法行使优先受偿权。第二,委托第三人放款,按照《典当管理办法》为违规操作行为,只不过看法院具体适用中是否选择适用部门规章。因此,典当行要把握立法动向,规范实践中的具体操

---

❶ 《典当行管理条例(征求意见稿)》(2011)第 37 条第 2 款:典当行委托其他单位和个人代办典当业务的,由商务主管部门责令改正,予以公告;拒不改正的,处 10 万元以上 50 万元以下的罚款,有违法所得的,没收违法所得;情节严重,责令停业整顿直至吊销其典当业务经营许可证。

❷ 《典当管理办法》(2005 年)第 28 条规定,典当行不得从事下列活动:(一)从商业银行以外的单位和个人借款;(二)与其他典当行拆借或变相拆借资金;(三)超过规定限额从商业银行贷款;(四)对外投资。"2011 征求意见稿"第 30 条规定,典当行不得从事下列活动:(一)吸收公众存款或者变相吸收公众存款;(二)发放信用贷款;(三)从商业银行以外的单位和个人借款;(四)国务院商务主管部门规定不得从事的其他活动。典当行从商业银行的贷款余额不得超过其资产净额。

作行为，未来立法允许同业拆借之后，是比较稳妥的选择。如采用一般的第三人代为履行方式，根据商事代理规则，必须以书面形式对受托人进行授权，并在受托人支付当户典当本金后，由当户向典当公司出具已收到典当公司支付的典当本金的收据，避免处于被动地位。在现行法律框架内，典当行融资渠道匮乏，是否可以在额度控制范围内适度放开，法院根据个案可以作出合理合法的判断。

六、以买卖合同形式发放借款的典当合同的效力

【案情简介】

某房地产开发公司2003年开始开发建设"江畔名苑"小区。2006年小区房屋建设进入收尾阶段的关键时刻，由于国家政策调整，银行停止给房地产开发企业贷款，公司支付工程款和农民工工资发生困难陷入困境，决定向某典当有限责任公司借款。典当行提出让房地产公司以自己在建的江畔名苑房屋抵押，每户房屋借款10万元人民币，月息5%。双于于2006年1月6日签订了《典当合同》，主要内容为："典当物……五处房屋，房屋面积均为1 310.24平方米。……当期二个月，……当期届满五日后，乙方不续当，即为绝当……"

由于房地产公司按期还清了当金及相关费用，对在建的抵押房屋未予强制执行。此后，房地产公司因资金困难又多次借款，但该典当行既不出具当票，也不签订典当协议，而是仍然以每借10万元就要以一套商品房抵押，并要求以典当行提供的自然人（商通典当行的工作人员及其亲属）的名义与房地产公司签订《商品房买卖合同》。合同中的房屋不论住宅还是网点、车库一律以每平方米1 000元计价，同时让房地产公司出具每户房屋应交房款的虚假收据（房地产公司在收据底联上标注："未交现金"，还让房地产公司与其一同到房产管理部门进行《商品房买卖合同》的备案登记。此间，房地产公司共向典当行借款5次，总计借款510万元。此后，房地产公司在还清一处房屋借款的本息时，便赎回一份《商品房买卖合同》，房地产公司共交本金及利息450余万元，共计赎回合同12份，办理撤销备案3份。其他39份合同中，有的直接占有了相关的房屋，有的转卖他人，有的在房产管理部门变更了备案。房地产公司得知这些情况后，要求撤销买卖合同，主张典当行不开当票、不签合同、超高利息、房屋留抵等行为违法，应属无效。由此酿成纠纷。

另外，法院已经审结一起类似的典当行工作人员与房地产公司签订的买卖

合同纠纷,对该工作人员要求房地产公司履行买卖合同的请求,法院审理认为:"该工作人员虽称其与房地产公司签订了商品房买卖合同,是商品房买卖合同关系,但未能提供有效证据予以证明其诉讼主张。而事实上,该房地产公司与该工作人员存在着借款合同关系,二者签订的房屋买卖合同实际是为借款抵押而签订的,而非真正意义上的商品房买卖合同。且双方约定如到期不能偿还借款,由出资方收回房屋的约定,违反了《中华人民共和国担保法》'订立抵押合同时,抵押权人和抵押人在合同中不得约定在债务履行期届满抵押权人未受清偿时,抵押物的所有权转移为债权人所有'❶的禁止性规定,没有法律效力。故本院对典当行该工作人员要求房地产公司按商品房买卖合同全面履行义务的诉讼请求不予支持。"❷

【法理分析】

本案的焦点问题有二:一是合同的定性问题,二是典当行如何符合业务集中度的限制实现大额典当业务的问题。

典当行属于"三小"行业,当金规模一般较小,但自从不动产典当业务合法化以来,不动产典当业务几乎成为所有典当行的主要业务。而《典当管理办法》对业务集中度有严格的限制,第44条第1款第(5)项规定:"典当行财产权利质押典当余额不得超过注册资本的50%。房地产抵押典当余额不得超过注册资本。注册资本不足1 000万元的,房地产抵押典当单笔当金数额不得超过100万元。注册资本在1 000万元以上的,房地产抵押典当单笔当金数额不得超过注册资本的10%。"单笔当金数额的限制,在房地产价格不断攀升的情势下,对房地产典当业务构成重要的限制和阻碍。典当行为了规避这种限制,采取"典当合同+买卖合同(或借款合同)"的形式进行操作,以完成该笔业务。具体说,符合规定比例范围内的当金借款以《典当合同》形式明确权利义务,其余部分的贷款一般有两种实现方式。一是以《买卖合同》形式体现,典当行作为买方享有卖方按期不还则主张履行买卖合同从而取得房屋所有权的权利,因此避免了通过诉讼等程序实现优先受偿的权利;二是以

---

❶ 《中华人民共和国担保法》第40条。
❷ 张允海:《对一起典当和商品房抵押纠纷案件的分析》,载《律师法苑》,2013-4-25 10:08 http://www.zyhls.cn/View.asp? news_id=20134251080&news_type_id=9 2015-1-13访问。

《借款合同》形式出现，实质为抵押借贷，借方不按期偿还，则典当行享有优先处置抵押物的权利，从而实现优先受偿权。关于后者的合法性问题，在前述民间借贷部分已经论证，这里不再赘述。就本案而言，只针对前者展开分析。

从房地产公司的角度出发，对于超过立法限制的借款部分以买卖合同形式出现，实质并非买卖合同，而是抵押借款合同，因此房地产公司可以有三个反驳典当行主张的理由。首先，可以该合同的价款远远低于当时的市场价格为由，主张撤销该买卖合同，属于显失公平的行为。其次，买卖合同的对方当事人为典当行工作人员及其亲属，由于与典当合同存在同一抵押物进行同一笔贷款之间的关联性，可主张典当行工作人员及其亲属签订买卖合同的行为属于表见代理行为，代理的是抵押贷款行为而非买卖行为。最后，典当行对这部分业务虽然未开具当票，但《合同法》第 36 条和第 37 条规定了例外情形："法律、行政法规规定或当事人约定采用书面形式订立合同，当事人未采用书面形式但一方已履行主要义务，对方接受的，该合同成立。""采用合同书形式订立合同，在签字或者盖章之前，当事人一方已经履行主要义务、对方接受的，该合同成立。"房地产公司履行息费的行为，为典当行所接受，因此可推定为合同成立并生效。综上，该部分合同的实质为抵押借贷的典当合同。

从典当行的角度考虑，采取该种方式签订合同首要的目的是规避立法关于业务集中度的限制，这种形式可能被认定为"以合法形式掩盖非法目的"，一般认为违反国家利益、社会公共利益构成"非法目的"，而典当行出借当金的目的在于获得法定范围内的息费，当户则是支付合法范围的息费获得救急的当金，双方并无恶意串通损害国家利益的意图，这种规范属于强制性规范中的管理性规范，是采取迂回的手段达到私法交易的目的。可见，典当行的该种操作模式在现行规定下存在较大的风险，在法律框架范围内完成该笔业务，寻求持久的、获利性的增长，典当行业内部的竞争可能陷入血腥的"红海"。要开创蕴含庞大需求的"蓝海"，❶ 在互联网＋时代，可以考虑新的操作模式，利用互联网的优势，由典当行之间合作完成，可以由行业协会发布业务信息，合作完成该笔业务。

【风险提示】

对大额业务典当行采取这种操作模式比较普遍，但要注意两点：一是创新

---

❶ ［韩］W. 钱·金、［美］莫博涅：《蓝海战略》，吉宓译，商务印书馆 2005 年版。

操作模式，合法合规完成业务。从法院审判实践来看，法院可以依据当户的申请，采纳当事人的理由，宣告买卖合同因显失公平而认定为可撤销合同。在此基础上，典当行的息费请求不能得到支持，或者比照民间借贷支持银行同期贷款利率的 4 倍，或者只支持银行同期贷款基准利率，更有甚者，认为典当行因其违法行为而不支持任何息费请求，因此通过行业协会利用互联网开辟行业内部合作的蓝海战略是可取的。二是在利率方面，"2015 民间借贷司法解释"规定的"两线三区"对典当行息费水平而言是利好信息，注意把握新的立法动向，❶ 以作出适当的经营判断。

七、典当行误收赃物的效力问题

【资料导读】

自古以来，典当行被作为灰色产业看待，与典当行被作为洗钱、赃物处理的渠道密切相关。由于典当行收取当物时不问来源、不问资金用途的行业习惯，不可否认，典当行收取的当物中有赃物存在，但是对赃物如何处理，❷《典当管理办法》（2005 年）对典当行收当赃物的处理规定为："对属于赃物或者有赃物嫌疑的当物，公安机关应当依法予以扣押，并依照国家有关规定处理。"这一规定未区分当事人的主观心理状态，只要认定为赃物或有赃物嫌疑，采取一刀切的办法，根本上否定了善意收当制度。

【法理分析】

在北京市典当实践中，典当行在收当时，一般都要实行"三查七对"，"三查"即查有效证件、物品来源、典当人的谈吐及神态等；"七对"为身份证真

---

❶《非存款类放贷组织条例（征求意见稿）2015》第 19 条：非存款类放贷组织应当主要运用自有资金从事放贷业务，也可以通过发行债券、向股东或银行业金融机构借款、资产证券化等方式融入资金从事放贷业务。第 23 条：非存款类放贷组织经营放贷业务，与借款人自主协商确定贷款利率和综合有效利率，但不得违反法律有关规定。

❷ 关于当铺典押盗赃的处理，乾隆六十年的详案平衡当户和当商的利益，作出如下处理："凡遇当赃，失主措备一半当本免息取赎，在失主不必守候领赃，兼免房差需索；而典铺误当贼赃，令赔一半当本，询属商民两平。窃案获贼，供认赃物，当于某典，缴出当票，即时盖印。该县饬役协同事主赴典认明，实系原赃，该典另包存储，听事主随时备一半当本免息取赎，如限满不赎，准该典变卖。其无事主到典认货，概不准半本取赎，以杜冒混。贼属名下追出当本，先尽失主，后归典商，分别给领，以昭平先允。"参见《治浙成规．贼犯当赃事主措备一半回赎》，《官箴书集成》第 6 册，第 388~389 页。转引自刘秋根：《清代典当业的法律调整》，载《中国经济史研究》2012 第 3 期，第 77 页。

伪、是不是犯罪嫌疑人、年龄等信息是否与本人相符、有无发票证明、是不是本人办理、客户自述购买当物是否与当物当时市场价相符、当物的相关信息是否能与客户购买时间对上号等。针对无发票的情况，目前北京市通行的做法是在当票中设置四个项目选项：自己买的、朋友相赠、家族流传以及其他合法来源，客户根据自身情况在选项中打勾再签字，就可以凭身份证办理相关手续。

从以上实践做法看，典当行已经尽到了注意义务，作为商事主体不可能具有与公安机关侦查部门同样的识别能力。从世界各国立法来看，动产质权可以适用善意取得制度，比如德、瑞士、日、法、意、奥等国民法典均作出了相应规定。我国《物权法》和《担保法司法解释》的相关章节对动产质权适用同样善意取得制度。典当行误收赃物的情况往往多发生在民品典当业务中。《典当行管理办法》（2001年）曾对典当行收当赃物有明确规定："典当行收当赃物，如经公安机关确认为善意误收的，原物主应当持当物所有权证据办理认领手续，按典当行实付当金数额赎取当物，但可免交当金利息和其他费用。"该规定区分了典当行收受赃物的善意与恶意，作出不同的处理：恶意收当者，依法由失主无偿取回原物；善意收当，失主也可依法取回原物，但必须按当金数额给予典当行补偿。承认善意取得将有助于维护动产占有公信力，并有助于实现当物流通，保障典当交易安全的社会功能，立法上区分当事人的主观状态，平衡典当行、当户、失主之间的合法利益，《典当行管理办法》（2001年）值得肯定。

【风险提示】

典当行收取当物要严格遵循法律、行政法规规定，需要办理登记的必须依法办理登记，这也是一个防范赃物的有效程序。对于动产当物，严格履行查验程序，摒弃传统不问来源、不问用途的做法，尽到必要的注意义务，避免典当行成为非法交易、洗钱的场所，因此使典当行正当经营的合法利益受到损失，进而损害现代典当行的形象。此外，对典当行收取赃物区分主观心理状态作出不同处理，既不纵容典当行的违规行为，又要保护合法经营的典当行利益，也是未来立法的基本动向。❶

---

❶ "2011征求意见稿"第41条：典当行收当时不查验当物，或者不向当户索要有效身份证件、当物来源的证明材料并进行登记的，由商务主管部门责令改正，处1万元以上5万元以下的罚款；故意收当赃物或者其他违禁物品的，依照《中华人民共和国治安管理处罚法》的有关规定予以处罚；构成犯罪的，依法追究刑事责任。

第三节　典当合同的履行

典当业是我国古老的金融行业，是民间金融的重要组成部分。党的十八大报告明确指出大力发展民营金融机构，鼓励民间资本投资金融，建设多层次的资本市场体系。典当行顺应国家政策，以其短期性、灵活性和手续便捷性等特点备受中小微企业和居民的青睐，呈现出快速增长的发展态势。但与小贷公司、融资担保机构相比，典当业的发展速度又明显落后。究其原因典当的独特价值未充分发挥是非常重要的方面。典当制度的独特价值体现在多方面，其中之一是绝当规则的运用。关于绝当规则，我国现行立法主要体现在《典当管理办法》（2005年）之中，该立法确立了构成绝当的条件、流质契约的适用、绝当后息费的收取等基本规则，但存在诸多疏漏，法理基础论证不足，司法实践中将典当纠纷等同于普通借款担保合同纠纷不乏其例，由于对绝当规则的理解存在歧义，对疑难典当纠纷作出的判决差异较大，出现了同案不同判的现象，由此容易对典当交易实践的引导带来一些迷乱。同时，绝当后息费等纠纷也是典当合同履行过程中争议最多的一种纠纷。本节以北京市第一中级人民法院审结的三个案件为中心，分析绝当规则具体适用中争议的焦点问题，探究判决所依据的法理，结合典当行业实践及典当的基本法理，对绝当规则的适用展开探讨，并提出一些完善建议。

一、案情及审理结果简介

【案例一】 胡某与北京裕兴隆典当有限责任公司典当纠纷案[1]

2007年1月31日，裕兴隆公司、胡某签订《房产抵押借款合同》，双方签有当票一份，典当金额76万元，典当期限自2007年1月31日至2007年4月30日，月利率0.5%，月综合费率2.132%。并约定如胡某在当期或续当期届满后5日内不能按时还款，除应当偿还借款本金、息费外，每日还应当按照借款本金的万分之五支付逾期罚息。裕兴隆公司当日扣除胡某3个月的利息和

---

[1] 北京市第一中级人民法院民事判决书（2010）一中民终字第774号，参见附录二附件4案例6。

综合费用6万元，实付金额70万元。2007年4月30日至2008年9月30日，裕兴隆公司、胡某双方又签订续当凭证11份。截至2008年9月30日，胡某按照每月2万元的综合费用，共计给付裕兴隆公司40万元。2008年9月30日至起诉之日，胡某既未办理续当手续，亦未向裕兴隆公司偿还借款本金及相关息费，裕兴隆公司为此诉至法院。

一审法院判决认为：（1）《典当管理办法》规定，典当当金利息不得预扣，并未规定不得预扣综合费用，故对裕兴隆公司已经多收取的利息从本金中予以扣除，预扣综合费用并无不当；（2）双方于2007年4月30日至2008年9月30日期间，签订续当凭证11份，故该期间为有效的典当期间；（3）因双方在合同中已经约定胡某逾期还款的惩罚规则，故对2008年9月30日以后按照合同约定给付息费和罚息。一审判决下达后，胡某上诉，北京市第一中级人民法院基本维持了一审判决。

本案的焦点问题有三：一为利息、综合费用可否预扣，当金数额如何计算；二为续当的次数是否应作出限制；三是双方当事人约定的息费和罚息是否有效。

【案例二】北京裕兴隆典当有限责任公司与被上诉人阳某之间的典当合同纠纷案[1]

2006年1月11日裕兴隆典当公司与阳某签订了007号房产抵押借款合同，并就该抵押办理了登记，双方于2006年1月17日签有当票一份。当期届满后双方达成续当意向，约定阳某向裕兴隆典当公司借款人民币200万元，阳某仍以其拥有的房屋作为借款的抵押担保，但未重新办理抵押登记。借款期限自2006年4月18日至2006年7月18日，综合费用为18.6万元。约定典当期内及续当期限届满后10日内，经双方同意可以续当。当期届满10日后当户不赎当也不续当的即为绝当，阳某不可撤销地授权裕兴隆典当公司由其委托拍卖公司公开拍卖该抵押房产。自上述情况出现起至裕兴隆典当公司抵押权实现阶段，阳某或其责任继承方除应偿还借款本金、息费外，还应承担逾期罚息（按借款本金每日万分之五计算）以及裕兴隆典当公司实现抵押权的相关费用，相关款项均从拍卖款中直接给付裕兴隆典当公司。

---

[1] 北京市第一中级人民法院民事判决书（2011）一中民再终字第6287号，参见附录二附件4案例7。

当期届满后，阳某分别五次通过银行向裕兴隆典当公司支付自 2006 年 7 月 19 日起续当至 2007 年 1 月 18 日的综合费用。此后，阳某既未按合同约定续当亦未赎当，按双方约定 2007 年 1 月 29 日为绝当，但典当公司并未处分当物。裕兴隆典当公司向原北京市宣武区人民法院提起诉讼，诉讼请求为：要求被告阳某支付拖欠的典当借款本金 200 万元以及截至 2007 年 9 月 23 日的相应利息、综合费用、逾期罚息共计 55.5 万元。由于被告未到庭答辩参诉，法院依法进行了缺席审理，认定阳某拖欠每月利息和综合费用、不偿还典当本金的行为均构成违约，支持了原告的全部诉讼请求。

阳某向北京市第一中级人民法院申请再审，将诉讼请求增加为：要求被告偿付典当借款本金 200 万元，自 2008 年 3 月 17 日至 2010 年 11 月 17 日的借款利息和综合费用共计 198.4 万元，偿付自 2007 年 3 月 23 日至 2010 年 11 月 17 日的罚息共计 132.65 万元。北京市第一中级人民法院认定被告阳某拖欠每月利息和综合费用、不偿还典当本金的行为并不构成违约，判决支持了原告的部分诉讼请求：判令被告支付当金金额 114.314 万元并按每月万分之五的罚息作为经济补偿。裕兴隆典当公司不服判决，向北京市第一中级人民法院提起上诉，二审法院于 2011 年 6 月 27 日作出终审判决，维持原判。

本案焦点问题有：一为约定的绝当期限可否超过法定期限；二为计算罚息的起止期限；三为当事人约定的房屋流质契约是否有效。

【案例三】 北京乾通典当有限公司与苍某典当纠纷上诉案[1]

2010 年 8 月 17 日，苍某与乾通公司签订了一份《机动车质押（典当）合同》，约定自 2010 年 8 月 17 日至 2011 年 2 月 16 日，乾通典当行向苍某提供最高当金额为人民币 261 000 元可周转性或分期发放的贷款。当天办理了以乾通公司为质押权人的质押登记。双方共同确定首次当金为 261 000 元，期限为一个月，自 2010 年 8 月 17 日至 2010 年 9 月 16 日止。综合服务月费率为当金金额的 4.2%，乾通公司发放当金时一次性扣收，当金在典当期限满时由苍某向乾通公司支付。

关于续当、赎当、绝当约定如下：苍某于典当期限或续当期限届满至绝当前赎当的，以及苍某于典当期限届满 5 日后申请续当或赎当的，且质押车辆未

---

[1] 北京市第一中级人民法院民事判决书（2012）一中民终字第 3188 号，参见附录二附件 4 案例 5。

被处置并经乾通公司书面同意的，苍某除需向乾通公司每日按 0.5% 的比例支付罚息外，还应向乾通公司按本合同规定支付综合服务费、利息及当金。如形成绝当，苍某应在 3 日内将该质押车辆向第三人出售、变卖或折价，并以该款项偿还乾通公司当金、利息、综合服务费及违约金，否则由乾通公司选择并委托拍卖行对当物进行公开拍卖，乾通公司将以取得的款项优先受偿。

苍某发生下列违约情形之一的，需每日向乾通公司支付当金 5‰ 的违约金，如苍某支付的违约金不足以弥补乾通公司的损失的，苍某还需赔偿乾通公司的实际损失：(1) 未能按期支付当金利息或综合服务费用的；(2) 典当期限届满，苍某未能按时偿还当金、综合服务费或利息的，或者甲乙双方未能就延长典当期限达成一致，且苍某不能偿还全部当金或利息的。

典当期限届满后，苍某进行了续当，并继续支付了截至 2011 年 5 月 9 日的综合服务费。自 2011 年 5 月 10 日起至今，苍某未办理续当手续，也未向乾通公司偿还当金，或支付综合服务费。乾通公司向法院提起诉讼。

一审法院判决认为：(1) 苍某行为已符合《机动车质押（典当）合同》中关于绝当的约定，乾通公司要求对质押车辆行使优先受偿权，偿还其垫付诉讼费、公告费及当金 261 000 元的诉讼请求应予支持；(2) 乾通公司主张的 2011 年 5 月 9 日以后发生的综合服务费的诉讼请求不予支持；(3) 关于违约金的诉讼请求，予以部分支持，即自 2011 年 5 月 10 日至 2011 年 5 月 14 日期间形成的违约金。

乾通公司不服一审法院判决，向北京市第一中级人民法院上诉。二审法院认为：(1) 乾通公司应在绝当后的合理诉讼准备期（一个月）后积极提起诉讼来主张权利，故苍某应支付 2011 年 5 月 10 日至 2011 年 6 月 10 日，以及从乾通公司起诉之日 2011 年 9 月 15 日至实际付清之日止的违约金。(2) 认定双方合同中约定的违约金（每日按当金的 5‰）明显过高，考虑到典当行业的高风险高收益、融资成本较高等特征，酌减本案的违约金标准为按中国人民银行同期银行贷款利率的 4 倍支付。(3) 绝当后，乾通公司无权要求苍某继续基于典当关系支付综合服务费。

本案的焦点问题有三：一是绝当后典当行行使诉讼权利的合理期间如何确定；二是当户未按期还款的行为是否构成违约；三是息费与违约金的关系。

以上三个案例代表了绝当纠纷的三种审理结果：第一种观点，绝当后当户逾期未偿还借款,属于违约,应承担立即给付借款本金、利息及综合费用的责任,法院全部支持典当行的诉讼请求。法院判决的法理依据是依照一般借款合同,本着契约自由的原则,尊重当事人事前的约定,由当户承担违约责任。如案例一。第二种观点,绝当后当户逾期不还款的行为不构成违约,法院不支持典当行的诉讼请求。法院判决的法理依据是典当制度有其独特的价值,绝当后当户不还款的行为不构成违约,基于合同的约定、设置典当制度的本质要求、典当行业惯例所决定,因此对合同本金数额、合同约定的罚息及综合性费用适度干预或调整性地予以保护。❶ 如案例二。第三种观点,当户在当期届满后未积极配合典当行对当物进行处理,属于违约行为,法院对绝当之后的息费请求不予支持,但对当户恶意占用典当行利益的行为,保护典当行在"合理期限"内的"合理利益",当户应承担的违约金为中国人民银行同期贷款利率的四倍。如案例三。综合三个案例的争议点,绝当规则适用中的焦点问题集中在以下几方面:首先,如何认定构成绝当,或者说绝当的条件是什么,这是绝当产生法律效力的前提;其次,绝当是否构成违约,绝当后违约形态有哪些,这是分清双方责任的基础;再次,绝当后对当物的处分是否适用流质契约,是绝当规则的独特价值;最后,息费、违约金的计算与范围,这是确定责任大小的依据。以下一一展开分析。

二、认定构成绝当的条件

我国《典当管理办法》第 40 条第 1 款规定:"典当期限或者续当期限届满后,当户应当在 5 日内赎当或者续当。逾期不赎当也不续当的,为绝当。"该条明确了构成绝当的条件有二:

(一)绝当的期限条件——赎当、续当的宽限期届满

典当期限即双方当事人在当票中载明的典当行出借当金、当户出让当物的有效期间,是当户放弃回赎当物、不续当的时间界限,也是确定构成绝当、典当行对当物行使处分权的时间界限。绝当的期限条件应注意两点:

一是赎当、续当的宽限期届满。《典当管理办法》规定,赎当、续当既可

---

❶ 赵静:《绝当后当户不还款的行为不构成违约》,载《人民司法》2012 年第 3 期,第 109~110 页。

以在典当期限内提出，也可以在典当期限或续当期限届满后5日内提出（后者称为宽限期）。只有在宽限期届满后，未提出赎当或续当，才满足绝当的期限条件。这里规定的5日的宽限期是立法所作出的最低要求，基于立法"举重以明轻"的法律解释学规则，从契约自治的理念出发，并不妨碍当事人在此之上作出符合实际情况的约定。如本书案例二中，当事人作出宽限期为10日的约定，并不违法。

二是典当期限不得超过一年。《典当管理办法》第36条第3款规定："典当期限由双方约定，最长不得超过6个月。"这一规定，表明了典当具有短期借贷的特点。《办法》第39条规定："典当期内或典当期限届满后5日内，经双方同意可以续当，续当一次的期限最长为6个月。……"该条作为第36条的补充，仍然隐含着对典当期限的限制。从《典当管理办法》全文来看，并未对续当的次数作出限制，因此在实践中出现当户当期届满无力还款时，典当行为了减少损失，允许当户数次续当，如本书的案例一中，允许当户续当11次之多，典当期限从2007年1月31日至2008年9月30日，已经将零售、短期、小额的短期借贷改变为中期借贷，使典当行承担了较大的资金风险。因此，对《典当管理办法》规定的典当期限应作出限制性解释，无论续当几次，典当的最长期限不得超过1年，典当行负有在期限届满前告知当户的义务，宽限期内如当户不赎当，逾期则可认定为绝当。

（二）绝当的行为条件——逾期不赎当也不续当

期限条件是判断绝当的首要条件和前提条件，但要确定构成绝当，还必须满足行为条件即逾期不赎当也不续当。而赎当、续当是当户享有的权利还是义务，对认定绝当有重要的意义。笔者认为，典当合同作为双务合同，赎当、续当均为当户以让渡当物的处分权作为对价所享有的权利，期限届至而当户未行使权利，则表明当户放弃这一权利，已经满足绝当的行为条件，典当行有权对当物进行处分。但实践中的绝当纠纷大多表现为已经满足绝当的条件构成绝当，但典当行并未处分当物，具体有两种形式：一是典当行向法院起诉要求按照合同约定承担违约责任，如本书案例一即为这种情形。二是典当行在当户未偿还原合同约定的本金、息费的情况下，为了减少损失又与当户签订合同，实践中称之为"续当"。之后当户无力还款时，则前后两个典当合同一并处理，

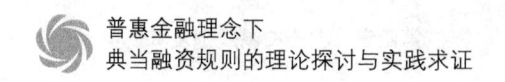

此时计算的息费、罚息、违约金等总额往往超过了本金，本书案例二和案例三即属于这种情况。

对于前述第一种表现形式，法院的观点值得商榷。将典当合同等同于一般借款合同，典当行怠于行使权利而以违约责任代替实际履行的做法，背离了典当制度的独特价值，违背了诚实信用原则，对其请求不应予以支持。对于第二种表现形式，逾期之后典当行未处分当物之前，要求"续当"，应对其性质重新认识，明确区分典当合同的终止（绝当）、典当合同的变更（续当）与典当合同的更新三种情形。续当是指对原典当合同内容中的期限变更，未变更其他基本条款，变更后的合同与原典当合同在内容上具有同一性和延续性。且《典当管理办法》第39条明确规定："续当时，当户应当结清前期利息和当期费用。"而该种情形下，典当行同意当户在未缴纳前一合同的息费基础上，仍然以此当物来获得当金，"实质上变更了原合同的基本条款，从而使变更后的合同与变更前的合同在内容上失去了同一性与连续性，导致原合同关系的消灭，新合同关系的发生"❶，属于合同的更新，即原典当合同终止（绝当）。此时，成立了一个新的典当合同，并非续当。

三、绝当后流质契约的适用

关于绝当后是否可以适用流质契约，现行立法主要体现在《典当管理办法》第43条❷和《典当行业监管规定》第24条❸，学界称为折中模式或有限适用流质（押）契约规则❹。具体内容有：（1）明确规定了适用流质契约许可

---

❶ 余延满：《民法原论》，法律出版社，2007年版，第593~594页。

❷ 《典当管理办法》第43条：典当行应当按照下列规定处理绝当物品：（一）当物估价金额在3万元以上的，可以按照《中华人民共和国担保法》的有关规定处理，也可以双方事先约定绝当后由典当行委托拍卖行公开拍卖。拍卖收入在扣除拍卖费用及当金本息后，剩余部分应当退还当户，不足部分向当户追索。（二）绝当物估价金额不足3万元的，典当行可以自行变卖或者折价处理，损溢自负。（三）对国家限制流通的绝当物，应当根据有关法律、法规，报有关管理部门批准后处理或者交售指定单位。（四）典当行在营业场所以外设立绝当物品销售点应当报省级商务主管部门备案，并自觉接受当地商务主管部门监督检查。（五）典当行处分绝当物品中的上市公司股份应当取得当户的同意和配合，典当行不得自行变卖、折价处理或者委托拍卖行公开拍卖绝当物品中的上市公司股份。

❸ 《典当行业监管规定》第24条：加强对股票等财产权利典当业务的监督管理。禁止和预防典当行违规融资参与上市股票炒作，或为客户提供股票交易资金。禁止以证券交易账户资产为质押的股票典当业务。

❹ 胡宗仁：《典当业法律制度研究》，中国政法大学出版社2012年版，第140页。

的范围，即绝当物估价金额不足 3 万元的，典当行可以自行变卖或者折价处理，损溢自负。（2）明确规定了适用流质契约禁止的范围，即当物估价金额在 3 万元以上的，可以按照《中华人民共和国担保法》的有关规定处理，也可以双方事先约定绝当后由典当行委托拍卖行公开拍卖。拍卖收入在扣除拍卖费用及当金本息后，剩余部分应当退还当户，不足部分向当户追索。（3）禁止股权流质契约的规定。《办法》规定，典当行处分绝当物品中的上市公司股份应当取得当户的同意和配合，典当行不得自行变卖、折价处理或者委托拍卖行公开拍卖绝当物品中的上市公司股份。（4）对股权以外的财产权利是否可以适用流质契约，未作出明确禁止或许可的规定。上述规定是否合理，学界及典当行业争议颇多。绝当后禁止流质契约作为我国一项古老的法律制度，在新的社会条件下如何赋予新的内涵以更好地发挥其功能，有必要重新审视。

（一）扩大适用流质契约的正当性

限制流质契约适用的理论基础在于当户在交易中处于弱势地位的当然假设，然而当前我国的典当业市场发生了较大的变化，适当扩大适用流质契约有其正当性。

第一，扩大适用流质契约具有道德上的正当性。

根据学者研究："我国 20 世纪二三十年代前的传统社会中，通过高利贷获得的借款并非主要用于生产，而是主要用于消费，尤其是日常生活（粮食借贷占相当大的比重，还有很大部分的借贷用于满足本来就需要支付生活中的大笔支出，如建房、疾病、婚丧等），因此，高利贷起到了相当程度的'救急'作用。"[1] 且由于典当行存在折当率"以十折五"的行业惯例，历史上一直被作为盘剥穷人的形象延续至今。然而，现代典当交易实践中，当户以商事主体居多，生产性融资远大于消费性融资，适用流质契约是否公平，当户依据其专业知识以及市场行情作出商业判断并承担相应的商业风险，且随着社会保障制度的完善不存在危及个人生计的问题。

此外，绝当后由于不适用流质契约，典当行处理当物得不到当户的配合难

---

[1] 徐畅：《二十世纪二三十年代华中地区农村金融研究》，第 103 页；参见费孝通：《江村经济——中国农民的生活》，江苏人民出版社 1986 年版，第 201 页。转引自许德风：《论利息的法律管制——兼议私法中的社会化考量》，载《北大法律评论》（2010）第 11 卷第 1 辑，第 206 页。

以实现债权，不得不退而求其次允许一次次地续当，最终导致当户债台高筑，而法院出于保护债务人的目的并不支持典当行的大额债权，如案例二、案例三，此时典当行胜诉的比例较低。"也许历史给我们开了一个不小的玩笑，现在不是杨白劳看黄世仁的脸色行事，而是黄世仁看杨白劳的脸色行事。"❶ 因此，双方当事人何者处于弱势，恐难分伯仲。

第二，扩大适用流质契约具有经济上的正当性。

禁止流质契约源于典当行的息费构成暴利的认识，而对"暴利"的确认，则源于我国对利率的管制。然而何谓暴利，我国立法并不明确。现行立法更多关注了客观的数字对比，最高法院在相关文件中明确："民间借贷的利率可以适当高于银行的利率，各地人民法院可根据本地区的实际情况具体掌握，但最高不得超过银行同类贷款利率的四倍（包含利率本数）。超出此限度的，超出部分的利息不予保护。"❷ 以当前银行同类贷款利率（一年期贷款基础利率5.703%）计算，民间借贷的年利率为22.8%，相对于典当行的费率而言，❸ 动产年综合费率为50.4%、房地产年综合费率为32.4%、财产权利年综合费率为28.8%，加上按照中国人民银行公布的银行机构6个月期法定贷款利率及典当期限折算后的利率，远高于民间借贷利率。而对主观要件并未加以考虑。

国外立法则从客观要件和主观要件两个层面讨论，以德国立法为例："就客观要件而言，则区分消费者信贷和企业信贷而进行不同程度的利息管制：对消费者信贷，利息管制相当严格，年利率值超过30%（在利率较低的年代，超过18.6%）通常即可被认为满足了暴利的客观要件。而对企业借贷，法院在认定暴利的问题上通常采取较为宽松的态度。"主观要件以一般条款的形式

---

❶ 黄风：《罗马法词典》，法律出版社2002年版，第161页。

❷ 《最高人民法院关于人民法院审理借贷案件的若干意见》（1991年7月2日最高人民法院审判委员会第502次会议讨论通过，最高人民法院以法（民）发〔1991〕21号通知于1991年8月13日下发）。

❸ 《典当管理办法》（2005年）第37条：典当当金利率，按中国人民银行公布的银行机构6个月期法定贷款利率及典当期限折算后执行。典当当金利息不得预扣。第38条：典当综合费用包括各种服务及管理费用。动产质押典当的月综合费率不得超过当金的42‰。房地产抵押典当的月综合费率不得超过当金的27‰。财产权利质押典当的月综合费率不得超过当金的24‰。当期不足5日的，按5日收取有关费用。

规定，《德国民法典》第 138 条第 1 款规定："违背善良风俗的法律行为无效。"第 2 款规定："尤为无效的法律行为是，被利用处于困窘情境、缺乏经验、欠缺判断力或显著意志薄弱而向另一方当事人或第三人承诺或履行与对待履行不相当的财产利益。"❶

借鉴国外立法，我国对典当行的费率是否为暴利的确定，需要强调几点：一是典当行借贷与银行借贷相比，类似于零售商与批发商的差别，零售商承担较高的资金成本，且典当行较高的资金成本中包含了综合费用，而综合费用是劳务性质的费用，因此对高息费率不宜过多非议；二是就暴利的具体认定标准而言，对商业借贷与消费借贷不加以区分有失偏颇。纵观世界立法例，即使在民法中禁止流质契约，但对商事活动中的流质契约则给予许可，如日本、韩国。那是因为商主体富有商业经验，具有商业判断能力，流质契约的适用简化了处分当物的程序，是权衡利弊所作出的符合经济理性的选择。从当户的角度而言，与富足的时候多赚取一些利润相比，基于商情变幻的现实，其更希望能够在穷困时付出较高的成本以解燃眉之急，因此选择绝当之后适用流质契约具有经济上的合理性。如本书的案例二中，当事人所作出的约定实质是绝当后对当物房屋适用流质契约，是当事人意思自治的体现，而法院的判决并未支持典当行处分当物，而是对本金、息费作出适当调整，以当户此时的理性否定彼时的理性恰恰是对理性的背叛，事实上是对当户背信弃义行为的支持，丧失了经济上的正当性。

第三，扩大适用流质契约具有法理上的正当性。

基于当前民间借贷存在的乱象，监管部门商务部从保护交易安全出发，对典当业采取严厉监管，流质契约的适用同样受到管制。但是，典当是一种商行为，商行为的首要含义在于当事人所享有的自由选择权，体现在绝当规则方面，即为允许当事人选择适用流质契约。"在以合同、创业和竞争自由为基础的追逐金钱的市民社会中，其中信念之一就是，人们都非常实际地和明智地照顾自己，任何允许法官基于实质不平等为由而宣布合同无效的规则都是家长式

---

❶ 许德风：《论利息的法律管制——兼议私法中的社会化考量》，载《北大法律评论》2010 年第 11 期，第 180 页。

的做法，并有损于法律的确定性。"❶ 因此，绝当后选择适用流质契约，实质是当事人在自由、效率与公平三种法律价值中所作出的顺位选择，而且商事活动中的公平，不是局限于当次交易的公平，可能是持续交易链条中的一环，是在更大范围内追求公平的结果。退一步说，即使存在不公平的行为，法律已经设置了相应的救济手段，包括可变更、可撤销行为等，禁止适用流质契约的适用缺乏法理上的正当性。

（二）扩大流质契约适用的具体条件

基于上述分析，笔者认为，应适当扩大流质契约适用的范围，并完善流质契约适用的条件：

第一，商业信贷适用流质契约。借鉴国外立法例，不以当物的价值大小为依据，而是区分消费信贷与商业信贷，商业信贷中允许适用流质契约，即按照典当合同的约定，只要当户逾期既不赎当也不续当，则构成绝当，当物由典当行进行处分。对于消费典当、公益典当则从倾斜保护弱势群体利益出发，不适用流质契约。

第二，设定典当行的告知义务。典当行是具有资质的准金融机构，相对于当户应负有专家义务，要求其在典当合同约定的赎当或续当期限之前15日内通知当户，以督促当户作出赎当或续当的决定，以及承受绝当后流质契约的法律后果。

第三，设定当户的协助义务。从诚实信用原则出发，与典当行承担的义务相对应，当户负有协助义务，必须在合理期限内配合典当行实现权利。为避免当户不配合导致权利无法真正实现，典当行可申请法院作出裁定，由典当行持"民事裁定书"及法院出具的协助执行通知等资料办理契税缴纳等手续，实际获得绝当房产的所有权。❷

从本书选取的案例看，法院依据现行立法的规定，通过确认是否违约，要

---

❶ [德] 海因·克茨：《欧洲合同法（上卷）》，周忠海等译，法律出版社2001年版，第190页。

❷ 京地税地 [2011] 44号《北京市地方税务局关于法院判决执行房地产权属转移相关涉税问题的通知》关于"在人民法院要求税务机关协助执行已经发生法律效力的民事判决办理纳税手续情况下，房地产承受人应持已经发生法律效力的民事判决书、初审人民法院出具的协助执行通知等资料到税务机关办理契税缴纳手续"的规定中，"民事判决书"应作扩大解释，包含"民事裁定书"。《民事裁定书》与"判决书"具有同等法律效力，应受到相关部门的尊重。

求承担违约责任以解决纠纷，而房屋的所有权仍归属于当户。如此判决的结果，从双方当事人的利益平衡角度衡量，在房价持续上行的市场行情下，当户既获得了当金，又享受了房价上涨的利益或保全了房产，而典当行只能回收本金债权，对当金的期限利益法院一般不予全部支持，导致典当行处于非常被动的局面。而适用流质契约，通过对当户与典当行对应义务的设定平衡当事人之间的利益，以法院判决直接获得该当物的所有权，对当物进行处分变现，回收资金，方便典当行的运营，可以在一定程度上应对我国房地产抵押典当变现难、数次续当仍然无法清偿债权的现实。

四、绝当后典当息费的收取及计算标准

绝当后息费的计算往往是双方当事人争议的焦点，涉及息费是否可以预扣、利息是否过高、绝当后的期限内是否应该收取综合费用等。这些问题的解决要首先从息费的设立目的探讨。

（一）典当行在当期内息费的收取

典当是借贷与担保的联立，作为当户使用当金的对价，我国历代立法均采取多元费用制，规定由两部分构成：一是向典当行支付一定的当金利息，这是使用当金的主要成本；二是支付鉴定、评估、保管、保险等综合费用，这是对典当行完成上述行为所付出的报酬。因我国古代典当实践中的当物主要包括珠宝、玉器、古玩字画、衣物等，后者显得非常重要。因典当行业惯例是以当物的估价确定折当率以决定借款的本金，因此鉴定、评估在前，综合费用可以预扣。而利息是当户使用资金的期限利益，只有期限届至，典当行才有权收取，因此利息不得预扣。这一点在《典当管理办法》中得到确认。表明如果典当行违法预扣利息，则应在本金中予以扣除，预扣的综合费用不能在当金中扣除，当户未来所支付的当金期限利益应以扣除利息后的数额为当户所使用的本金。司法实践中，有的法院已经形成一些具体裁判标准："预扣利息应类推适用合同法中有关借款预扣利息的规定，❶ 预扣部分不再作为当金本金，预扣综

---

❶ 《合同法》第 200 条：借款的利息不得预先在本金中扣除。利息预先在本金中扣除的，应当按照实际借款数额返还借款并计算利息。

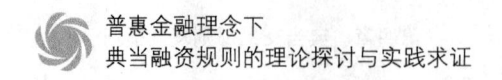

合费用，当金本金的数额仍可以约定为准。"❶ 本书三个案例均采取这种办法。

（二）绝当后息费的计算与收取

对绝当后息费纠纷的处理，主要把握以下几点：第一，绝当后当户未归还本金的，典当行有利息请求权。我国《合同法》第 207 条规定："借款人未按照约定的期限返还借款的，应当按照约定或者国家有关规定支付逾期利息。"对于商业借贷的典当合同，债权人有权通过行使利息请求权实现其利益追求，这是商行为的本质所决定的。国外立法中也有类似规定，如《日本商法典》第 513 条规定："商人间实行金钱消费借贷时，贷款人可以请求法定利息。"《瑞士债法典》第 313 条第 2 款规定："商事借贷即使未有利息之约定也应当支付利息。"❷ 第二，利息的支付标准应按约定利息计算。约定利息是契约自由的体现，只要在法定范围内，应予以支持。这是由典当业的小额、零售、快速特点所决定的。第三，息费收取的合理期限。本书案例三中，北京市第一中级人民法院很好地诠释了这一点：绝当发生后典当行有权处分当物积极地回收债权，如消极地放任损失的扩大，而要求当户承担期间的息费，等于纵容典当行从恶意行为中获利，因此法院确定合理期间为一个月。实践中海淀法院也确立了类似的规则："绝当发生后，如典当行不处分当物，继续要求当户履行合同，实际上等于扩大了当户本应负担的债务范围，不应予以支持。"❸ 此外，还应注意的是，法院判决要求苍某支付从起诉之日起到实际付清之日的违约金，充分地保护了典当行的资金利益，值得肯定。

五、绝当后当事人的违约形态及责任承担

绝当发生后，当事人双方争执的焦点问题之一为是否违约，如本书选取的三个案例中，法院在判决中首先对此问题作出了判断。然而，从法院的判决可以发现，不同法院各自的判断又各不相同，甚至同一法院作出的判决认定完全相反。根据合同法中关于违约责任的一般理论，违约有其客观的表现形态，那么，绝当后当户不还款的行为是否构成违约？违约形态是什么？当事人既约定

---

❶ 游婕：《北京市海淀区人民法院提醒典当留心别上当》，载《中国消费者报》，2012 年 8 月 1 日。
❷ 王保树：《商法》，北京大学出版社 2011 年版，第 89~90 页。
❸ 游婕：《北京市海淀区人民法院提醒典当留心别上当》，载《中国消费者报》，2012 年 8 月 1 日。

当金、利息、综合费用，又约定罚息、违约金，法院在审理案件时如何具体适用？这些问题直接关系到当事人的责任承担，也是解决争议的关键。

（一）绝当后当事人的违约形式

根据合同法一般理论，违约形态可分为预期违约和实际违约两种。预期违约是指当事人在合同规定的履行期限到来之前，明示或默示其将不履行合同。实际违约包括不履行与不完全履行，不履行包括拒绝履行和履行不能，不完全履行包括迟延履行、不适当履行、其他不完全履行、其他违反合同义务的行为（主要是指违反法定的通知、协助、保密等义务的行为）。绝当后当事人不还款的行为是否构成违约，应根据我国现行立法分别不同情况加以判断：对于实行流质契约许可的当物，其所有权直接归典当行所有，无须当户的配合，因此绝当后不存在违约问题；对于实行流质契约禁止的当物，必须当户在合理期限内协助履行才能实现（其中包括房屋、机动车等），否则构成迟延履行或不完全履行的违约形态，应承担违约责任。本章案例二中当物为房屋，当物的处分需要当户的协助才能实现，因此法院认定绝当后当户不还款的行为不构成违约，并不妥当。而案例三中当物为机动车，机动车的处分同样需要当户的协助，法院从当户在合理期限内的协助义务角度作出了准确的诠释。

（二）罚息与违约金并存时何谓合理适用

实践中，当事人往往采取当票之外签订借款合同的形式，合同中同时约定罚息和违约金，对此是否可以二者同时适用，需要明确它们的法律性质。罚息是迟延履行应承担违约责任的一种形式，关于"借款合同"，《合同法》第207条规定："借款人未按照约定的期限返还借款的，应当按照约定或者国家有关规定支付逾期利息。"《典当管理办法》第40条规定："当户于典当期限或者续当期限届满至绝当前赎当的，除须偿还当金本息、综合费用外，还应当根据中国人民银行规定的银行等金融机构逾期贷款罚息水平、典当行制定的费用标准和逾期天数，补交当金利息和有关费用。"从1995年7月1日（含7月1日）开始，中国人民银行规定所有逾期贷款在逾期期间按日利率4‰~6‰收利息，❶

---

❶ 《中国人民银行关于调整贷款利率后有关计息办法的通知》银发［1995］237号、银发［1996］156号、银发［1997］434号、银发［1998］301号。

1998年（银发［1998］586号文件）之后下调。最高人民法院1994年3月12日《关于逾期付款违约金应依据何种标准计算问题的复函》❶及其后的复函与中国人民银行公布的罚息水平基本一致。至于违约金的法律性质，根据《合同法》第114条❷规定，违约金不具有惩罚性而具有补偿性，罚息相当于违约金，目的在于补偿典当行的损失，如果约定的违约金过高，显然背离了违约金的本质和功能，必须予以适当调整。而典当合同作为无名合同，应比照最相类似的条文适用，可以收取一定的罚息作为当户所应承担的违约责任。依据任何一方不得从违法行为中获利的法律公理性原则，典当行所获得的本金、利息、综合费用、罚息，以补偿其损失为合理限度。这一点在地方司法实践中已经得到确认："典当行与当户约定绝当后当户应支付违约金、逾期利息、典当综合费用的，典当行可以选择主张，也可以同时主张。但对于折算后的实际利率过高的，当户可以请求依法调整。"❸本章案例三中，法院特别指明当户恶意占用典当行资金的主观要件，因其主观恶意给典当行造成损失，应承担相应的责任，因此法院对约定的违约金加以调整，该判决与前述立法的基本精神一致，值得肯定。但法院认为约定每日5‰的罚息过高，调整为民间借贷的利率，笔者认为值得商榷。典当合同不同于民间借贷，违约金的确定不宜比照中国人民银行的逾期贷款利率水平及民间借贷的利率水平，而应首先尊重当事人的约定。"当事人主张约定的违约金过高请求予以适当减少的，人民法院应当以实际损失为基础，兼顾合同的履行情况、当事人的过错程度以及预期利益等综合因素，根据公平原则和诚实信用原则予以衡量，并作出裁决。""当事人约定的违约金超过造成损失的百分之三十的，一般可以认定为合同法第一百一十四条第二款规定的'过分高于造成的损失'。"❹

---

❶ 最高人民法院1994年3月12日《关于逾期付款违约金应依据何种标准计算问题的复函》法函【1994】10号复函等。

❷ 《合同法》第114条：当事人可以约定一方违约时应当根据违约情况向对方支付一定数额的违约金，也可以约定因违约产生的损失赔偿额的计算方法。约定的违约金低于造成的损失的，当事人可以请求人民法院或者仲裁机构予以增加；约定的违约金过分高于造成的损失的，当事人可以请求人民法院或者仲裁机构予以适当减少。

❸ 《关于审理典当纠纷案件若干问题的指导意见》（浙高法〔2010〕195号）第7条。

❹ 《最高人民法院关于适用〈中华人民共和国合同法〉若干问题的解释（二）》（2009年2月9日）第29条。

综上，当前我国典当实践一定程度上已经超越古老的制度框架，也有别于我国台湾地区及国外限于动产质押的典当立法，而我国现行立法对典当融资的规范主要包括部门规章、最高法院的批复及地方法院的指导意见，物权法中未确立典当制度，在司法实践中不能作为审理典当案件的法律依据。从典当行角度而言，绝当后尽快行使对当物的处分权，确保其优先受偿权是回笼资金的两大关键性权利，也是良性经营的前提和保障；从当户角度而言，如何既利用典当行的资金又减少付出高息费的成本，是其经济人的天性使然。法院如何在二者利益之间作出权衡，不偏袒于任何一方，特别是正视典当作为国家鼓励发展的行业的现实，确实保护典当行的合法权益，考验着法官的智慧和正义观念。北京市中级法院审理的这几个案例，为我们提供了生动的注解，研究、解读这些案例的目的在于，在现行的立法框架下深入挖掘典当制度的独特价值，通过法律解释使该制度的运行符合立法本意，对国务院法制办于 2011 年 5 月发布《典当行管理条例（征求意见稿）》的进一步完善提供建议，同时根据现实需要对其加以丰富和发展，弥补民间金融制度的不足，将典当制度在现代社会的融资功能完美释放。值得期待的是，商务部对此已有充分认识，在《关于十二五期间促进典当业发展的指导意见》（2011 年 12 月 15 日）中明确指出：到 2015 年典当业法规体系初步形成。由此看来，对绝当规则进行变革只是典当制度完善的一个方面，各项制度的进一步完善必将规范、引导并促进典当业的繁荣发展，完善我国的金融立法体系。

第四节 典当案件审理中的商法思维

同一案件，运用不同的法律思维方法可能得出不同的结论。对于本章探讨的典当交易合同案件，以民法思维还是商法思维进行审理，直接反映出法院对双方当事人的利益衡量倾向。

一、商法思维的概念与基本原则

（一）商法思维的概念及功能

"所谓商法思维大多是指商法领域的法律职业者（或法律人），包括商事立法者、法官、仲裁员、检察官、教授、律师的特定从业思维方式，是法律职业者在从事商法职业的决策过程中按照商法的逻辑，思考、分析、解决问题的思维模式。"❶ 具体而言，商法思维是商法基本原则的具体化，而商法基本原则反映了商法的本质，体现商法的基本精神和根本价值，是商事立法的准则，是商事活动中的行为准则，是商事审判的审判准则，同时还是存在法律漏洞时的补充准则。

（二）商法思维是商法基本原则的具体化

法院在审理商事案件时，应运用商法思维思考、分析、解决商事案件，尊重商人在商事交易中依据商业判断追求营利至上的目标，保护商人的营业自由，强调交易的便捷与效率，同时注重强调交易安全与企业维持。在这些原则之下，运用商法中的具体规则来分析、审理案件。既要避免强调实质公平的民法思维，罔顾外观主义规则探求当事人的真意，也要避免过分强调商法的公法性演变成为经济法思维甚至行政法思维，过度入侵商主体之间的交易关系，妨碍商法功能的发挥。

二、商法思维指导下典当案件的司法裁判

（一）典当案件多为商事案件

我国古代典当纠纷中，当户主要是贫困的自然人，典当是其解生活燃眉之急迫不得已的手段，属于消费性借贷，该类纠纷中法院基于保护弱势消费者的利益，对当户予以倾斜保护。而我国现阶段典当行七成以上的客户均为中小微企业，当金主要用于服务实体经济的资金周转，属于生产性借贷，因此多为商事案件。根据最高人民法院《民事案件案由规定》（法［2011］41号）"第四部分 合同、无因管理、不当得利纠纷"之"合同纠纷"规定，典当纠纷排序为第110。尽管典当纠纷列为民事案件之下，但是从该规定内容来看，其中也包括公司纠纷、知识产权纠纷、融资租赁合同纠纷、海商纠纷等商事案件。地方法院如浙江省高级法院明确典当纠纷作为商事纠纷案件，编立商字案号。❷

---

❶ 王保树主编：《中国商法年刊2013》，法律出版社2013年版，序言部分。
❷ 《浙江省高级人民法院关于印发〈关于审理典当纠纷案件若干问题的指导意见〉的通知》（浙高法〔2010〕195号）第3条。

（二）适当扩展典当案件的渊源

一般而言，商法的渊源包括商事制定法、商事自治法、商事习惯法、商事国际条约、商事司法解释。从收集到的典当案例来看，我国法院审理典当案件时适用的法律主要表现为制定法，具体包括《物权法》《担保法》《合同法》《2015 年最高法院民间借贷司法解释》，至于部门规章、自治法、习惯法能否成为审理典当案件的法律依据，实践中存在争议。

1. 部门规章是否可以作为法院审理典当案件的依据

按照商事制定法内部的效力层级适用顺序规则，应遵循下位法不得违背上位法规则，法律优先于行政法规适用，行政法规优先于地方法规、国务院部门规章适用，地方性法规优先于地方政府的商事规章适用。在典当案件审理过程中，典当交易合同首先比照合同法中的"借款合同"适用，涉及担保问题时适用《担保法》或《物权法》，但是根据《合同法》第 52 条规定，违反法律、行政法规的合同被认定为无效合同，实践中典当交易合同的约定违反《典当管理办法》有关管理性的规定，如资金充足率的规定、单笔当金的比例、息费的约定等，法院是否适用该规定，直接决定合同的效力。又《立法法》明文规定的特别法优于一般法规则、新法优于旧法规则，规则适用的前提条件是"同一机关"，是否指同一层级？❶而典当在我国《民法通则》中并未规定，要依据特别法加以适用，必须由全国人大或其常委会制定法律。从目前的立法进程看，国务院法制办起草的《典当管理条例》作为行政法规可以作为未来法院审理的依据。在典当纠纷审理实践中，地方性规章或地方法院对审理典当案件作出进一步的补充和阐明，如浙江、江苏高院出台的相关意见。因此，典当案件审理中，《典当管理办法》、地方高级法院对于审理典当案件的指导意见是法院审理案件的主要渊源。

2. 习惯是否可以作为法院审理典当案件的依据

第一，我国制定法对于法律渊源规定较为狭窄，法官审理案件时选择习惯作为裁判依据的可能性较小。表现在：（1）《民法通则》第 6 条："民事活动

---

❶ 《立法法》第 92 条规定：同一机关制定的法律、行政法规、地方性法规、自治条例和单行条例、规章，特别规定与一般规定不一致的，适用特别规定；新的规定与旧的规定不一致的，适用新的规定。

必须遵守法律，法律没有规定的，应当遵守国家政策。"（2）《合同法》中直接包含交易习惯这一概念的法条共有9条，分别是总则部分的第22条、第26条、第60条、第61条、第92条和第125条，分则部分的第136条、第293条和第368条。第61条❶和第125条❷规定的是补充协议的确定和合同解释；（3）2009年《合同法司法解释（二）》第7条规定："下列情形，不违反法律、行政法规强制性规定的，人民法院可以认定为合同法所称'交易习惯'：（一）在交易行为当地或者某一领域、某一行业通常采用并为交易对方订立合同时所知道或者应当知道的做法；（二）当事人双方经常使用的习惯做法。"对于第一种情形，理解和适用时需要从几方面来认定：客观要件即"在交易行为当地或者某一领域、某一行业通常采用"，这体现了交易习惯地域性和行业性的特点、主观要件即"为交易对方订立合同时所知道或者应当知道"及"当事人双方经常使用的习惯做法"也需要举证证明。

第二，实践中我国存在诸多否定交易习惯的应有效力、不当的商事立法与司法。❸ 典当是我国古老的金融行业，在几千年的历史发展中，形成了典当行业特有的一些习惯，包括高息费、免费的评估鉴定、转当、同业拆借、流质契约等。但是随着时代的变迁，行业发展呈现出巨大的变化，当物范围不断扩展，当户七成以上为中小企业，典当目的缘于生产经营需要，小额、灵活的融资需求与典当行供给需求高度契合。由于其金融品性及其灰色产业的历史沿革，我国监管部门对其采取严厉监管，防止行业风险演变为系统性金融风险，对典当行的资本来源给予严格限制，对转当、同业拆借均予以否定，只认可限额范围内的流质契约。

第三，尽管现行立法在理论上和实践中均遭遇质疑，然而《典当行管理条例》（征求意见稿）（2013）、《最高法院民间借贷的意见》（2015）、《非存款类放贷机构》（征求意见稿）等均呈现出拓宽典当行融资渠道的趋势，对同

---

❶《合同法》第61条：合同生效后，当事人就质量、价款或者报酬、履行地点等内容没有约定或者约定不明确的，可以协议补充；不能达成补充协议的，按照合同有关条款或者交易习惯确定。

❷《合同法》第125条第1款：当事人对合同条款的理解有争议的，应当按照合同所使用的词句、合同的有关条款、合同的目的、交易习惯以及诚实信用原则，确定该条款的真实意思。

❸ 樊涛：《论我国的交易习惯——商法的视角》，见王保树主编：《中国商法年刊2013》，法律出版社2013年版，第145页。

业拆借和转当予以认可，流质契约禁止原本适用于民事典当，基于对弱势一方的当事人给予特别保护，而当前我国典当案件多为商事典当，如果仍然坚持这一规则，法官并非商人，即使曾经经商，诚如清朝郑观应先生在《盛世危言》中指出："商理极深，商事极繁，商务极博，商情极幻。"法官事后对商人基于当时情势所作的商业判断加以评价，至多是事后诸葛亮，难以衡平当事人之间的商业利益，甚至可能背道而驰。综上，典当商事案件中，交易习惯应纳入法院裁判案件的法律渊源。

3. 法理能否成为渊源

我国制定法中对学者关于某些案件的法理阐释并未规定其可以作为法的渊源，但实践中对于缺乏法律规定的情形，学者或律师以法理阐释案件被法院采用时，法理事实上成为一种渊源。如南京玄武区法院在审理一起刑民交叉的案件时，"在审理过程中发现生效刑事判决中未涵盖的新证据，致使民事判决与生效刑事判决可能存在冲突。对于两者如何协调，缺乏相应的法律规定，法官在判决书中直接援引学者观点，此做法系全国首创"[1]。该部分判决内容引述如下："关于民事诉讼中出现未涵盖在生效刑事判决中的新证据，致民事判决与生效刑事判决可能存在冲突如何协调的问题，法律或司法解释缺乏相应的规定。

对此，南京大学民法学专家叶金强教授在刑民交叉研讨会上认为，刑民交叉案件的处理应当采取分别判断、个案判断，即在该类案件中，案件的事实是同一的，但刑事审判程序与民事审判程序关注的重点不同，需要的案件事实、证据材料不同，裁判的结果也应当根据刑法、民法分别作出判断。东南大学法学院院长刘艳红教授在刑民交叉案研讨会上认为，刑民交叉案件没有一个简单的处理模式，无论是'先民后刑'还是'先刑后民'都是教条化、简单化的处理方法，最重要的原则还是取决于具体个案中民事关系和刑事关系的关联性和相互影响程度。"[2] 著名民法学家王泽鉴先生强调英美法的精华在判决书，其本意即在强调英美判决书的说理部分的精妙。大陆法系国家已经进行这方面

---

[1] 小智：《总有一份判决，让你难以忘怀》，载 http://zhihedongfang.com/article－13700/，2015年10月4日访问。

[2] (2013) 玄商初字第580号判决书。

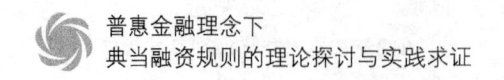

的尝试,最高法院公布指导性案例作为法院审理案件的参照。商事案件中,商业模式的创新不断超越成文法,学者借鉴古今中外观点旁征博引说理论证,可以克服成文法的局限性,法理成为商事案件的渊源也成为可能。因此,典当案件中鉴于立法尚未阐明的部分,可以适当借鉴学理解释作为渊源,以弥补成文法的不足。

(二) 适当区分典当案件的不同性质

根据双方行为人是否具有商事主体资格,将商事行为分为双方商行为和单方商行为。以商事主体的资格作为划分依据的法律意义在于适用的法律不同,当事人的权利义务不同。

单方商行为是指行为人中一方为商事主体,另一方为非商事主体所从事的行为。传统典当合同中,当户一般迫不得已将家中仅有的贵重物品拿去当铺典当,以解除生活中的燃眉之急,双方当事人中只有典当行是商主体,因此是单方商行为。典当行与当户之间的合同不仅应适用有关典当合同的法律,还要适用《消费者权益保护法》,典当行作为商主体,应履行法律规定的经营者对消费者的相关义务。如浙江省高院审理典当纠纷案件的指导意见就规定了典当行对绝当物品的瑕疵担保责任。[1]

双方商行为是指双方当事人都具有商事主体资格,商法关于商人的特殊义务对双方当事人都适用,包括信息披露义务、制备商业账簿的义务、从事商事交易模式产生的义务等。[2]我国当前典当案件中,多为中小企业与典当行之间签订的合同,双方权利义务对等,均以营利为目的。法院在审理该类案件时,必须考虑商事交易的特殊性和商人的营利性本质追求,维护商事交易特定时机商人特有的商业判断,明确买者自负、风险自担的法律逻辑,秉承商事思维的裁判理念,维护当事人之间的利益衡平,保护典当行正当的息费约定,避免越俎代庖作出事后的商业判断,导致对当户一方的偏袒而使判决丧失应有的公平正义。

---

[1] 《浙江省高级人民法院关于印发〈关于审理典当纠纷案件若干问题的指导意见〉的通知》(浙高法〔2010〕195 号)第 11 条:典当行销售绝当物品时,对所售绝当物品承担瑕疵担保责任,适用《中华人民共和国消费者权益保护法》等相关规定。

[2] 王保树主编:《商法》,北京大学出版社 2014 年第 2 版,第 40 页。

在我国，商事思维应贯穿于商事立法、裁判、解释整个过程中，具体到典当制度，应贯穿于典当立法的完善、典当行为的执法、典当案件的审理中。仅仅就国务院公布的《典当行管理条例（征求意见稿）》题名，将典当交易行为停留在管理的视角，在一个缺乏商事传统的国家，针对一个传统上被视为灰色产业的典当行业，寄希望于司法过程中保护典当行的高息费的营利目的，平等保护当户和典当行的利益恐怕不容乐观，尚需假以时日。当然，也应该看到，近几年司法界、学界已经开始重视商事思维的运用，陆续开展这方面的主题研讨，创造良好的营商环境，期待商事思维的运用与时俱进。

本章小结

本章选取典型案例，对典当交易合同的认定、效力、履行中存在争议的问题进行分析。认为典当交易合同的认定标准包括：典当合同主体一方的特定性、合同纠纷案由的明确性、合同内容约定的特定性、合同组成部分的要式性。

典当合同的效力问题主要有七个：不具备典当行资质的典当合同的效力、超越法定经营范围的典当合同的效力、当物未办理登记的典当合同的效力、第三人提供当物的典当合同的效力、第三人支付当金的典当合同的效力、以买卖合同形式发放借款的典当合同的效力、典当行误收赃物的效力问题，分别从案情简介、法理评析、风险提示三个方面归纳总结，以便典当行经营过程中预防法律风险，实务经营中借鉴参考。

合同履行中纠纷集中在绝当规则的适用，以北京市第一中级人民法院审理的三个案件为中心，分析构成绝当的条件包括期限条件和行为条件，行为条件应注意区分合同的变更（续当）、合同的终止（绝当）与合同更新三个概念；提出绝当后商业信贷中适用流质契约具有道德上、经济上、法理上的正当性，同时应为双方设定相应的义务；主张绝当后当户不还款的行为不构成违约，不积极协助典当行处分当物的行为构成违约；绝当后息费的收取及计算以合理期限（一个月的诉讼准备期）的合理利益为宜，双方约定绝当后当户应支付违

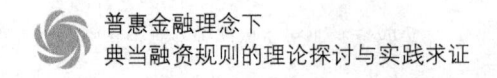

约金、逾期利息、典当综合费用的,典当行可以选择主张,也可以同时主张,但以补偿典当行的损失为限。

运用商法思维审理典当案件,适当扩展案件渊源,如法理、习惯、部门规章能否成为渊源,区分单方商行为与双方商行为,尊重商人在商事交易中依据商业判断追求营利至上的目标,保护商人的营业自由,强调交易的便捷与效率,同时注重强调交易安全与企业维持,均是商法思维的体现。

第五章 典当融资监管规则评析及完善

2012年12月5日,商务部依据《典当管理办法》(2005年)及有关法律法规颁布实施《典当行业监管规定》,该法被誉为我国典当行业首部专门的监管立法,体现出对典当行严厉监管的决心。典当行作为非正规金融的组成部分,在监管基础、监管体制、监管理念以及监管方法等方面应区别于正规金融,该立法所规定的监管内容的合理性如何,本书将以当前金融法制变革遵循的包容性监管理念为考察点,对其展开分析探讨,并提出未来立法中完善监管制度的建议。

第一节 监管内容及实施方法概况

商务部《典当行业监管规定》主要内容包括监管主体、准入监管、经营监管、自身融资监管、退出监管、监管责任等方面,具体如下。

一、重申监管主体与加强监管责任

《典当行业监管规定》第2条❶明确了典当行的特殊工商行业地位,重申商务部及各级商务主管部门监管主体的法律地位。在此基础上,明确分级管理、分级负责的原则,强化属地管理责任(第5、6、7条)。监管责任制度方面,在准入审批、日常监管、年审等环节建立谁审批谁负责、谁监管谁负责的

---

❶ 《典当行业监管规定》第2条:典当作为特殊工商行业,各级商务主管部门要从促进经济社会发展和维护社会经济秩序大局出发,准确把握典当行业在社会经济发展中的定位,增强服务意识,不断完善监管体系,依法从严行使监管职责,切实做好典当行业监管工作。

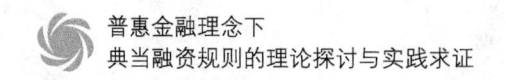

责任制度，建立审批、检查、年审等环节的审批签字制度（第11条），建立监管工作奖励和责任追究机制（第12条）。

二、提高准入门槛与细化调控标准

《典当行业监管规定》对准入条件限制更加严格，主要包括三点。（1）明确规定股东持股比例。《典当管理办法》（2005年）规定设立典当行的股东条件为：有两个以上法人股东，且法人股相对控股（第7条第1款第5项）。《典当行业监管规定》对此作出明确解释，要求法人股应当相对控股，法人股东合计持股比例占全部股份1/2以上，或者第一大股东是法人股东且持股比例占全部股份1/3以上（第16条第1款第1项）。（2）对自然人股东的限制。《典当管理办法》（2005年）对自然人股东要求提供无故意犯罪记录证明（第16条第1款第4项）；从前述第7条第1款第5项规定推知，自然人股东不能作为典当行的控股股东。而《典当行业监管规定》明确指出：单个自然人不能为控股股东（第16条第1款第1项）；自然人股东应为居住在中华人民共和国境内年满18周岁以上有民事行为能力的中国公民，无犯罪记录，信用良好，具备相应的出资实力（第16条第1款第3项）。可见，对自然人股东的信用记录由"无故意犯罪"提高到了"无犯罪"要求。（3）对股东出资的审计要求更加严格。《典当管理办法》（2005年）规定：具有法定资格的会计师事务所出具的法人股东近期财务审计报告及出资能力证明、法人股东的董事会（股东会）决议及营业执照副本复印件（第11条第1款第6项）；《典当行业监管规定》对法人股东是否具备以货币出资形式履行出资承诺的能力，要求法人股东应在商务主管部门指定的若干家规模较大、信誉较好的会计师事务所中选择审计单位，出具审计报告；应有缴纳营业税和所得税记录（第16条第1款第2项）。

三、加强日常经营管理与严格资金监控

对典当行的经营范围，《典当行管理暂行办法》（1996年）规定的范围较小，限于以实物占有权转移形式；❶ 国家经贸委接管典当业后，为了促进其发

---

❶ 《典当行管理暂行办法》（1996年）第3条：典当行是以实物占有权转移形式为非国有中、小企业和个人提供临时性质押贷款的特殊金融企业。

展颁布实施的《典当行管理办法》（2001年）扩大了其经营范围，包括动产、财产权利作为当物质押或者将其房地产作为当物抵押；❶《典当管理办法》（2005年）进一步予以肯定，两法均允许典当行开展股权典当业务。《典当行业监管规定》禁止和预防典当行违规融资参与上市股票炒作或为客户提供股票交易资金，禁止以证券交易账户资产为质押的股票典当业务（第24条）。并强化过程性管理，加强对企业资金来源和运用的监管（第21条），加强对银行存款和现金的监督管理（第22条），重点加强对典当企业与其股东的资金往来监控（第23条）。加强对当票与当物（质、抵押品）的对照检查（第26条），严格当物的质押、抵押登记制度，重点对财产权利质押典当业务和大额房地产抵押典当业务的当物登记情况进行现场核查（第31条）。严格典当企业股权变更管理（第32条）。建立重大事项通报机制和风险处理机制（第34条）。

四、以安全换效率指导下严控融资渠道

《典当管理办法》（2005年）以禁止性规范从反面规定典当行的融资渠道。（1）不得向股东借款：不得从商业银行以外的单位和个人借款；（2）不得同业拆借：不得与其他典当行拆借或者变相拆借资金；（3）不得超过规定限额从商业银行贷款；（4）不得对外投资（第28条）；（5）禁止转当：典当行与当户不得将当票转让、出借或质押给第三人（第32条）。《典当行业监管规定》从正面加以阐述，对上述规定加以重申和肯定，并加强对典当企业资金来源和运用的监管。严格财务报表中应收及应付款项的核查。典当企业的合法资金来源包括：（1）经商务主管部门批准的注册资金；（2）典当企业经营盈余；（3）按照《典当管理办法》从商业银行获得的一定数量的贷款（第21条）。由此看来，典当行最主要的资金来源于股东的出资。

五、实行年审管理与加强过程考核

对典当企业实行年审制度，年审内容应包括下列重要事项：（1）典当企

---

❶ 《典当行管理办法》（2001年）第3条：本办法所称典当，是指当户将其动产、财产权力作为当物质押或者将其房地产作为当物抵押给典当行，交付一定比例费用，取得当金，并在约定期限内支付当金利息、偿还当金、赎回当物的行为。

业注册资本实收情况。主要核查有无虚假出资、抽逃资金现象。（2）典当企业资金来源情况。主要核查有无非法集资、吸收或者变相吸收存款、从商业银行以外的单位或个人借款等违规行为。（3）典当企业法人股东存续情况，法人股东工商年检情况，典当企业与股东的资金往来情况。主要核查典当行对其股东的典当金额是否超过该股东的入股金额，典当行与股东的资金往来是否符合相关规定。（4）典当业务结构及放款情况。主要核查典当总额构成及其真实性，是否有超比例放款、超范围经营，尤其是有无发放信用贷款情况。（5）典当企业对绝当物品处理情况。主要核查绝当物品处理程序是否符合规定，有无超范围经营。（6）当票使用情况。主要核查典当企业的所有业务是否按规定开具了全国统一当票，是否存在以合同代替当票和"账外挂账"现象，是否存在自行印制当票行为，开具的当票、续当凭证与真实的质、抵押典当业务是否相对应。（7）息费收取情况。主要核查典当企业是否存在当金利息预扣情况，利息及综合费率收取是否超过规定范围。（8）典当企业及其分支机构变更情况。主要核查是否存在私自变更或违规变更情况。（9）典当企业有分支机构的，审计报告应包括企业本部、分公司分别及合并的财务报表。分支机构所在地商务主管部门对分支机构具有监管责任（《典当行业监管规定》第38条）。

六、专章概括规定退出监管

《典当行业监管规定》第六章专章规定"退出管理"，但只包含一个条文，第41条规定："对已不具备典当经营许可资格的典当企业，省级商务主管部门应按照有关规定终止该企业典当经营许可，并收回《典当经营许可证》。"以概括式而非列举式规定了退出监管的条件，对退出的具体情形未明确规定。

七、非现场监管为主的多种监管

《典当行业监管规定》明确规定，各级商务主管部门应加大现场检查和不定期抽查监管力度，采用以下方式开展监管工作：（1）定期审核分析典当企业财务报表等；（2）利用典当行业监管信息系统进行监管与分析；（3）现场检查；（4）约谈典当企业主要负责人和高管人员；（5）引入会计师事务所、律师事务所等中介机构参与核查；（6）根据投诉、举报或上级机关要求进行核查；（7）其他监管方式（第3条）。对典当业日常监管实行动态监管和全过程监督（第 8 条），确立了约谈制度，规定每年抽选不少于 20% 的典当企业进行现场检查（第 7 条），其他实行非现场监管。非现场监管最主要的方式通过全国典当行业监督管理信息系统进行。

自 2012 年 4 月 1 日起，商务部为扎实推进典当业监管工作，完善监管手段，提升典当行信息化水平，在全国范围内正式运行典当行业监督管理信息系统。[1] 该系统由国家数据中心、商务主管部门非现场核查系统和典当企业业务子系统三层结构组成，依托于互联网，实现各级商务主管部门和企业之间信息的互联互通。各级商务主管部门可以通过监管系统，实现当票管理、查询分析、统计报表、风险预警等各项动态监管功能，对典当行经营状况进行实时监控和业务合规性的动态监管。全国典当行业监管信息系统启用后，强化当票的使用管理，实行机打当票，并对当票的编码、申领、发放、使用、核销全过程进行监控。

北京市商委服务交易处具体负责典当行业的监管，市、区两级监管人员每天利用典当监管信息系统进行非现场监管，对七项违规行为逐一进行核查，包括核查企业当票使用情况、超息费情况、资金往来情况、股权变更情况等，据朝阳区商委服务交易科同志介绍，仅 2013 年第一季度就有 3 000 多笔违规经营情形。

北京市商委非常重视典当企业的年审工作，每年制定核查工作方案，核查主要内容：典当企业注册资本及出资人变更情况；典当企业及分支机构变更情况；典当企业财务状况；典当企业及分支机构遵守《典当管理办法》规范经营情况；全国统一当票的使用情况；是否按时填报全国典当行业管理信息系统；典当企业遵守其他法律法规的有关情况；法人股东的情况等。并要求提供相应的文件，一般包括：《北京市典当企业核查报告书》《北京市典当企业核查情况报告》《北京市典当企业经营情况审查表》《北京市典当企业三万元以上绝当品处置情况调查表》等。年审包括动员筹备、企业自查、区县初审、审查、总结几个阶段。根据核查情况，核查结果可分为以下四类：A 类——没有违法违规行为、通过年度核查的典当企业；B 类——有违法违规行为，但情节较轻，经处罚已经改正的典当企业；C 类——停业整顿；D 类——吊销典当经营许可证。核查结束后，在企业典当经营许可证上注明年度核查结果。

---

[1] 商务部《关于正式运行全国典当行业监督管理信息系统及调整典当行变更换证工作流程的通知》（商流通司函 2012 第 11 号）规定。

北京市商务委还注重现场监管，2014年1月23日，针对鑫厚通典当行涉嫌非法集资，市商务委相关业务处室、执法大队多次约谈鑫厚通法定代表人和股东，并要求其提供相关账目和当票。鑫厚通拒不配合调查，也没有提交账目。❶ 对北京鑫厚通典当有限责任公司存在的严重违法经营行为，根据《典当管理办法》《典当行年审办法》等有关规定，发布公告决定收回北京鑫厚通典当有限责任公司《典当经营许可证》，并且在全市开展典当行业风险排查。

第二节 监管内容及实效之评析

仔细对比《典当管理办法》（2005年）与《典当行业监管规定》之内容，体现出从严格监管到严厉监管的转变特点。但监管内容及监管方法是否具备合理性和有效性，尚有如下问题值得探讨。

一、监管责任的规定是否有违背法理之嫌

参酌世界主要国家及相关地区立法例，对典当业的监管模式有四种：消费信贷监管模式、警察部门监管为主的监管模式、商业部门监管的模式和财政部门监管模式，❷ 与监管模式相应的监管主体分为消费信贷机构、警察部门、商务部、财政部。我国对典当行的监管经历了三个阶段。第一阶段：无序发展阶段（1987.12—1993.6），典当行名实不副，缺少定位，没有典当法规和全国统一的监管部门，典当行处于没有任何名分的地位，处于无序发展状态。第二阶段：严格监管阶段（1993.7—2000.6），典当行在金融机构体系中为非银行金融机构，其主管机关是中国人民银行。这个阶段，对典当行实行与银行业实行同样的监管。第三阶段：促进发展阶段（2000.6—2005.4），取消典当行金融机构资格，作为一类特殊的工商企业，监管主体为国家经贸委（2003年撤销后，新组建成立的商务部行使其职责）。《典当行业监管规定》明确典当行定位为特殊工商行业，由商务部行使监管职责，保持了逻辑体系的一致性。就规

---

❶ 《后续跟踪：北京鑫厚通典当公司高息卖理财后关张 涉案千万官方介入》，载《法制晚报》2014年1月27日。

❷ 胡宗仁：《典当业法律制度研究》，中国政法大学出版社2012年第1版，第199页。

则本身而言,有三点存疑:(1)不符合基本法理。法律上的责任,是指由于违反法律或当事人约定的义务而应承担的不利后果,即法律义务在先,法律责任在后,或者说由于违反第一性义务而产生的第二性义务。从《典当行业监管规定》第二章规定的内容看,前述四项内容以规定义务居多,责任较少。该章以"监管责任"命名,与内容不完全相符,以"监管义务"命名较为妥当。(2)不太符合立法体例。按照法律规范的逻辑结构,包括适用条件、行为模式、法律后果三个部分;从法律文本的体例而言,在确定适用条件和行为模式的基础上,后面规定法律后果。《典当行业监管规定》将"监管责任"前移,后面章节的内容又规定典当行违反其他规定应承担的法律责任,在立法体例上有重复、凌乱之感。(3)缺乏具体责任形式的法律后果无异于政治宣言。承担法律责任的形式必须具体化,《典当行业监管规定》就监管责任只泛泛地强调"谁审批谁负责谁监管谁负责",却无具体责任内容,更类似于政治宣言,不具有操作性。

二、准入条件的设定与相关立法是否协调一致

对《典当管理办法》(2005年)规定的典当行的准入条件学者多有诟病,认为其资本要件要求较高、分支机构的设立条件严于新设典当行等。《典当行业监管规定》则进一步提高了典当行的设立门槛,与相关立法存在不协调之处。

(1)对典当行控股股东的界定与《公司法》的规定相比缩小了范围。对于控股股东的界定,公司法历来存在实质标准和形式标准之争。早期公司法理论主要从单纯的数量标准确定,认为持股超过公司股本50%者方可对公司施加支配性影响。但随着公司资本的集聚规模越来越大,股权日益分散化,能够持有50%股权的股东非常有限,对公司形成实际控制力可以通过对公司业务、人事、合同、决策等其他方式实现,因此对控股股东的界定更倾向于采用实质标准。我国《公司法》第217条第1款第2项规定:"控股股东,是指其出资额占有限责任公司资本总额百分之五十以上或者其持有的股份占股份有限公司股本总额百分之五十以上的股东;出资额或者持有股份的比例虽然不足百分之五十,但依其出资额或者持有的股份所享有的表决权已足以对股东会、股东大会的决议产生重大影响的股东。"该条采用了从持股数量和实质控制两方面结合的综合标准,将实践中各种控制形态涵盖其中。而《典当行业监管规定》

单纯采用数量标准——法人股东合计持股比例占全部股份 1/2 以上，或者第一大股东是法人股东且持股比例占全部股份 1/3 以上，且将基于对该公司的人事、业务及决策所施加的具有支配性的控股股东排除在外，与立法初衷相背离，也不符合世界立法的趋势。此外，从现有立法的层级效力考察，《典当行业监管规定》与《公司法》之间属于特别法与一般法的关系，缩小典当行控股股东的范围，使其承担的风险小于普通公司控股股东承担的风险，与典当行准金融机构的高风险性质严重不符。

（2）对自然人股东消极条件的规定与《典当管理办法》（2005 年）相比扩大了范围。《典当行业监管规定》中单个自然人股东不仅不能作为控股股东，且要求无犯罪记录，信用良好，比《典当管理办法》（2005 年）限定的故意犯罪显然扩大了范围。我国公司法对董事和高级管理人员的任职资格有消极条件的限制，主要是对财产性犯罪以及担任破产清算企业、担任因违法被吊销营业执照、责令关闭的企业、个人所负数额较大的债务到期未清偿的董事、监事、经理，作出禁止性规定（公司法第 147 条），此外不受限制。作为典当行的自然人股东，按照立法规定又非控股股东，难道比普通公司的高级管理人风险更大吗？同时，"从比较法上来看，许多国家和地区通行的做法主要是限制有财产犯罪和有组织犯罪记录的人利用典当行这一特殊经济金融组织从事销赃或洗钱等有组织犯罪活动"❶。而《典当行业监管规定》将对自然人股东的信用记录由"无故意犯罪"提高到了"无犯罪"要求，将与典当行准入条件关联不大的犯罪记录的自然人排除在典当行的投资人之外，如此规定意欲何为，实在令人费解。

（3）股东出资审计的会计师事务所要由政府指定限制过宽。《典当管理办法》（2005 年）对典当行出资只要求具有法定资格的会计师事务所出具审计报告（第 11 条第 1 款第 6 项），《典当行业监管规定》则不然。目前，我国的会计师事务所实行市场化运行机制，其行业协会——中国注册会计师行业协会根据事务所业务收入、注册会计师人数、培训完成率、领军人才后备人选人数、受到处罚和惩戒情况等因素在内形成综合评价指标体系，每年组织全国会计师事务所进行排名，该排名获得业界认可。为了保证典当行的出资真实，可以由

---

❶ 胡宗仁：《典当业法律制度研究》，中国政法大学出版社 2012 年版，第 216 页。

政府规定审计典当行出资情况的机构的条件，充分发挥行业协会的作用，如规定由排名前十的会计师事务所提出审计报告等，而由政府具体指定的会计师事务所完成，可能有政府越俎代庖之嫌。

三、违规的股权典当是否存在认定难题

股权典当在实践操作中，存在一些法律障碍尚未解决。（1）股权典当缺少登记机构，公示问题无法解决，影响合同效力。根据《担保法》的规定，股权质押必须经过有关部门的登记，但截至目前，不论是证监会还是交易机构，尚没有规定登记机关的归属，因此，股票典当合同因缺少法律程序，一旦发生纠纷，按法律应确认为无效。（2）股权典当的实际操作存在违法情形。[1] 股票典当的实际操作要符合两个条件：其一，把原来客户在证券交易所的账户撤销，再去典当行指定的交易所进行重新登记；其二，客户需把股票账户上自己的名字取消，由典当行提供账户，转移到新账户上来。[2] 典当行将自己的证券账户出借给客户使用，违反了《证券登记结算管理办法》第22条"投资者不得将本人的证券账户提供给他人使用"的规定。（3）典当行不问资金用途的惯例可能客观上助长非法行为。典当行的行业惯例是认物不认人，而股权典当的资金用途大多是典当行出借资金供客户用于股票投资，实质上可能成为变相的融资融券行为，违反了我国相关的禁止性规定。[3] 股权典当与融资融券的结合度如此紧密，容易将典当行的经营带入金融市场的大循环体系，将金融风险无限放大，禁止股票典当也是隔离风险的考虑。尽管有如上障碍，但股权典当自从2001年允许典当行经营以来，成为典当业"当红"的抵押、质押物品"新三样"（房产、股票、汽车）之一。据调查，南京部分典当行股权典当业务甚至占到总业务量的60%。[4] 近几年该业务的发展更为迅猛。鉴于这些情况，

---

[1] 薛晓红：《中国典当行融资现状与面临的法律问题》，载《河北法学》2000年第2期，第85页。
[2] 王菁菁：《"禁令"来了，股票典当"抱憾"退市》，载《中国商报－典当融资导报》2013年1月5日。
[3] 《证券公司融资融券业务管理办法》（2011年）第3条：证券公司开展融资融券业务，必须经中国证券监督管理委员会（以下简称证监会）批准。未经证监会批准，任何证券公司不得向客户融资、融券，也不得为客户与客户、客户与他人之间的融资融券活动提供任何便利和服务。
[4] 卢萍：《南京典当行"快活"生钱 市民一年借走12亿元》，载《典当天地》2005年第1期，第45页。

典当行从事股权典当业务是否违规认定上有难题,而且典当业是传统的金融行业,随着业务的扩展和创新,必然出现与证券业的渗透与融合。当前,证券业的融资融券业务已经有条件地逐步放开,比照证券公司从事融资融券业务的相关规定对股权典当作出相应的规制,可以为民间资本的投资多提供一种选择渠道。

四、典当行自身融资的诸多限制是否合理

有学者指出:"典当行的后续融资渠道只有进行股东增资或者向银行贷款两种方式,即融资能力需完全取决于股东实力及与银行合作的情况,融资渠道非常狭窄。此外,各种规则又客观上限制了其从商业银行获得贷款的比例,使得融资额度受限,进一步加剧了融资难题。即便如此,在实际经营中,融资困难更比法条所显示的要多"。❶ 此论述深刻说明了典当行自身资金来源遭遇瓶颈的困境,正所谓"巧妇难为无米之炊"。仔细分析前述限制,对其合理性存疑如下:

(1) 一律禁止典当行向股东借款是否合理。禁止典当行向股东借款的立法意旨可能有三点:一是允许典当行向非金融企业法人借款,违反我国关于企业借贷的规定;❷ 二是切断控股股东和典当行之间可能的关联交易,避免典当行与股东之间的利益输送;三是对自然人股东的借款,与非法集资、非法吸储极易混淆,可能直接导致实践中的违规融资行为。❸ 实质上,全面禁止的管控不如疏导,按照股东对典当行持有股份的比例有控股股东和少数股东;从主体区分为法人股东和自然人股东。除控股股东的关联交易应适用公司法的规定外,对于自然人股东的借款应予以解禁,为自然人多提供投资渠道的同时,为捉襟见肘的典当行提供了资金来源。对非控股的法人股东而言,随着我国民间

---

❶ 傅穹、潘为:《非金融机构贷款人自身融资问题研究》,载《经济体制改革》2012 年第 3 期,第 131 页。

❷ 北京市高级人民法院《审理经济纠纷案件若干问题的解答(之一)》中就"如何处理工商企业间发生的借款合同纠纷案件"的解答:"借、贷款业务是金融行为,依法只有金融机构可以经营。出借方必须是银行或非银行金融组织。企业出贷自有资金只能委托金融机构贷款;企业资金短缺只能和金融机构贷款,否则,就是违法借款行为。"

❸ 最高人民法院《关于如何确认公民与企业之间借贷行为效力问题的批复》(1999 年)规定:公民与非金融企业之间的借贷属于民间借贷。只要双方当事人意思表示真实即可认定有效。但是,具有下列情形之一的应当认定无效:(一)企业以借贷名义向职工非法集资;(二)企业以借贷名义非法向社会集资;(三)企业以借贷名义向社会公众发放贷款;(四)其他违反法律、行政法规的行为。

借贷效力的规范化程度提高，也当予以解禁。

（2）同业拆借是金融机构之间的行业惯例，将典当行排除在外是否合理。所谓同业拆借，是指经中国人民银行批准进入全国银行间同业拆借市场的金融机构之间，通过全国统一的同业拆借网络进行的无担保资金融通行为。❶ 从我国典当行的历史发展看，典当行相互之间调剂资金余缺、弥补联行头寸较为普遍；从现代比较法看，典当行的法律定位为准金融机构或消费信贷机构；从我国《同业拆借管理办法》规定来看，如汽车金融公司等均可以向中国人民银行申请进入全国银行间同业拆借市场。

（3）禁止转当是否违背行业惯例。由于商务部在颁布《典当行业监管规定》的同时并未废止旧办法，因此当票不得转让的规定依然有效。当票具有有价证券的所有特征，允许当票作为有价证券流通转让，盘活当票的财产权利性质，典当行可以在原典当期限届满之前变现获得当金，增强了当物（当票）的流动性，有利于弥补典当行资金不足的担忧，同时减少绝当后典当行变现的成本。当然，在原来约定的典当期限到来之前是否允许转当，取决于当户赎当的性质，而当户赎当的性质又取决于是否适用流质契约。假如当物绝当时不适用流质契约，则将赎当理解为当户的一种权利，那么在期限届满之前当户随时可以要求赎当，转当可能影响当户的权利实现；假如适用流质契约，赎当就是当户的一种义务，那么典当行对当物享有权利可以进行处分，可以进行转当。我国实行有条件的流质契约，应区别情况对待更为合理。

五、退出程序多重疏漏是否考虑到典当行的特殊问题

就典当行的退出，《典当管理办法》（2005年）称之为"终止"，作出了规定。（1）因违法而终止。违法被没收《典当经营许可证》的情形：无正当理由未办理《特种行业许可证》及营业执照，超过法定期限未开业或歇业（第21条）。（2）解散的程序。典当行应提前3个月向省级商务主管部门提出申请，经批准后，应停止除赎当和处理绝当物品以外的其他业务，并依法成立清算组，进行清算（第22条）。（3）典当行清算结束后的相关手续及注销登记、公告、备案（第23、24条）。

---

❶《同业拆借管理办法》第3条。

与上述内容相比,《典当行业监管规定》中退出监管过于简略。而从新旧两部行政规章对典当行的退出监管综合分析,前述规定疏漏之处较多。(1)对关键词语未明确界定。如《典当行业监管规定》中对什么是"不具备典当经营许可资格的典当企业"未加以明确,依据《典当管理办法》(2005年)只规定了前述(1)的情形,而《典当行业监管规定》的意旨重点显然不在于此,而重点在于对非法集资、超范围经营、吸收存款或者变相吸收存款、故意收当赃物、违规办理股票典当业务等违规违法行为加强监督检查,发现上述违规违法行为立即纠正、处理(《典当行业监管规定》第19条)、责令限期改正(《典当行业监管规定》第33条),但《典当行业监管规定》并未赋予商务主管部门终止该企业典当经营许可的权力。且根据《行政许可法》第16条❶规定,《典当行业监管规定》作为行政规章只可以在上位法设定的行政许可事项范围内,对实施行政许可作出具体规定,而《典当行业监管规定》目前并无可以依据的上位法,因此作出收回典当经营许可将陷于于法无据的状态。因此,商务主管部门所谓的"退出监管"将大打折扣。(2)解散的程序违反逻辑顺序。典当行的解散有自愿解散和强制解散之分,前述情形属于强制解散中的行政性强制解散(也称为命令解散),要求被命令解散的典当行提前3个月提出申请,显然勉为其难,因此该条表述至少存在表述不严密之嫌。(3)典当行清算的特殊性未予以关注。典当行属于准金融机构(至少按照现行立法属于特殊工商行业),不同于普通工商企业,金融机构由于风险的扩散性而要求适用专门的程序,而典当行的清算是普通清算还是特别清算、清算组的组成、当物的归属问题、绝当品的处理等均未明确,对相关利害关系人利益保护存在威胁。❷

"根据荷兰斯特拉提克斯集团的爱伦·德·鲁吉的研究,在日本和欧洲,企业的平均生命周期为12.5年。在美国,有62%的企业平均生命周期不到5

---

❶ 《行政许可法》第16条:行政法规可以在法律设定的行政许可事项范围内,对实施该行政许可作出具体规定。地方性法规可以在法律、行政法规设定的行政许可事项范围内,对实施该行政许可作出具体规定。规章可以在上位法设定的行政许可事项范围内,对实施该行政许可作出具体规定。法规、规章对实施上位法设定的行政许可作出的具体规定,不得增设行政许可;对行政许可条件作出的具体规定,不得增设违反上位法的其他条件。

❷ 刘润仙:《我国典当立法探讨》,载《河北法学》2010年第1期,第97页。

年,存活能超过 20 年的企业只占企业总数的 10%。而中国企业的平均寿命更短,大集团公司平均寿命在 7~8 年,一般的中小企业只有 3~4 年。"[1] 而典当行大多属于中小企业,在商务部严厉监管之下,典当行的设立、运营与终止这一生命周期自然循环速度加快,监管机关理当未雨绸缪。

六、严厉监管的实际效果是否符合设定的监管目标

典当行业属于小微行业,具有准金融与特殊工商业双重属性,利润不大。现行监管的内容既包括重大事项、风险的监管,又包括日常经营监管;日常经营监管甚至到每一张当票的填写、每一笔典当业务的息费是否合规等,可谓事无巨细,似乎如此则可以避免风险发生。但是在调查中主管部门工作人员表示,每人均承担了多项工作,每日盯着行业监管信息系统防范违规行为工作量非常大,且系统上传的信息与实际交易的信息是否一致,单从系统中很难核实,因而监管的实际效果有待现场检查确认。此外,风险防控方面,由于人员来源复杂,经营风险较大,企业违规超过三次月报提示,与年审未直接挂钩。从执法效果来说,执法权力未下移而责任下移,权力与责任不匹配,容易使执法效果打折扣。总之,在企业自主经营、市场决定资源配置的大背景下,对企业的准入条件、经营范围、经营过程进行全方位的严厉监管,仍然发生了非法集资等事件,其实际效果是否达到了预期目标,值得深思。

第三节 典当融资行业监管规则的完善

现阶段我国典当融资行业属于以生产性融资借贷为主,从商务部的相关立法及各地商委的实际监管来看,始终坚持了规范为先的理念,表现为制度执行过程中规范多于引导,管制多于促进。基于当前典当融资服务的现实情况,对现行立法政策评析,通过纵向和横向比较分析,确立适当的监管规则。

一、立足行业发展现实确定法律监管的必要性

当前主管部门对典当业实行严厉监管,立法意旨缘于行业经营中出现的诸

---

[1] 曹裕、万光羽:《关注企业生命周期》,经济科学出版社 2010 年版。

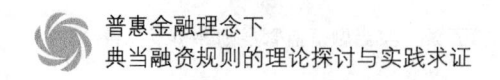

多乱象，从金融安全角度出发，防止出现系统性风险。

（一）典当行业经营不规范比比皆是，扰乱行业经营秩序

实践中，典当行业存在诸多经营不规范的现象：（1）不符合典当行的准入条件。由于典当行属于需要办理典当经营许可和特种行业前置审批的特殊行业，加上商务主管部门根据规划进行一定数量的核准，因此典当行营业执照属于稀缺资源，部分担保机构、寄售行、旧货行超范围经营典当业务，或者倒卖营业执照。（2）发放当金不办理相关手续。有的典当行为了避税或者规避审查等，对于放出的款项不办理相关手续，不纳入账面，资金"体外循环"。这些资金的使用无法监管，很容易造成资金或者抵押物的流失。（3）典当各环节不核对当户身份。如有些典当行办理业务并不要求当户提供有效身份证明，也不认真审查和核对当物的来源和出处，只要有利可图就予以典当，存在潜在的销赃、洗钱、炒卖外汇等违法犯罪行为空间。（4）超比例发放当金，发放信用贷款。当户因当物已在银行等其他金融机构进行了抵押、质押贷款无法再办理登记，与典当行合谋串通不办理抵押、质押登记的现象，典当关系实质转变为发放信用贷款。（5）违规骗贷吸储进行高利贷业务。以合法形式掩盖高利本质追讨债务。（6）从事非法集资、违规融资等活动，使典当行事实上成为影子银行等。

（二）典当行过分倚重房地产典当业务，潜藏巨大行业风险

目前典当行经营业务结构中房地产典当占据较大比例。以上海为例，2009年占比 56.73%，[1] 2010 年占比 53%。与上海相比，北京典当行经营业务中尽管呈现典当笔数持续下降的趋势，且 2013 年动产业务明显上升趋势，但从典当总额说，动产业务并不占优势。课题组调研中发现，部分典当行对房地产典当过于倚重，房地产抵押典当业务占据典当行业务总量的比例达 90% 以上。由于房地产市场价格变动比较频繁，如果出现房地产市场价格大幅下跌，市场价格低于评估价格，当户放弃赎当，典当行将出现大规模的绝当，大量资金无法收回，甚至面临破产的命运。还有的典当行经营房地产典当业务存在不规范的行为，如由于当金金额较大，当户到期无力偿还，典当行允许数次续当，使

---

[1] 韩汉君、吴贤达：《2010 年上海典当业发展报告》，上海社会科学院出版社 2010 年版。

典当行的短期借贷变成了长期借贷，如遭遇房地产价格下跌泡沫，将对行业发生致命的冲击。

（三）典当行创新业务突破法律边界，罪与非罪难以甄别

典当行业务不断创新，一些经营行为不断地出现擦边球现象。（1）汽车典当按照《典当管理办法》规定属于动产典当，应办理财产转移手续，但是根据实际需求，典当行创新了汽车抵押典当，汽车的价值在使用中贬值速度非常快，而典当行无法有效控制，可能成为缺少担保的"人情当"，违反未办理抵押、质押登记变相发放信用贷款的禁止性规定，增大了典当行的经营风险。❶（2）部分典当行在从事股票典当业务过程中，违规参与上市股票炒作或为客户提供股票交易资金。（3）利用"合作发放当金""资金池"等手法，变相扩大典当资金规模，借壳典当。以中国典当业首例刑事案件为例，湖北联谊在未取得典当经营许可证的前提下，与民生典当公司合作，以民生典当公司的名义开展典当业务，当户提供当物，民生典当公司发放当金，当金来自于联谊公司的"资金池"。在联谊集团的组织结构设计中，民生典当公司既是联谊集团的母公司，也是其成员企业。包括联谊公司、谊信永和、融泰典当在内的集团成员企业的资金均由集团的结算中心统一管理，理论上集团旗下任何一家公司的银行贷款都可以存放于"资金池"。❷那么，典当资金的发放是否来自银行贷款，联谊集团的典当行为是违规高利转贷，还是构成非法经营罪，众说纷纭，目前法院尚未作出终审判决。

基于以上典当行业经营中存在的主要问题，《典当行业监管规定》所实施的一系列细致的监管举措，简而言之，一方面显示出监管部门引导典当行未来的资金导向，另一方面更多是从风险控制的角度出发，意在规范和促进典当行业的健康发展。

二、根据典当业发展规模趋势确立监管理念和原则

梳理我国对典当行的法律定位，从金融机构、特殊金融企业到特殊工商行

---

❶ 刘艳：《汽车典当热潮升温 抵押典当模式引发思考》，载中国经济新闻网，http：//www.pawn.com.cn.发布时间 2011-9-5 9：26：02.

❷ 程久龙：《湖北联谊案样本：膨胀的典当生意》，载《经济观察报》2012年3月30日。

业，表明了行业发展的一种未来趋势。而从现实情况看，典当的基本功能——融资功能不仅无法抹杀，而且在国家鼓励发展民间金融机构、满足中小微企业融资需求的政策背景下，典当融资业务量占典当行业务的主体地位。另一方面从世界各国典当业的发展来看，多元化融资渠道能够满足不同的融资需求，典当业主要作为消费借贷机构存在，其融资功能已萎缩，衍生功能（当物保管功能、绝当品销售功能、评估鉴定功能）在增强，商业属性更为明显。监管部门首先要充分关注其金融属性，将其纳入金融支持小微企业发展政策体系，同时不能忽视行业发展的特征：典当行只贷不存，当期短且有担保，规模有限，无网络外溢风险，个别企业破产倒闭不会传导至整个典当业或金融业。[1] 尤其就典当业在整个金融体系中的地位而言，根据中国人民银行1月15日公布数据显示，2013年全年中国社会融资规模为17.29万亿元，为年度历史最高水平。[2] 根据商务部流通发展司发布的全国典当行业监督管理系统数据，2013年全国典当总额0.3336万亿元，典当总额在全年社会融资总额中的占比1.929%。具体到北京市，2013年社会融资总额1.26万亿元，典当总额0.0235万亿元，典当总额在全年社会融资总额中的占比1.865%。[3] 由此可见，典当行业无论在全国还是具体到北京，规模之小，不足以对整个金融业产生风险。因此，对典当行业的监管要区别于对银行、证券、保险等行业，确立差异性监管理念，避免将监管异化为管制，束缚典当行的发展。

（一）典当业监管的理念：适度监管

面对典当行经营中乱象丛生的状况，商务部通过《典当行业监管规定》对《典当管理办法》（2005年）作出详细的规定，但是商业实践的迅速发展将超越既定的规则，典当行的部分创新业务已与银行、证券、保险等领域融合和渗透，从专业技术角度而言，商务部门显然力不从心，加上只有行政规章的立法权限约束其权力行使的巨大空间，导致对典当行业的部分违规经营行为事

---

[1] 张承惠等：《国务院发展研究中心：典当业发展现状、面临挑战与政策建议》，载中国典当网，发布时间2015-1-22，2015年1月22日访问。

[2] 《中国2013年社会融资规模创年度历史新高，M2增速高于目标》，载汇通网，发布时间2014年1月15日。

[3] 《央行首度公布地区社会融资2013年陕西融资总额4254亿》，载财经网，访问时间2014年2月20日。

实上无能为力。典当行作为金融体系的一员不可能独善其身,因此,未来典当立法应采取与银行、证券、保险等同一层级的法律形式——《典当商法》,在监管制度的完善方面,商务部颁布实施的《典当行监管规定》奉行严厉监管的理念其所包含的多数监管措施与当前金融法制所坚持的包容性监管理念并不相容。典当行不是大额长期融资的最佳途径,更适合小额的短期拆借,相对于商业银行等大型金融机构而言,属于零售贷款商,其经营成本决定了其高利贷性质。

"所谓适度监管,是指国家应当在充分尊重经济自主的前提下对金融活动进行一种有限但又有效的监管。"它又包含着两项相互关联、互为条件的内涵:有限监管和有效监管。考察金融监管的历史,就是监管者在金融效率与金融安全之间进行平衡取舍的过程。我国典当立法一直秉持金融安全优先的理念,《典当行业监管规定》实施的严厉监管更是坚持以安全换效率的理念,存在治乱循环的路径依赖。要做到对典当行业的适度监管,首先是有限监管,即金融监管行为的授权与行使,应限定于市场及行业自治组织无法有效调节的活动。目前90%的典当企业为民营企业,其资金来源为民营资本,国有股参与很少,其服务对象为小微企业和自然人,属于竞争性领域。从金融法领域的变革趋势看,正在从金融监管法向金融服务法过渡,认同"底线公平"作为评判适度监管的价值标准。因此,对典当行的有限监管应体现在两方面:一是减少对典当行的准入限制,控股股东不限于法人,持股比例适当降低;二是对典当行自身融资减少限制,允许同业拆借,但对拆借的期限、用途、利率作出限制;允许转当,对转当次数、期限、当金作出限制;允许向股东借款筹集资金,但筹集资金的数量、期限应作出限制。对典当行的有效监管应体现在两方面:一是监管主体的有效性,基于典当行的准金融机构性质,监管主体应有金融专业监管部门银监局或金融局参与较为妥当;二是赋予监管主体必要的监管权力,根据《行政许可法》的规定,以法律层级的立法形式赋予监管机构对违规融资、违法经营的行为以必要的权力,及时制止不法行为,厘清非法经营罪与非罪的界限,澄清企业融资的正当性边界。

(二)典当业监管的原则:包容性监管

典当行定位为准金融机构,典当业法属于金融法范畴,而金融法体系包括金融组织法、金融交易法和金融监管法,前二者属于私法规范,后者属于公法规范，金融法规范是私法规范和公法规范组成的二元规范结构的统一。由于典当行的公共性商人特点，国家对该领域的管理主要有三种方式。一是民（商）事管理，国家为贷款行为制定规则，主要包括主体准入规制、交易行为规则等，主体依照规则行事，国家一般不介入其中；二是行政性管理，为了维护政治、治安和其他社会公共秩序，以指令性管理的方式，要求主体遵守；三是国家经济调节，国家通过利率等经济手段调节，建立良好的金融秩序，防范金融风险，对典当业实施调控。在这三种方式中，如何处理好调、管、放的关系，❶ 本质上是如何处理典当业的自治与国家对典当业的强制之间的平衡问题。首先必须指出，针对我国当前典当业的诸多乱象，国家有必要通过市场准入、利率管制、适度监管等从宏观上控制典当业的风险，该部分立法属于强制法范畴。其次，从金融交易的私法性出发，国家应尽量减少管制，为典当业提供公平分享金融改革发展成果的机制，避免金融富贵化而导致对弱势群体的金融排斥。为此，应确立典当业的包容性监管原则，逐步降低直至消除不合理的门槛，放宽典当行的准入条件，认可行之有效的行业惯例，加强行业内部的监管，充分发挥行业协会的职能，营造主管部门行使公共监管权力、制定和执行监管政策所依赖的良好制度环境和运行机制，以实现对典当行业的有效监管。

三、依据典当业风险程度确立监管方法和范围

根据课题组的调研，北京市商委对典当业的监管采取了多种方式，商务部要求推行的全国典当业信息监管系统作为非现场监管方式在全市典当行全部采用，也是适用最广的监管方式。而该种监管方式不仅耗时耗力，而且典当行很容易形式上避开监管。因此，在监管方式的选取上，以创新的态度、发展的眼光寻求良好的监管方式，现阶段非现场监管、约谈等方式的效果可能更为有效。就像发改委就垄断事件约谈企业负责人一样，起码给市场传递一个信号，对企业的规范经营起到警示作用。

就监管范围而言，现行立法除了月报、季报、年审、重大事项报告等强化外部监管的同时，还插手了典当行的内部治理事务。如经营范围除了不得经营业务外，还规定了可以经营的业务，限制了典当行新业务的扩展；在对典当行

---

❶ 漆多俊：《宏观调控法研究》，载《法商研究》1999年第2期，第37~38页。

自身融资问题上，采取了远远严于银行、保险、小贷公司等金融机构的限制性规定等。这些与包容性监管理念很难相容，不利于典当行的生存和发展，因此依据典当业风险程度确立监管方法和范围，进行适度监管非常必要。

（一）典当业监管的体制：协同监管

从我国现行监管体制来看，典当行与小额贷款公司、融资性担保公司等一样，均表现为未有金融机构之名而有金融机构之实，为准金融机构，监管体制上被排斥于国家金融监管部门直接监管（即非"一行三会"监管）之外。典当行由商务部进行监管，地方上则主要由各地商务委员会监管。这种监管模式存在的主要问题是：典当融资活动的专业性比较强，金融业者具有冒高度风险的偏好，不断创新出各种新的商业模式，如北京宝瑞通典当行推行的"典贷通""典团贷"业务，使得商业银行与典当行的业务紧密联系在一起，加大了风险的扩散。随着典当行与银行、保险、物流、网贷公司等频繁合作和深化，商务主观部门意欲监管典当行洗钱、集资、民间借贷、账外经营等纷繁复杂的金融活动恐难以胜任，顾此失彼，出现监管的错位。

从列入普惠金融体系的小额贷款公司、融资性担保公司、网贷公司来说，监管体制方面更加完善。首先，确保金融风险防控的专业性。前二者由地方政府确立具体的监管部门，❶ 一般由地方金融工作局监管，如北京由市金融工作局负责；❷ 后者由银监会及其下属机构负责。其次，融资性担保公司的监管采取协同监管的做法。国务院建立融资性担保业务监管部际联席会议，负责研究制订促进融资性担保业务发展的政策措施，拟订融资性担保业务监督管理制

---

❶《融资性担保公司管理暂行办法》第7条：融资性担保公司由省、自治区、直辖市人民政府实施属地管理。省、自治区、直辖市人民政府确定的监管部门具体负责本辖区融资性担保公司的准入、退出、日常监管和风险处置，并向国务院建立的融资性担保业务监管部际联席会议报告工作。《关于小额贷款公司试点的指导意见》银监发〔2008〕23号 五、凡是省级政府能明确一个主管部门（金融办或相关机构）负责对小额贷款公司的监督管理，并愿意承担小额贷款公司风险处置责任的，方可在本省（区、市）的县域范围内开展组建小额贷款公司试点。

❷《北京市融资性担保公司管理暂行办法》第2条第3款：本办法所称市监管部门是指北京市金融工作局，本办法所称区（县）监管部门是指各区（县）人民政府指定的管理部门。《北京市小额贷款公司试点监督管理暂行办法（试行）》第2条：北京市金融工作局为本市小额贷款公司市级主管部门，负责全市小额贷款公司试点工作的统筹协调、审批、监督、风险防范与处置。区县主管部门负责所在区县小额贷款公司初审、日常监督管理、风险防范与处置。中国人民银行营业管理部对小额贷款公司的利率和资金流向进行跟踪监测。区县财政局是小额贷款公司的财务会计日常监管部门。

度，协调相关部门共同解决融资性担保业务监管中的重大问题，指导地方人民政府对融资性担保业务进行监管和风险处置等。❶ 联席会议由银监会牵头，发展改革委、工业和信息化部、财政部、人民银行、工商总局、法制办等部门参加。❷ 各地同样成立了这一机构，如北京市融资性担保业务监管部门联席会议由中国银行业监督管理委员会北京监管局、北京市发展和改革委员会、北京市经济和信息化委员会、北京市财政局、北京市商务委员会、中国人民银行营业管理部、北京市工商行政管理局、北京市人民政府法制办公室、北京市金融工作局组成，北京市金融工作局为牵头单位。❸ 最后，经过申请批准，将融资性担保公司的有关信息纳入征信管理体系，❹ 利于与银行金融机构之间建立信息共享协作防范风险机制。

  典当行的监管体制应借鉴以上做法，采取各地商委为主，协同地方银监会、金融工作部门等政府部门、以及行业协会协同监管的体制。建议将各地建立的融资性担保业务监管部际联席会议扩大为普惠金融业务监管部际联席会议，将其纳入银监会的普惠金融部。涉及典当行监管问题，不妨由各地商委作为牵头单位，协同地方银监会、金融工作部门等，就典当行经营过程中的问题、风险等进行政策协调、风险提示等。此外，根据课题组的调研，多数典当行倾向于由商委监管，一方面反映了企业对放松监管的强烈愿望，另一方面，从典当行未来发展趋势而言，随着银行业及其他金融机构争相开展微型金融服务，典当行业未来的主营业务更趋向于消费性借贷，融资功能渐趋弱化，保

---

❶《融资性担保业务监管部际联席会议办公室关于融资性担保机构违规关联担保有关风险的提示函》（融资担保办函〔2014〕42号）。

❷《国务院办公厅关于进一步明确融资性担保业务监管职责的通知》（国办发〔2009〕7号）。

❸《北京市融资性担保公司管理暂行办法》第7条：建立北京市融资性担保业务监管部门联席会议制度。北京市融资性担保业务监管部门联席会议在融资性担保业务监管部际联席会议和北京市人民政府领导下，负责研究制订促进本市融资性担保业务发展的政策措施，拟订融资性担保业务监督管理制度，协调相关部门共同解决融资性担保业务监管中的重大问题，指导市监管部门对融资性担保业务进行监管和风险处置，办理融资性担保业务监管部际联席会议和北京市人民政府交办的其他事项。北京市融资性担保业务监管部门联席会议由中国银行业监督管理委员会北京监管局、北京市发展和改革委员会、北京市经济和信息化委员会、北京市财政局、北京市商务委员会、中国人民银行营业管理部、北京市工商行政管理局、北京市人民政府法制办公室、北京市金融工作局组成，北京市金融工作局为牵头单位。

❹《融资性担保公司管理暂行办法》第47条：征信管理部门应当将融资性担保公司的有关信息纳入征信管理体系，并为融资性担保公司查询相关信息提供服务。

管、评估鉴定等功能不断强化，各地商务主管部门作为监管主体将更为合理。❶

（二）典当业监管的方法：柔性监管

柔性监管的概念是随着软法与公共治理的兴起而提出的。金融监管法素以强制性规范的刚性面目出现，而现代法治逐渐认识到应当寻求能够实现更高自由的手段，这就是更多通过协商、参与、自治的方式，促使监管对象能够自发地在竞争发展中注意风险的预防和化解。

对于典当行业而言，柔性监管的方法主要体现在三方面。一是注重私法规则的完善，处理好私法规范与公法规范的关系。私法的基本原则是"法无禁止者即为许可"，因此应赋予典当行和当户以最大限度的自由。如典当行的经营范围适当放开；允许从事寄售、保管等传统业务，对于股票典当等应完善相关的法律程序后予以准许；完善典当行的退出程序，注重处理好当物的归属等特殊问题；法定范围内赋予主体的息费的协商自由等。二是认可典当的行业惯例，处理好典当行业习惯与制定法之间的关系。典当是我国古老的金融行业，历史上形成了一些商事习惯，如绝当物处理时流质契约的适用、同业拆借、转当等，我国现行立法或者完全否定或者有限制地适用，抹杀了典当制度的独特价值。然而，实践中却依然遵循这些行业惯例，因此发生的纠纷如何适用，司法实践出现了诸多争议，理论的迷思与实践的悖论事实上破坏了既有的规则，带来不必要的困扰。因此，认可行业惯例既节约成本也是最有效率的选择。三是在郊区、农村等地域范围内认可道德伦理、宗法习惯、乡规民约等非强制性规范的约束与激励功能，以祖缘、地缘、血缘、情缘为基础形成的关系契约在一定情形下可以成为调整典当交易行为的基本准则。

四、扶持发展中介组织，发挥行业协会监管职能

北京典当行业协会成立于 2004 年 11 月，是依法注册登记的行业性社会团

---

❶ 笔者曾主张采取差别化监管的思路：对于经营规模大、经营地域超出中国人民银行中心支行范围的典当行，采取由银监会审批制，经银监会批准获得金融业务许可证方可开展经营，利于金融机构之间建立信息共享防范风险的协作机制；至于其他典当行，可采取与小贷公司等民间金融机构同一的审批主体，由各省市金融局（金融办）审批。但今天看来，本文的主张更具有操作性，更为合理。详细内容请参见拙文：《日本规范放贷业的新动向及其启示》，载《经济法论丛》2013 年上卷。

体法人，是完全独立于政府部门而成立的中介组织，协会采取公司化的管理方式，实行理事会领导下的会长负责制。日常办公机构为秘书处，设有秘书长一职。协会以服务会员单位、完善行业自律、为政府部门当好参谋为宗旨，力求成为行业内联系的纽带，行业与政府之间联系的桥梁，行业与市场之间沟通的渠道。十年的工作实践得到北京市商委的高度认可，目前已经通过政府购买公共服务的模式承担了部门职能，如遴选会计师事务所的工作、年审工作等。从未来发展趋势看，行业协会由于其专业性和中立性，在行业发展过程中的自律作用会越来越明显。而行业协会自律功能的发挥，需要政府大胆放权给行业协会，为行业协会提供渠道和便利了解国内外相关本行业的法律法规和其他规范性文件，协调外部环境创造良好的工作机制，包括信用体系的建立等。政府主要从宏观上对行业协会进行指导，对行业内部的企业行为充分发挥行业协会的监管职能。

北京市典当行业协会的实践已经发挥了显著的作用，北京市商委应进一步积极创造优良的发展环境，加强对协会的扶持和服务，为行业协会提供政策指导、市场信息、职业培训等服务，制定指导和促进行业协会发展的意见和政策，在行业准入认定、资质审查等方面逐步放权。行业协会在为政府制定行业改革方案、发展规划、产业政策、法律法规以及涉及行业利益的决策论证等提供预案和建议方面，应发挥越来越大的作用。参与制定和修订典当行业的服务标准，起草行业技术标准。按国际惯例，技术标准公布三年必须进行修订，通过行业协会可保证行业性技术标准的调研、修订等工作能及时进行。而政府把自己原来制定国家标准、行业标准的这项职能及其经费下放，让行业协会进行投标，中标后随着任务的分配拨付经费，这些既减轻了行政机关的负担，也间接支持了行业组织的发展，树立了行业协会的权威性。前述北京市典当行业协会承担了政府购买公共服务的项目就起到了这个作用。

当前，我国行业协会的发展规范已经提上议事日程，如何有效发挥行业协会的作用，以立法确认行业协会的职能、地位尚在探索之中，主要是大部分行业协会脱胎于原来的政府部门，各种因素掺杂在一起，职责定位无法厘清。而北京市典当行业协会从成立伊始就是市场化运行的中立机构，属于规范意义上的行业协会，且其运行效果良好，总结提炼其中的经验，可以为市场化的第三方主体——行业协会的未来发展提供借鉴。

本章小结

2012年12月5日商务部颁布实施的《典当行业监管规定》，是我国典当行业首部专门的监管立法。该法主要内容包括：提高准入门槛；禁止违规的股权典当；严格资金往来监控；坚持对典当行融资渠道的限制；加强退出监管等。上述立法内容源于当前我国典当行业经营中存在的种种乱象，意在防范行业风险，但其规定中某些内容的合理性值得探讨。从当前金融法制变革的基本思路出发，我国典当行业未来监管立法应从几方面加以完善：坚持适度监管理念；采取包容性监管原则；坚持柔性监管方法；确立各地商委为主，协同地方银监会、金融工作部门等政府部门以及行业协会协同监管的体制；由各地商务部门主管协同地方金融工作部门，将其纳入银监会的普惠金融部，各地建立普惠金融组织业务监管部际联席会议，涉及典当行监管问题，不妨由各地商委作为牵头单位，就典当行经营过程中的问题、风险等进行政策协调、风险提示等；同时充分发挥行业协会监管的作用。

第六章　典当行业未来发展中的法律问题

前几章分析了典当行业的发展现状,评析了典当交易规则、融资监管规则,置身于金融法制变革之中的典当行业不可能独善其身,在典当行业发展中,必须纳入到金融体系的大循环之中,既要面对金融行业的共性问题,也要解决行业自身的个性问题。党的十八届三中全会以来金融法制变革步伐加快,各类金融组织发展迅速,典当行业面临激烈竞争,为了取得有利的市场地位,个别典当行率先自降息费,引起业内的质疑。随着互联网金融异军突起,部分典当行创新经营模式,开展与网络借贷平台的合作,通过债权转让实现融资规模扩大的目的,一旦在当期内债务不能按时偿还,可能诱发较大风险。从典当行业未来发展趋势看,在优胜劣汰市场规律作用下,部分典当行退出市场是必然逻辑,而我国对典当行市场退出制度尚未予以足够关注。2015年12月31日,国务院印发《推进普惠金融发展规划(2016—2020年)》,将典当业纳入普惠金融组织体系的发展规划,典当业如何处理好现有问题并应对新生问题,是国务院在制定《典当行管理条例》过程中应予以关注的重点。

第一节　典当行业竞争法律问题初探

一、问题的提出

宝瑞通典当行于2012年3月推出了"2012感恩回馈年"等一系列降低综合息费的优惠活动:自即日起,汽车房产业务典当综合息费将有大幅优惠,其中汽车最高降幅直逼50%,房产息费最低可达到2.5%/月,汽车息费最低可实现3%/月。❶ 这一方案一公布，北京典当行业内一片哗然。有人认为自降息费的行为是行业内部的自相残杀，是违背商业惯例的不正当竞争行为，也有人认为这是宝瑞通滥用市场支配地位的行为等，❷ 北京典当行业协会关注到这一现象，希望能在法律框架内有所作为。笔者将从竞争法角度对此进行一些探讨。

二、反不正当竞争法视野中典当行自降息费行为的性质认定

对宝瑞通的行为性质认定，业内直指其为违背商业惯例的恶性竞争行为，具体表现为低价倾销行为。根据现行《反不正当竞争法》的规定，低价倾销行为需要具备几个构成要件：第一，在一定时期内；第二，低于成本的价格销售，过后恢复原来的价格；第三，目的是为了排挤竞争对手的行为。这几个构成要件的重点在于与宝瑞通构成竞争关系的经营者的范围界定、宝瑞通业务产品的市场与同类产品的市场价分析，以及行业惯例与商业道德的标准、良性竞争秩序的关系。以下围绕这几个方面展开分析。

（一）构成竞争关系的经营者的范围界定

《反不正当竞争法》在认定不正当竞争行为时，经营者之间是否构成竞争关系是判断前提，现代社会竞争关系向广义化发展，学者将竞争关系划分为三种类型，即同业者之间的竞争关系、为自己或者他人争取交易机会所产生的竞争关系以及因破坏他人竞争优势所产生的竞争关系。❸ 德国司法对于竞争关系的掌握非常宽泛，竞争关系的存在与否，不仅取决于所提供的商品或服务是否相同，而且只要商品或服务存在可替代性，或者招揽的是相同的顾客群，或促进了他人的竞争，都应认定存在竞争关系。❹ 在这个意义上，典当行与小贷公

---

❶ 《宝瑞通大幅降息费》，载凤凰财经网，发布时间2012年3月21日09：58，访问时间2013年3月12日。

❷ 吴风：《宝瑞通再降综合息费 解微企"燃眉之急"》，载中国经营网，发布时间2012年3月14日10：09。

❸ 参见孔祥俊：《反不正当竞争法新论》，人民法院出版社2001年版，第五章（"反不正当竞争法中的竞争关系"）；孔祥俊：《反不正当竞争法原理》，知识产权出版社2005年版，第二章第三节（"如何理解竞争关系"）。

❹ 郑友德等：《论〈反不正当竞争法〉的保护对象——兼评"公平竞争权"》，载《知识产权》2008年第5期。

司、各类金融公司、民营银行、商业银行（提供微型金融服务）等均提供金融贷款业务，商业银行过去主要针对大中型企业的贷款业务，但我国近年大力发展普惠金融，各大商业银行提供的微型金融服务业吸引了部分顾客，因而与典当行之间也具有竞争关系。因此，与宝瑞通典当行构成竞争关系的经营者，不局限于北京典当行业内部，至少还包括商业银行以外的相关从事放贷业务的机构。

（二）典当法定息费与相关机构市场价的关系

典当行的高息费一直为人诟病，典当行的成本问题要细化公开，由两部分构成，即利息＋综合费用，综合费用的构成包括评估鉴定、保管费用，是传统及现代的行业惯例为了弥补交易成本而设置的特殊收费。根据《典当管理办法》（2005年）第37条❶及第38条❷规定，典当行的年费率折算为：动产年综合费率为50.4%，房地产年综合费率为32.4%，财产权利年综合费率为28.8%，此外还应该加上银行同期6个月的贷款利率根据当期折算后的利率。以1991年最高法院相关文件为据："民间借贷的利率可以适当高于银行的利率，各地人民法院可根据本地区的实际情况具体掌握，但最高不得超过银行同类贷款利率的四倍（包含利率本数）。超出此限度的，超出部分的利息不予保护。"❸ 以当前银行同类贷款利率（一年期贷款基础利率5.703%）❹ 计算，民间借贷的年利率为22.8%，由此对比典当行费率畸高。但是《典当管理办法》（2005年）规定的是最高息费，典当行在经营过程中必须随着市场行情确定具体的息费标准。据笔者调查，2015年北京典当行的息费标准动产业务收取2.5%~3%、不动产业务收取2%~2.5%、财产权利业务收取2%。况且，

---

❶ "2005年办法"第37条：典当当金利率，按中国人民银行公布的银行机构6个月期法定贷款利率及典当期限折算后执行。典当当金利息不得预扣。

❷ "2005年办法"第38条规定："典当综合费用包括各种服务及管理费用。动产质押典当的月综合费率不得超过当金的42‰。房地产抵押典当的月综合费率不得超过当金的27‰。财产权利质押典当的月综合费率不得超过当金的24‰。当期不足5日的，按5日收取有关费用。"

❸ 《最高人民法院关于人民法院审理借贷案件的若干意见》（1991年7月2日最高人民法院审判委员会第502次会议讨论通过，最高人民法院以法（民）发〔1991〕21号通知于1991年8月13日下发）。

❹ 注：以2015年4月25日中国人民银行公布的银行存贷款基准利率计算。2016年4月18日中国人民银行公布的银行存贷款基准利率计算一年期的为4.35%。

《典当行管理办法》(2001年)之后典当行在业务范围已经超越了传统的民品业务,对于房产业务、财产权利质押业务,与银行等金融机构几无差别,这是因为后者在利息之外允许收取高额的鉴定费用,通过合同约定为"实际发生的费用",从而起到异曲同工的作用。此外,2015年《最高法院民间借贷司法解释》中规定民间借贷利率采取"两线三区",当户去典当行融资的成本与民间借贷成本更加趋近。因此从成本价的考察分析,并不能说明宝瑞通的行为是低于成本价的行为。

(三)行业惯例、商业道德与竞争秩序

对宝瑞通行为的指责最重要的就是违背行业惯例及违反商业道德,可能引起行业内部的恶性竞争。行业惯例是该行业在长期发展过程中形成的约定俗成的公认规则,为行业内部所有企业所遵循。但问题的关键在于公认的商业道德一般是有利于行业发展、遵循公序良俗、诚实经营守信的规则,如果阻碍行业发展,违背行业发展趋势,即便是过去公认的商业道德,也因不合时宜终将被业界所摒弃。商情变幻莫测,此一时彼一时,某一时点合理的规则,在另一时点可能不合时宜,甚至完全背离。换言之,商业道德也将随着时代的变迁而与时俱进。

商业道德始终坚持的是"良善标准",而商业领域的良善标准至少要考虑两点:一是以商业判断规则确立经济人的伦理标准——符合商业利益需求,不能用善良家父的理想人格标准去要求和衡量商人的竞争行为,抬高判断标准,要根据特定商业领域和个案情形具体确定,特定行业的一般实践、行为后果、交易双方的主观状态和交易相对人的自愿选择等都是衡量和判断标准。[1] 二是以竞争法的目的和宗旨确立。现代竞争法立法目的向纵深发展,从传统的对诚实的经营者正当竞争行为的肯定,逐步向重视消费者权益保护、维护社会公共利益的方向转变。消费者权益保护是各国竞争立法的殊途同归,我国1993年《反不正当竞争法》中开宗明义作出规定,[2] 是一种间接保护。宝瑞通自降息

---

[1] 孔祥俊:《反不正当竞争法的司法创新和发展——为《反不正当竞争法》施行20周年而作(上)》,载《知识产权》2013年第11期,第12页。

[2] 《反不正当竞争法》第1条:为保障社会主义市场经济健康发展,鼓励和保护公平竞争,制止不正当竞争行为,保护经营者和消费者的合法权益,制定本法。《反不正当竞争法》(修订草案送审稿)(2016年2月25日国务院法制办公室)第1条完全沿用了该规定。

费的行为，对于同业竞争者来说，可能会损害既定的利益，但是对于消费者来说反而是有利的行为。包括宝瑞通在内的典当行，其面对的竞争对手已非典当行，而是更多地争取顾客的放贷行业，典当行为了获得竞争优势，除改革广为诟病的高息费之外，需要发挥行业优势，提供差别性服务，发挥评估鉴定、商品流通、当物保管等功能。在金融体制市场化改革步伐加快之时，典当行的自我革新显得尤为必要，已经成为行业发展的倒逼机制。

三、反垄断法视野中典当行自降息费行为的性质认定

《反不正当竞争法》视角关注的是不具有市场支配地位的经营者是否有低于成本价定价的经营自主权问题，尤其是市场主体的超低定价行为导致恶性竞争并影响到市场竞争秩序时，是否可以将其作为不正当竞争行为予以规制的问题。❶而反垄断法视野中的宝瑞通自降息费行为，则是从占有市场支配地位的经营者是否存在滥用其优势进行掠夺性定价行为的角度去考察，以下从三个层面展开。

（一）宝瑞通典当行相关市场的界定

相关市场是指经营者在一定时期内就特定商品或者服务进行竞争的商品范围和地域范围。❷在反垄断执法实践中，相关市场范围的大小主要取决于商品（地域）的可替代程度，相关市场界定是认定具有市场支配地位的基础前提，因此首先要明确宝瑞通所处的相关商品市场和地域范围是否具有可替代性。

宝瑞通典当行的相关商品市场。相关商品市场，是根据商品的特性、用途及价格等因素，由需求者认为具有较为紧密替代关系的一组或一类商品所构成的市场。❸这些商品表现出较强的竞争关系，在反垄断执法中可以作为经营者进行竞争的商品范围。典当行提供小额、快速的放贷业务，小额贷款公司、民营银行、商业银行等各金融机构都有这类产品，典当行所提供的产品与其他金融机构提供的贷款产品具有替代性，属于同一市场。运用按照国务院反垄断委员会《关于相关市场界定的指南》假定垄断者测试的方法：一个被假定的垄

---

❶ 孟雁北：《论我国反不正当竞争法之修订：包容、增减与细化》，载《理论探索》2015年第2期，第64页。
❷ 《关于相关市场界定的指南》（国反垄发［2009］3号）第3条第1款。
❸ 《关于相关市场界定的指南》（国反垄发［2009］3号）第3条第2款。

断者，在持续一段时间适度提高价格，结果消费者转向了其他替代品，那么替代品与诉争产品属于同一市场。典当行一直维持高息费，在互联网金融异军突起、各种民营银行、担保公司低门槛准入机构纷纷设立的背景下，其客户的流失非常严重，业界已经感受到危机重重，宝瑞通典当行与哪些商品属于同一市场，其他典当行毫无疑问属于同一市场。但是，宝瑞通典当行所面对的竞争者远不止于典当行业范围内，从事放贷业务的机构均属于同一市场，且这些机构无须提供抵押物，更具有优势。由此得出同样的结论。

宝瑞通典当行的相关地域市场。相关地域市场，是指需求者获取具有较为紧密替代关系的商品的地理区域。这些地域表现出较强的竞争关系，在反垄断执法中可以作为经营者进行竞争的地域范围。❶ 考虑的因素包括地域差异和不同地域间的壁垒、运输成本、产品特性、消费者偏好、产品价格、需求交叉弹性。目前典当行的设立由商务部实行总量控制，每年由商务部根据一定标准下达各省指标，可见，从地域市场考察具有一定的地域壁垒。但是从北京金融市场而言，各种金融组织非常发达，提供小额、快速的融资服务的机构非常充分，何况具备条件的典当行可以跨省（自治区、直辖市）设立分支机构。❷ 宝瑞通作为全国最大的典当行之一，其市场份额在北京典当行业所占的市场份额可能较大，但是新兴的互联网金融服务的便捷性，以及无须担保的低门槛金融服务对年轻的客户具有无比的吸引力，其服务范围可扩展至全国，甚至全球，宝瑞通的市场份额将微不足道。

（二）宝瑞通典当行市场支配地位的确定

我国《反垄断法》对市场支配地位的确定采取单一市场结构方案。市场支配地位的认定原则上应当根据《反垄断法》第18条所规定的市场份额、竞争状况、控制销售市场和原材料市场的能力等因素进行判断，而在经营者的市场份额能够予以准确确定的情况下，也可以根据反垄断法第19条的规定进行市场支配地位的推定。推定方法是根据市场份额理论易于观察，但是选择适用上述推定条款来证明宝瑞通具有市场支配地位时，应当就其对宝瑞通市场份额的计算或者证明方式提供充分的证据予以支持，包括具体的计算方式、方法及

---

❶ 《关于相关市场界定的指南》（国反垄发［2009］3号）第3条第3款。
❷ 参见《典当管理办法》（2005年）第12~15条。

有关基础性数据等证据，有必要引进专业辅助人、专家等证明。否则，其他典当行采用过窄的方法——限定于典当市场来界定相关商品市场，宝瑞通的市场地位可能被人为高估，认定其具有"北京典当行业市场"支配地位有失偏颇，对行业引发恶性竞争的说法也不足为证。即使走到诉讼程序，也无法得到法院的支持。我国司法实践中已有类似判例出现，因为原告所提供的证据并不具有证明被告具有市场支配地位的证明力，法院驳回了其全部诉讼请求。❶

　　退一步讲，市场份额不是唯一因素，且动态的市场份额不宜作为决定市场支配地位的决定因素，更重要的是看经营者是否具有维持市场份额的能力。❷此外，还要考虑多种因素，如考察典当行进入壁垒的高低，对此商务部实行总量控制，但是其他放贷机构如融资担保公司、互联网金融平台的市场准入门槛低。业内提出调整思路，走供应链金融模式，开发典当市场"蓝海"❸。可见，宝瑞通典当行占有市场支配地位的说法难以成立。

　　（三）宝瑞通典当行滥用市场支配地位的认定

　　我国反垄断法规定了滥用市场支配地位的表现形式，宝瑞通被指为掠夺性定价行为，迅速占领市场，引起恶性竞争，又恢复到原来的价格。"事实上掠夺性定价的成功取决于企业能够长期维持的能力，既能补偿掠夺定价的损失又能从中获得额外的赢利；法院强调市场准入障碍的重要性，并解释到如果没有市场准入障碍要在很长的时间内维持垄断高价是不可能的。"❹ "市场竞争同时也意味着一些公司会受到损害，一家或几家企业退出市场并不说明市场出现了非法竞争。拥有市场力量与利用市场力量是二个不同的问题。"❺ 宝瑞通行为基于

---

❶ 李松、黄洁：《百度竞价排名被诉垄断案宣判 原告举证不足诉求被驳回》，载《法制日报》，（又见法律教育网，发布时间2009－12－21 10∶35）。

❷ 胡丽，《互联网企业市场支配地位认定的理论反思与制度重构》，载《现代法学》2013年第3期，第94页。

❸ 合肥市典当行业协会：《新常态经济下，典当业发展何去何从》，载商务部商业流通发展司网站，http：//ltfzs.mofcom.gov.cn/article/ckts/ckzcfg/201501/20150100873764.shtml，发布时间2015－1－21 15∶48，访问时间2015－6－4。

❹ 李小明：《论滥用市场支配地位之掠夺性定价行为的法律规制》，载《湖南大学学报（社会科学版）》2008年第22卷第3期，第119～120页。

❺ MelwayPublishingPtyLtdvRobertHicksPtyLtd（2001）205 CLR1（Melway）. 转引自李小明：《论滥用市场支配地位之掠夺性定价行为的法律规制》，载《湖南大学学报（社会科学版）》第22卷第3期，2008年5月，第119～120页。

放贷行业市场的竞争现状,及时调整价格属于顺应市场的行为,该典当行并不具备长期维持低息费的市场能力,且事实证明各典当行在激烈市场竞争中也不得不采取自降息费的行为,因此判定其为滥用市场支配地位的行为确实勉为其难。

四、典当行业协会在维护竞争秩序方面的功能

典当行业协会是加入协会的典当行的集体组织,行业协会具有一定的履行公共事务管理的职能,典当行之间的信息交流分享,天然地接近于联合行为。宝瑞通典当行自降息费的方案一公布,北京中小典当行对宝瑞通的行为提出抗议,希望通过行业协会有所作为。我国《反垄断法》第46条第3款对行业协会限制竞争行为的法律责任作出了原则规定:"行业协会违反本法规定,组织本行业的经营者达成垄断协议的,反垄断执法机构可以处以五十万元以下的罚款,情节严重的,社会团体登记管理机关可以依法撤销登记。"北京典当行业协会希望有所作为,但有所疑虑。笔者认为在维护行业竞争秩序方面行业协会的确应当有所作为,至少应注意两点。

(一)行业协会应避免限制竞争协议行为

我国典当行业在改革开放后的历史发展过程中并非一帆风顺,经历了无序发展——非银行金融机构——特殊工商业的过程,历经主管部门的变迁,法律地位游移不定,难以纳入小微金融,也不能享受国家发展普惠金融的相关政策,与物权法、担保法存在法律冲突,因而在具体运行中遭遇诸多法律困境。全国典当行业协会2014年才正式成立,此前主要由各地典当行业协会反映企业诉求,成为政府与企业沟通的桥梁,为企业寻求机动车质押、税务适用营业税等方面发挥了重要作用。在促进行业发展的同时,为了成员利益形成行业内部共同遵循的一些基本规则,如根据《典当管理办法》(2005年)关于不同的典当业务收取息费作出最高比例的规定,各地均形成了业内通行的息费比例,如2015年北京典当行对动产业务收取息费为当金的2.5%~3%、不动产业务收取息费为当金的2%~2.5%、财产权利业务收取息费为当金的2%。多年来各企业均在此幅度内执行。但是,近几年来典当行业的发展更多面临外部压力,贷款利率市场化已于2014年8月正式实施,各放贷机构利率下调挤压了典当行的生存空间,宝瑞通自降息费一定程度上也是不得已而为之。如果行

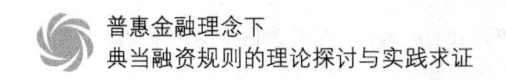

业协会出面要求宝瑞通固守价格，或者其他典当行联合起来对其进行抵制，则可能构成限制竞争的行为，为反垄断法所调整，因此行业协会应力戒以集体名义扼杀个别企业的破坏性创新行为。

（二）行业协会应引导维护行业竞争秩序

行业惯例反映了该行业一定时期的诉求，但是商业伦理道德以及经济人伦理要求随着时代的发展必须与时俱进，典当行在金融体系中的市场份额很小，既需要竞争激发活力，也需要内部合作维护行业健康运行，形成合理的市场结构样态。许多国家通过立法来鼓励行业协会制定本行业的竞争自律规则。譬如，日本竞争法鼓励行业协会制定公正竞争规约，其《防止不当赠品类及不当表示法》第489条规定："事业者或者事业者团体可以依公正交易委员会规则，就有关赠品类或者表示的事项，取得公正交易委员会的认可，缔结或者设定旨在防止不当引诱顾客，确保公平竞争的协定或者规定，变更上述规约之时，亦同。"而德国《反对限制竞争法》第四章专门规定和鼓励了行业协会促进竞争的功能和角色，其第24条规定，经济联合会和企业联合会可以为其领域制定竞争规则，向卡特尔当局提出承认竞争规则的申请，行业协会应考虑行业发展的内部条件和外部环境，由协会成员自主制定行业竞争规则，形成一种新的经济自治竞争模式，认清行业发展的目标，同时对于违背规则的会员企业，充分行使行业协会经济自治权，要求其承担相应的责任，包括罚金、名誉惩罚、开除等。[1]我国典当行业协会也应制定相关的自律规则，发挥政府与企业之间的纽带作用，各典当行积极履行自律责任，行业协会通过行业内部信息交流共享，从而形成合理、良性竞争的行业秩序。

五、"互联网+"时代典当行业向何处去：恶性竞争与良性竞争

宝瑞通典当行自降息费之所以一石激起千层浪，其实是行业生存状态岌岌可危的一个触发点，随着金融机构的激烈竞争，典当行业内部的兼并、重组、转型是必由之路。

（一）鼓励龙头企业创新行业惯例，引领行业良性竞争

"互联网+"时代，技术的发展可能颠覆原来的行业规则，使得竞争的相

---

[1] 鲁篱：《行业协会限制竞争行为的责任制度研究》，载《中国法学》2009年第2期，第86~87页。

关市场持续扩大，该经营者所占据的市场份额因之微乎其微。换言之，那些小的典当行并非因宝瑞通的降息行为被击垮，而是被日益增长的同业竞争者挤垮，只不过宝瑞通首先预见到或者感受到这种来自典当行业外部的压力，首先作出"破坏性创新"之举而已。立法应鼓励龙头企业创新行业惯例，向差异化服务转型，行业协会提倡行业内部在竞争中合作，树立龙头企业的良好形象。

（二）健全优胜劣汰市场化退出机制，防止恶性竞争

在优胜劣汰的市场规律作用下，部分典当行退出市场是行业发展的必然。典当行业从1987年恢复至今，三十年之间在部分地区已经出现严重过剩，我国立法一直加强准入控制却淡化了退出机制，对于以中小企业为主体的典当行业而言，部分典当行的生命周期已经进入衰退期，立法在防止恶性竞争的同时，为这部分典当行提供完善的退出机制，对于整个行业的未来发展具有重要意义。

第二节 典当行与网贷平台合作模式的法律规制

一、问题的提出

2007年国内第一家P2P网贷平台——拍拍贷成立之后，网贷平台以其低廉的交易成本、快捷的融资服务、突破地域限制等优势同时获得了融资者和投资者的青睐。然而，商业创新的速度远远超过人们的最初设计，部分P2P网贷平台以自身提供担保或者通过第三方担保增信，从提供居间信息中介平台逐步发展成为信用中介平台，引起人们对于非法集资的质疑。也有的P2P网贷平台则另辟蹊径，利用小贷公司合法的放贷资质，由网贷平台寻找合适的投资人，通过债权转让的形式，将其贷款债权转让给投资人，从而实现了资金的无限循环。2015年7月18日央行等十部委发布了《关于促进互联网金融健康发展的指导意见》（银发〔2015〕221号）（以下简称《2015互联网金融指导意见》），明确规定"网络小额贷款是指互联网企业通过其控制的小额贷款公司，利用互联网向客户提供的小额贷款"，表明P2P网贷平台与小贷公司的合作模

式得到了立法的认可。典当行与小贷公司同属非存款类放贷组织,❶ 与小贷公司相比,现行立法框架下典当行所受的融资限制有过之而无不及,因此,典当行试图搭上 P2P 网贷平台的便车,通过阶段性债权转让的方式盘活典当行的运营资金,为典当行的融资打开一个"麦克米伦缺口"。然而,典当行+互联网的创新实践却遭遇到诸多质疑。基于典当行自身合法的放贷资质和当物担保的特点,如何规范、促进、引导典当行业的健康发展,控制该种合作模式中的风险,保护投资人的合法利益,本书拟作一探讨。

二、典当行与网贷平台合作模式的本质及其风险

根据《典当管理办法》(2005 年)和《典当行业监管规定》(2012 年)规定,现行立法对典当行的融资予以较多的限制,主要包括:(1)不得集资、吸收存款或者变相吸收存款;❷ (2)不得从商业银行以外的单位和个人借款;(3)不得与其他典当行拆借或者变相拆借资金;(4)不得超过规定限额从商业银行贷款;(5)不得对外投资❸;(6)禁止转当❹。因此,典当行的后续融资渠道只有股东增资或者向商业银行贷款两种方式,而商业银行贷款不仅额度受到限制,同时还受到某些政策的挤压,❺ 进一步压缩了典当行的生存空间。P2P 网络借贷平台的发展,为典当行创新融资渠道提供了新的思路,广州等地纷纷开展了网贷平台与典当行合作的尝试。

(一)典当行与网贷平台合作模式简述

第一,债权的形成。存在典当行已确定息费的业务,即典当行与当户签订合同,当物已办理担保手续,典当行已签发当票。第二,居间服务协议的签订。网贷平台与典当行签订居间协议,委托网贷平台为典当行寻找符合条件的

---

❶ 《非存款类放贷组织条例(征求意见稿)》(国务院法制办 2015 年 8 月 12 日发布)第 3 条:本条例所称非存款类放贷组织,是指在工商行政管理部门注册登记,并经省级人民政府监督管理部门批准取得经营放贷业务许可,经营放贷业务但不吸收公众存款的机构。

❷ 《典当管理办法》第 26 条第 1 款第 3 项。

❸ 《典当管理办法》第 28 条。

❹ 《典当管理办法》第 32 条。

❺ 中国银监会办公厅《关于防范外部风险传染的通知》(银监办发〔2013〕131 号)规定:银行业金融机构应根据信用评级情况,实行分级授信,对信用等级较高的机构可根据法规上限给予较高的授信额度,随着信用等级降低,授信额度逐级递减。严禁向典当行和非融资性担保机构提供授信。

投资人，前者按照约定获得一定比例的佣金。第三，债权的分拆。典当行将当票载明的本金、息费打包生成某一产品，网贷平台将该债权分拆。第四，债权的双向匹配。网贷平台确定一定的收益率在平台上发布寻找投资人，实现典当行与投资人之间的债权债务匹配。第五，债权的转让。典当行将包含本金息费的债权转让给投资人，投资人受让该债权后，典当行将获得资金，当户的融资需求得到满足；当户在约定的当期内归还，则投资人的投资获得收益回报，形成了闭合的资金循环。如下图所示：

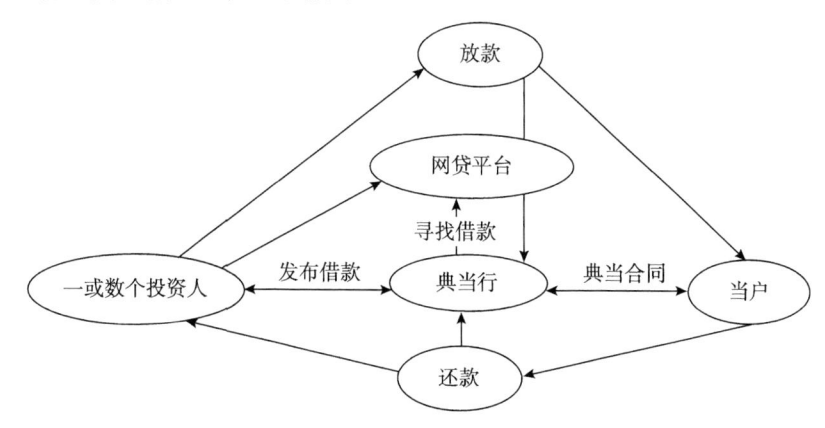

（二）典当行与网贷平台合作模式的本质是债权转让

典当行与网贷平台合作模式中，典当行将债权转让给投资人，形成债权转让法律关系。根据《合同法》第81条[1]以及《物权法》第192条[2]规定，典当行（债权人）转让主权利（主债权）时应当将从权利（当物的担保权）一并转让，受让人（投资人）在获得主债权的同时，取得与债权人有关的从权利（当物的担保权等）。该种合作模式中，典当行充分利用自身合法的放贷资质和当物担保的特点，网贷平台作为典当行与投资人之间的媒介，将债权细分给更多的投资人，其本质是将债权作为融资的有效手段，通过债权转让规避了典当行不得吸收存款的禁止性规定，充分发挥互联网匹配需求的优势，实现了二

---

[1] 《合同法》第81条：债权人转让权利的，受让人取得与债权有关的从权利，但该从权利专属于债权人自身的除外。

[2] 《物权法》第192条：抵押权不得与债权分离而单独转让或者作为其他债权的担保。债权转让的，担保该债权的抵押权一并转让，但法律另有规定或者当事人另有约定的除外。

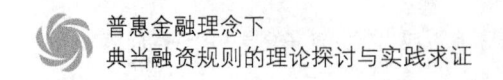

者资金供给与资金需求的有效对接。这种模式突破了典当行资本金制约的限制，扩大了典当行的资金规模，实现了资金的无限循环。

（三）典当行与网贷平台合作模式的多重法律风险

典当行与网贷平台合作模式的初衷在于实现典当行和投资人的双赢，但是该种模式运行中存在法律风险。第一，投资人的不特定性，可能被认定为非法集资罪；第二，若当户不能在约定的期限内归还资金，投资人将面临债权不能得到偿还的风险，典当行的资金链条断裂，债权转让融资无法实现；第三，当物的优先受偿权如何行使；第四，典当行与网贷平台如何承担责任等。这些风险的控制和化解将直接决定该种合作模式的命运，从典当行的特点和功能出发，从法理上论证该种合作模式的合法性，建构控制和化解风险的法律制度尤为必要。

三、典当行与 P2P 网贷平台合作模式的合法性探微

如上所述，债权由于其天然的流动性更适于充当财产运动和资源配置的媒介，典当行与网贷平台合作的本质正是典当行利用债权融资的手段，在频繁交易的市场经济社会，"债权已不是取得对物权和物利用的手段，它本身就是法律生活的目的。经济价值不是暂时静止地存在于物权，而是从一个债权向另一个债权不停地移动"❶。典当行利用债权融资提前变现了债权，满足了迫切的资金需求，网贷平台通过分拆债权包进行双向匹配收益，投资人通过受让债权创造了新的财富，使债权在流动中增值。由此看来，典当行与网贷平台合作模式从经济角度观察应是多赢的结果，"法律是经济关系要求的反映"，即使从法律角度考察，该种合作模式也体现出合法性的趋势。

（一）网络小额贷款合法化为典当行与 P2P 网络平台合作模式的合法化提供了基础

2013 年之后 P2P 网贷平台呈现井喷之势，针对陆续出现的平台倒闭事件所引发的风险，国家不断加强对互联网金融的引导规范。《2015 互联网金融指

---

❶ [日] 我妻荣：《债权在近代法中的优越地位》，王书江、张雷译，中国大百科全书出版社 1999 年版，第 6~7 页。

导意见》明确指出，个体网络借贷（P2P 网络借贷）机构为信息中介性质，主要为借贷双方直接借贷提供信息服务；而网络小额贷款是指互联网企业通过其控制的小额贷款公司，利用互联网向客户提供的小额贷款。《2015 民间借贷司法解释》第 22 条区分不同情况规定了网络贷款平台的法律地位和法律责任。❶ 以上两个法律文件认可了网络借贷平台作为信息中介的合法地位，网络小额贷款作为与之并列的一种模式，并未特别作出解释。有学者认为："拾财贷等的主要运营模式是由与其有合作关系的小贷公司先贷款给经过小贷公司审核认可的中小企业，而后小贷公司通过拾财贷平台将债权分拆转让给网上的投资者。在此过程中如贷款出现逾期，小贷公司有回购债权的义务，担保公司和小贷公司股东还需承担连带保证责任。就其实质而言，巧妙地通过债权转让这一《合同法》规定的制度，又利用小贷公司的放款资格，避免了直接踩踏非法集资红线。"❷ 可见，网络小额贷款是对 P2P 网贷平台变型的债权转让模式的进一步创新和发展，典当行与小贷公司同属非存款类放贷机构，面临同样的融资困境，典当行与网贷平台合作模式中，典当行充分利用自身合法的放贷资质，通过债权转让这一制度，利用债权融资应得到法律和政策的认可。

（二）典当行合法的放贷资质和直接融资的立法趋势正面回应了非法集资的质疑

所谓非法集资罪，是指违反国家金融管理法律规定，向社会公众（包括单位和个人）吸收资金的行为。我国刑法中非法集资罪并非一个独立的罪名，包括三个具体罪名：集资诈骗罪、非法吸收公众存款罪、变相吸收公众存款罪。集资诈骗罪是指虚构项目资金需求，以项目融资需求为名，行理财产品、赚取其中利差为实，典当行转让的债权是当户真实的资金需求，集资诈骗这一罪名即可排除。认定非法吸收公众存款罪的标准主要有三个：未经有关部门批

---

❶ 《2015 民间借贷意见》第 22 条：借贷双方通过网络贷款平台形成借贷关系，网络贷款平台的提供者仅提供媒介服务，当事人请求其承担担保责任的，人民法院不予支持。网络贷款平台的提供者通过网页、广告或者其他媒介明示或者有其他证据证明其为借贷提供担保，出借人请求网络贷款平台的提供者承担担保责任的，人民法院应予支持。

❷ 陆琪：《P2P 时代的债权转让法律问题》，载《中国法律》2014 年第 3 期，第 15～16 页。

准；向社会不特定对象吸收资金；承诺给予回报。❶ 这里"承诺给予回报"作为判断非法吸收公众存款罪的标准不妥。在商业交易中，等价有偿是基本原则，承诺还本付息或给予回报无可厚非。需要澄清的是典当行通过债权转让获得的资金不等同于商业银行的存款：银行存款的还本付息与《存款保险条例》的保障机制，决定了存款当事人确定的合理期待是固定回报承诺，而对于受让典当行债权的投资人而言，在约定还本付息的期限届至时，投资人的合理期待是分享投资收益的承诺。❷ 将对典当行的借贷等同于银行存款，显然不妥。

质疑该种模式涉嫌非法集资的焦点问题在于向"社会不特定对象"吸收存款，有两点值得探讨。第一，债权转让是回笼贷款资金的方式，与普通企业通过转让债权获得资金循环运转并无本质区别。区别在于典当行与P2P合作模式的本质是通过债权转让实现资本金的无限放大效应，而典当行将回笼的资金再放贷，因其具有放贷资质，属于其合法的经营范围。所以质疑为"借用合法经营的形式吸收资金"似有不妥。第二，按照最高法院司法解释，认定非法吸收公众存款中的"社会不特定对象"是指单位非法吸收或者变相吸收公众存款对象150人以上的；从金额来说是指非法吸收或者变相吸收公众存款数额在100万元以上的，或给存款人造成直接经济损失数额在50万元以上的。❸ 笔者认为，司法解释的目的在于防范系统性风险产生的社会危害，而人数多少、是否特定，并非系统性风险的根源所在，关键在于投资人是否预知风险并具备承担风险的能力，若每个投资人即使投资失败，也不影响其正常的生活，系统性风险则无从谈起。

---

❶《最高人民法院关于审理非法集资刑事案件具体应用法律若干问题的解释》（2011年1月1日实施）第1条：违反国家金融管理法律规定，向社会公众（包括单位和个人）吸收资金的行为，同时具备下列四个条件的，除刑法另有规定的以外，应当认定为刑法第一百七十六条规定的"非法吸收公众存款或者变相吸收公众存款"：（一）未经有关部门依法批准或者借用合法经营的形式吸收资金；（二）通过媒体、推介会、传单、手机短信等途径向社会公开宣传；（三）承诺在一定期限内以货币、实物、股权等方式还本付息或者给付回报；（四）向社会公众即社会不特定对象吸收资金。未向社会公开宣传，在亲友或者单位内部针对特定对象吸收资金的，不属于非法吸收或者变相吸收公众存款。

❷ 关于金融中介机构与资金供给者之间的合约的分类，参照Robert Charless Clark, The Soundness of Financial Intermediaries, 86 Yale LawJournal 1 (1976)；Robert Charless Clark, The Federal Income Taxation of Finalcial Intermediaries, 84 Yale LawJournal 1603 (1975). 转引自：彭冰：《非法集资活动规制研究》，载《中国法学》2008年第4期，第50页。

❸《最高人民法院关于审理非法集资刑事案件具体应用法律若干问题的解释》（2011年1月1日实施）第3条。

该模式类似于英国法中的借贷型众筹，其基本出发点是认可该种融资模式，但必须加强风险监管。2014年3月英国金融行为监管局正式发布《关于通过互联网众筹及通过其他媒介发行非易于变现证券的监管方法》（简称"英国众筹监管规则"），对借贷型网络众筹建立了平台最低审慎资本标准、客户资金保护规则、信息披露制度、信息报告制度、合同解除权（后悔权）、平台倒闭后借贷管理安排与争端解决机制等七项基本监管规则，其中信息披露制度是借贷类众筹监管的核心规则。❶ 我国《2015互联网金融指导意见》已经认可网络小额贷款，《非存款类放贷组织条例（征求意见稿）》（2015年8月12日国务院发布）也包含了认可典当行发行债券的内容，如第19条规定："非存款类放贷组织应当主要运用自有资金从事放贷业务，也可以通过发行债券、向股东或银行业金融机构借款、资产证券化等方式融入资金从事放贷业务。"第二十四条规定："非存款类放贷组织的贷款资产可以转让。"未来这一条例的实施，将为典当行与网贷平台合作模式提供立法依据，结束非法集资的质疑。

（三）转当及同业拆借的行业惯例为债权转让融资提供了法史依据

所谓转当，是指典当双方当事人将当票上所载明的权利义务转让的行为。其中，典当行转让权利的行为为债权转让，当户转让义务的行为为债务转让，这是一个问题的两个侧面。记载双方权利义务的当票具有有价证券的所有特征，我国古代允许当票作为有价证券流通转让，典当行可以在原典当期限届满之前变现获得当金，盘活当票的财产权利性质，有利于弥补典当行的资金不足，同时减少绝当后典当行变现的成本，因此我国古代典当行一直认可转当为典当行业惯例。现行《典当管理办法》对典当行的融资作出严格监管，规定当票不得转让，但是逐步放宽典当行融资渠道是未来的立法趋势。最高法院《2015民间借贷司法解释》对生产经营型企业为解决资金困难或生产急需而进行的企业间借贷行为予以认可，同时指出生产经营型企业从事经常性放贷业务，必然严重扰乱金融秩序，有可能导致该企业的性质发生变异，质变为未经金融监管部门批准从事放贷业务的金融机构，客观上损害社会公共利益。❷ 上

---

❶ 王钢、钱皓：《英国借贷类众筹监管规则 及对我国P2P监管的启示》，载《金融时报》，2014年6月16日。

❷ 罗书臻：《规范民间借贷 统一裁判标准——杜万华就〈最高人民法院关于审理民间借贷案件适用法律若干问题的规定〉答记者问》，载《人民法院报》2015年8月8日第1版。

述规定有条件解禁普通企业间借贷的措施为专门从事放贷的典当行同业拆借预留了空间。从我国典当行的历史发展看，典当行相互之间调剂资金余缺、弥补联行头寸较为普遍。2013 年 6 月国务院法制办《典当行管理条例》（征求意见稿）讨论过程中对典当行的同业拆借专家也予以认可。

无论从历史还是从现实出发，拓宽典当行融资渠道是大势所趋，典当行与 P2P 合作模式仅是当前互联网技术发展过程中金融与技术融合的产物。"随着人们对债权价值认识的加深和融资需求的增强，债权融资呈现出一种从简单到复杂、从特定人之间的行为到社会性行为的发展态势，与此相适应，债权融资的法律确认也表现为一个从偶然到必然、从分散到集中、从粗疏到细致的发展过程。"[1] 从债权融资的效率性需求出发，不仅当前的债权转让模式得到法律确认，典当行贷款债权的转让、打散、信用升级和证券化也将成为现实。

四、典当行与网贷平台合作模式的风险控制

著名的日本民法学家我妻荣先生在《债权在近代法中的优越地位》中指出："从经济角度观察，债权是否容易转让，债权转让是否有法律障碍并非决定因素，保障受让人安全地位的法律规定才是决定性因素。"[2]因此，典当行与网贷平台合作的债权转让模式中，对受让人（投资人）的利益保护是解决的核心问题，作为一种金融交易行为，有必要从两个方面设计风险控制的法律制度。

（一）以直接融资的思路确立监管的原则和方法

典当行与网贷平台合作的债权转让模式，目的是解决典当行资金不足的问题。在社会公众及监管层质疑该模式涉嫌非法集资的问题时，我们不妨探寻一下这些企业集资的基本动因。不难发现，根本原因在于避开商业银行严格的贷款条件，以多数人的闲置资金供给少数人的资金需求，是互联网技术的发展为民间融资"金融脱媒"提供了可能并成为现实。监管层适用非法吸收公众存款罪或者变相吸收公众存款罪的做法，实质上是以间接融资的手段处理直接融资问题。[3]

---

[1] 许多奇：《债权融资法律问题研究》，法律出版社 2005 年 3 月第 1 版，第 44 页。

[2] [日] 我妻荣：《债权在近代法中的优越地位》，王书江、张雷译，中国大百科全书出版社 1999 年版，第 21 页。

[3] 参见彭冰：《非法集资活动规制研究》，载《中国法学》2008 年第 4 期，第 49～50 页。

典当行通过与网贷平台的合作解决自身融资的行为，更类似于借贷型众筹，应采用直接融资的监管思路，确定底线监管原则，采取加强信息披露制度的方法。

坚持底线监管原则。典当行与网贷平台的合作属于非正规金融，且主要服务于中小微企业的融资，为了防止典当行通过债权转让实现资金循环可能导致的无限膨胀，确保典当行以自有资本承担风险的能力，实行最低限度的审慎监管，必须严格遵守《典当管理办法》关于资本充足率的要求。❶ 此外，基于典当行的特点，在坚守"不得吸收公众存款""不得发放信用贷款"两条底线的前提下，放开融资渠道，是拓宽典当行生存空间的有益措施。

加强信息披露制度。各国对直接融资的监管主要通过证券法律实现，如《美国证券法》认定 P2P 网贷平台向贷款人发行、出售收益凭证的行为属于证券交易行为，颁布了《初创期企业推动法案》（简称"美国众筹法案"）。❷ 英国颁布了"众筹监管规则"。尽管两国对 P2P 网贷监管要点有所不同，但是都较为重视信息披露，而证券法的核心正是强制性的信息披露制度。借鉴英国"众筹监管规则"对网络借贷型众筹要求具体披露的内容，在典当行与 P2P 合作模式中，信息披露制度至少应包括四点。第一，贷款业务信息。应披露典当行该笔贷款总额、利率（收益率）、期限、当物的基本情况、违约责任、网贷平台倒闭的处置措施、争议解决机制等。第二，网贷平台的信息。包括业务许可证、成本和收费、主要风险、客户资金保障措施等。❸ 第三，收益和风险提示信息。P2P 平台宣传收益时必须包括清楚和显著的相关风险描述，不得隐藏重要信息和警告，不得作不恰当的比较。禁止直接将借贷投资收益率与存款利率进行比较，或在比较时，充分并显著地揭示两者之间不同风险特征。❹ 第四，业绩表现信息。披露典当行、网贷平台近五年的年度报告、业绩预测等。这些信息中，根据重要性程度可以分为三类：收益和风险提示是最重要的信息，直接决定投资人的投资目的是否达成；违约责任等是次重要信息，是投资

---

❶ 《典当管理办法》第44条。
❷ 刘明：《美国〈众筹法案〉中集资门户法律制度的构建及其启示》，载《现代法学》2015年第1期。
❸ 参见周正清：《英美 P2P 网络借贷监管改革对我国的启示》，载《金融发展评论》2015年第1期，第91~94页。
❹ 王钢、钱皓：《英国借贷类众筹监管规则及对我国 P2P 监管的启示》，载《金融时报》2014年6月16日。

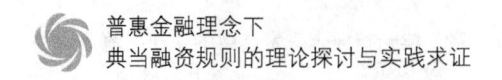

者权衡是否退出的决定性因素；其他为非重要信息。

（二）以交易自由的理念设计规避金融风险的具体制度

典当行与网贷平台合作进行债权转让，各方当事人之间是一种平等主体之间的商事交易行为，遵循意思自治、风险自负、交易自由原则。但是，该种交易毕竟是一种金融交易行为，为了预防未来可能发生的金融风险，应规定债权转让交易模式的内容和程序，引导企业规范运作。

设定两个限制。其一，期限限制。P2P网贷平台债权转让模式中，最具争议的是期限错配和金融错配实现了信用转换，债权人和债务人难以匹配，从而扩大了金融风险。为了避免这种风险，典当行的某项债权通过网贷平台转让时，可以将典当行多项业务的债权分拆或合并后进行转让，即金额允许错配，但是债权转让的期限必须限定在典当合同的当期内（《典当管理办法》规定当期为6个月，期满可以续当），同一当期范围内的典当业务通过P2P网贷平台分拆，形成一个个独立的债权产品，典当行所享有的债权转让给确定的投资人。投资人受让典当行的债权后成为债权人，当户为债务人，债权人和债务人明确。如果当户到期不偿还债务，典当行应协助投资人将当物处置，确保当期内实现投资人的优先受偿权。其二，投资人投资比例限制。根据《最高法院非法集资司法解释（2010）》第3条第1款规定，对非法吸收公众存款罪规定了起刑点的数额标准和人数标准，典当行适用单位数额100万元以上，对象人数限制为150人以上。❶ 如前所述，典当行发行债券呈现合法化趋势，典当行吸收资金的数额不仅不应作出限制，相反吸收更多的资金拓宽其融资渠道符合立法意旨。至于投资人的人数，从风险分散出发，也不应作出限制。典当行与P2P网贷平台合作的风险控制应指向另一端——投资人的利益保护，完善合格投资者制度。"英国众筹监管规则"坚持既提供投资自由又提供适度保护的原则，通过投资者限制、适当性检测、信息披露、消费者保护等制度给我们很多启示。❷ 我国发生

---

❶ 最高人民法院2010年发布的《关于审理非法集资刑事案件具体应用法律若干问题的解释》（以下简称《非法集资司法解释2010年》）第3条：非法吸收公众存款，具有下列情形之一的，应当依法追究刑事责任：（1）个人非法吸收或者变相吸收公众存款，数额在20万元以上的，单位非法吸收或者变相吸收公众存款，数额在100万元以上的；（2）个人非法吸收或者变相吸收公众存款对象30人以上的，单位非法吸收或者变相吸收公众存款对象150人以上的……

❷ 张雨露：《英国投资型众筹监管规则综述》，载《互联网金融与法律》2014年第6期。

的 P2P 网贷平台跑路事件中，平台没有尽到告知和审查义务，对投资人的投资无比例限制；投资者多为自然人，缺乏对风险的预测和承受能力，投资失败直接影响其基本生存，进一步放大了风险的危害性。英国规定在众筹平台（或其他渠道）提供该类投资的企业应当只对特定类型投资者发行，特定类型投资者包括五种，其中第五种为"在该类产品中投资不超过其可投资资产净值 10% 的零售客户"，这一规定强制要求投资者分散投资的同时也分散了风险。我国立法从引导投资理念出发，对投资人（受让人）每年在 P2P 网贷中的总投资额度也要作出一定限制，如要求投资总额不超过年收入和家庭净资产的 1/3 等。

明确连带责任。在这种合作模式中，为了强化对投资人（受让人）的利益保护，应要求相关的当事人承担连带责任，具体包括三种。其一，典当行之间的连带责任。如上所述，将同一当期内的数笔典当行业务合并后，难以区分当户提供的当物具体对应担保的是哪一笔债权，无法决定处置哪个当物，如何确定优先受偿权的顺序，投资人的利益将无法得到保障，因此要求它们共同承担连带责任，以确保清偿到期债权。其二，典当行与网贷平台的连带责任。依据最高法院《2015 民间借贷意见》第 22 条规定，网络贷款平台仅提供媒介服务，不承担担保责任，典当行与网络贷款平台合作模式中，应属于这种情况；但是，网络借款平台通过网页、广告或者其他媒介明示或者有其他证据证明其为借贷提供担保，而典当行明知该承诺并未提出异议的，典当行应与网络借贷平台共同承担连带责任。其三，网贷平台股东、实际控制人与典当行承担连带责任。网贷平台和典当行的合作模式中，有的网贷平台的实际控制人为典当行的股东、实际控制人，如果有确切证据证明确实损害债权人利益，则可根据公司人格否认理论，要求股东、实际控制人与典当行共同承担连带责任。

建立登记公告制度。其一，债权转让采取通知主义。根据民法理论，债权转让的生效条件大致有三种模式，自由主义、同意主义和通知主义。由于债权转让并未给债务人带来不利的负担，因此无须征得债务人的同意，通知债务人即可生效，我国《合同法》采取通知主义模式。❶ 其二，转让通知的主体和方式。主体既可以是转让人，也可以是受让人，由于受让债权人数众多，加之涉

---

❶ 《合同法》第 79 条：债权人转让权利的，应当通知债务人，未经通知，该转让对债务人不发生效力。债权人转让权利的通知不得撤销，但经受让人同意的除外。

及的债务人比较分散,通知的方式采取登记公告制度能够高效率地解决这一难题。我国温州地区已经进行了相关的实践,2014 年 3 月 1 日起施行的《温州市民间融资管理条例》❶规定,从事资金撮合业务的民间融资信息服务的企业在工商局登记之日起 15 日内,持营业执照副本向温州市地方金融管理部门备案。典当行与网贷平台合作模式中,网贷平台从事的是资金撮合的业务,应向地方金融管理部门备案,由网贷平台在其首页进行公告,从而更好地起到通知的效果。其三,债权转让登记的效力采取登记对抗主义。商事登记的效力有登记生效主义和登记对抗主义,登记生效主义侧重安全价值,登记对抗主义则更侧重效率价值。在典当行与网贷平台合作模式中,交易安全价值通过强制性信息披露制度来保障,效力认定则采取登记对抗主义更有利于提高交易效率。

五、结论

典当行与网贷平台合作模式中的本质是债权转让,是典当行通过债权融资的一种方式。该模式具有合法化趋势,要解决的核心问题是完善对受让人的利益保护制度,一是以直接融资的思路确立监管的原则和方法,二是以交易自由的理念设计规避风险的具体制度。或许二者的合作模式只是现代科学技术发展过程中的昙花一现,但是促进投资交易,拓宽融资渠道,实现普惠金融,符合现代金融法制改革的发展趋势。

第三节 典当行市场退出的几个问题初探

一、问题的提出

市场准入与市场退出是一个企业自然的生命周期,市场准入制度与市场退出制度是掌握典当行生死的两道大门。长期以来,我国存在重视企业市场准入的审查,忽视企业市场退出的观念,典当行业也无例外。由于商务部对典当行实行

---

❶ 《温州市民间融资管理条例》第 8 条:温州市辖区内设立的从事资金撮合、理财产品推介等业务的民间融资信息服务企业(含外地民间融资信息服务企业在温州市辖区内设立的分支机构,下同)应当在工商行政管理部门注册登记之日起十五日内,持营业执照副本向温州市地方金融管理部门备案。

总量控制，典当经营许可目前属于稀缺资源，商业实践中有的典当行即使出现被吊销营业执照、责令关闭或被撤销等事由，依法应办理解散清算，或虽不能清偿到期债务达到破产界限，但各种原因并未清算和办理注销登记，更未申请启动破产程序，从而成为事实上的"休眠公司"。就典当行业的现实状况而言，与小贷公司、民营银行等非银行金融机构存在激烈竞争，特别是互联网金融的发展，迫使典当行业开始走向分化，部分典当行充分发挥典当的独特优势获得了较大的市场份额，从而在行业市场中占据先机。同时，另有部分典当行在优胜劣汰的市场规律作用下面临转型或退出市场。典当行业市场退出制度的完善，将有利于典当行业的回归和创新，对于实现行业内部资源的有序流动和合理配置具有重要意义。

二、典当行退出制度概述

改革开放后我国恢复了典当行的设置，但实践中出现了一些以典当行为名的违法活动。为了加强典当行管理，中国人民银行1996年制定了《典当管理暂行办法》，对典当行进行清理整顿，典当行的退出制度由此肇始。之后，2001年国家经贸委制定《典当行业管理办法》，2005年商务部、公安部的《典当管理办法》均对退出制度作出了相关规定。

根据公司法规定，公司解散的原因有自行解散、行政解散、司法解散，[1]公司解散应当进行清算，清算组在清理公司财产、编制资产负债表和财产清单后，发现公司财产不足清偿债务的，应当依法向人民法院申请宣告破产。[2]《典当行管理暂行办法》（1996年）明确规定，典当行的组织形式和组织机构适用《公司法》的有关规定。根据历次典当立法规定，典当行的市场退出方式可归纳为三种。

（一）自行解散

从《典当行管理暂行办法》（1996年）《典当行管理办法》（2001年），

---

[1] 《公司法》第180条：公司因下列原因解散：（一）公司章程规定的营业期限届满或者公司章程规定的其他解散事由出现；（二）股东会或者股东大会决议解散；（三）因公司合并或者分立需要解散；（四）依法被吊销营业执照、责令关闭或者被撤销；（五）人民法院依照本法第一百八十三条的规定予以解散。

[2] 《公司法》第187条：清算组在清理公司财产、编制资产负债表和财产清单后，发现公司财产不足清偿债务的，应当依法向人民法院申请宣告破产。

到《典当管理办法》（2005年），对典当行自行解散的规定有两个特点。第一，经历了笼统、明确到含混的过程。《典当行管理暂行办法》（1996年）中自行解散的原因以"因故"概括，具体何故并未解释；《典当行管理办法》（2001年）对典当行自行解散的原因规定明确，列举了三种原因：出现章程规定事由、股东会决议或者其他事由解散；《典当管理办法》（2005年）只提了"典当行解散"再无其他表述。2011年国务院法制办公布的《典当行管理条例（征求意见稿）》❶依然保留了笼统规定，如第18条："典当行解散的，应当依法进行清算。清算结束后，清算组应当将清算报告报省、自治区、直辖市人民政府商务主管部门和设区的市级人民政府公安机关，并交回典当业务经营许可证、特种行业许可证。省、自治区、直辖市人民政府商务主管部门应当将解散的典当行名单向社会公布。"第二，典当行自行解散应当报告原审批机关（分别为中国人民银行、国家经贸委、商务部批准），不得擅自解散。❷这是典当行不同于普通公司企业的重要特点。2015年8月12日中国人民银行发布的《非存款类放贷组织条例》（征求意见稿）第17条规定："非存款类放贷组织解散的，应当经监督管理部门批准，并自解散完成之日起5日内将经营放贷业

---

❶ 《典当行管理条例（征求意见稿）》（2011）第37条第2款：典当行委托其他单位和个人代办典当业务的，由商务主管部门责令改正，予以公告；拒不改正的，处10万元以上50万元以下的罚款，有违法所得的，没收违法所得；情节严重的，责令停业整顿直至吊销其典当业务经营许可证。

第40条：典当行吸收公众存款、变相吸收公众存款或者发放信用贷款的，由银行业监督管理机构依照有关银行业监督管理的法律、行政法规予以处罚，并由省、自治区、直辖市人民政府商务主管部门吊销其典当业务经营许可证；构成犯罪的，依法追究刑事责任。典当行从商业银行以外的单位或者个人借款，或者从商业银行的贷款余额超过其资产净额的，由商务主管部门责令改正，予以通报，并处10万元以上50万元以下的罚款；拒不改正的，责令停业整顿直至吊销其典当业务经营许可证。

第42条：典当行有下列情形之一的，由商务主管部门责令改正，并处5万元以上10万元以下的罚款；拒不改正的，责令停业整顿直至吊销其典当业务经营许可证：（一）超过国务院商务主管部门规定的比例收取综合费用的；（二）预先从当金中扣除当金利息的；（三）未在营业场所明示综合费用、当金利率的标准和业务规则的；（四）对股东及其关联方提供的典当条件优于普通当户的；（五）违反有关典当余额比例规定的；（六）未按照规定制定业务规范或者未建立风险管理和安全防范制度的；（七）未将有关经营信息输入计算机数据系统，或者拒绝接入典当行监管信息系统，或者不及时向商务主管部门报送月度报告和年度报告的；（八）未保存当票或者保存当票的期限少于10年的。

❷ 《典当行管理暂行办法》（1996年）第18条：典当行不得擅自终止营业。典当行因故不能继续营业时，应当书面报告原审批机关，经批准后方可停业。《典当行管理办法》（2001年）第20条第1款：典当行根据章程规定事由、股东会决议或者其他事由解散的，应当提前3个月向省级人民政府经济贸易委员会提出申请，经批准后按有关法律法规规定成立清算组，进行清算。《典当管理办法》（2005年）第22条：典当行解散应当提前3个月向省级商务主管部门提出申请，经批准后，应当停止除赎当和处理绝当物品以外的其他业务，并依法成立清算组，进行清算。

务许可证交回监督管理部门予以注销。"

(二) 行政解散

行政解散是典当行解散最常见的方式，解散原因有三种。第一，违法撤销。《典当行管理暂行办法》（1996 年）明确规定对典当行普查登记分别情况处理，对于以下情况一律撤销：自行成立的典当行；对股本金未达到规定的最低限额的，可通过限期补足或合并、兼并等方式解决，届时股本金达不到规定限额的，予以撤销。❶ 第二，责令关闭。《典当行管理办法》（2001 年）规定典当行因违反法律、行政法规及本办法规定被责令关闭的。❷ 第三，吊销营业执照。《典当行管理办法》（2001 年）规定两种情形："典当行及其分支机构自核发营业执照之日起无正当理由超过 6 个月未营业，或者营业后自行停业连续达 6 个月以上的，省级人民政府经济贸易委员会收回《典当经营许可证》，并办理注销备案登记手续。"❸《典当管理办法》（2005 年）规定："无正当理由未按照规定办理《特种行业许可证》及营业执照的，或者自核发营业执照之日起无正当理由超过 6 个月未营业，或者营业后自行停业连续达 6 个月以上的，省级商务主管部门、设区的市（地）级人民政府公安机关应当分别收回《典当经营许可证》《特种行业许可证》，原批准文件自动撤销。收回的《典当经营许可证》应当交回商务部。许可证被收回后，典当行应当依法向工商行政管理机关申请注销登记。"❹ 2011 年国务院法制办公布的《典当行管理条例（征求意见稿）》对典当行的市场退出制度分别于第 37 条第 2 款、第 40 条、第 42 条作出具体规定，但主要限于停业整顿、吊销营业执照，属于行政解散的原因。以上内容来看，现行立法中商务主管部门对典当行的解散保留有较大的权力，但是对于营业执照已经被吊销、责令关闭或被撤销的典当行，在法律上

---

❶ 《关于下发〈典当行管理暂行办法〉的通知》银发 [1996] 119 号之二（二）、（三）。
❷ 《典当行管理办法》（2001 年）第 20 条第 2 款：典当行因违反法律、行政法规及本办法规定被责令关闭的，由省级人民政府经济贸易委员会组织清算。
❸ 《典当行管理办法》（2001 年）第 19 条：典当行及其分支机构自核发营业执照之日起无正当理由超过 6 个月未营业，或者营业后自行停业连续达 6 个月以上的，省级人民政府经济贸易委员会收回《典当经营许可证》，并办理注销备案登记手续。第 20 条：典当行根据章程规定事由、股东会决议或者其他事由解散的，应当提前 3 个月向省级人民政府经济贸易委员会提出申请，经批准后按有关法律法规规定成立清算组，进行清算。
❹ 《典当管理办法》（2005 年）第 21 条。

其法人主体资格尚未消灭,典当行已经在事实上失去了从事有关商事活动的资格和能力。而公司法规定公司解散后进入清算程序,清算完毕公司才可以申请注销,因此,此时的典当行成为"解散而不清算"的"资格无、人犹在"的休眠企业,极易成为逃避债务、躲避税收、转移资产、洗钱等违法行为的躯壳,进而损害整个社会经济的健康运行。

(三)破产清算

破产是企业市场退出的重要方式。典当行业的三个立法中只有《典当行管理办法》(2001年)第 20 条第 3 款规定:"典当行因不能清偿到期债务,被依法宣告破产的,应当依法成立清算组,进行破产清算。"《典当管理办法》(2005年)对破产只字未提,2012 年《典当行业监管规定》也未关注。2015 年 8 月 12 日中国人民银行发布的《非存款类放贷组织条例》(征求意见稿)第 17 条第 2 款规定:"非存款类放贷组织依照《中华人民共和国企业破产法》破产的,应当经监督管理部门批准,并自破产程序终结之日起 5 日内将经营放贷业务许可证交回监督管理部门予以注销。"可以看出,央行已经意识到典当行的破产是市场化运作的必然规律,对于不能清偿到期债务的非存款类放贷机构,应通过破产程序退出市场。

综上所述,以上三种方式中,行政解散是典当行最主要的市场退出方式,这与我国长期以来依靠强有力的行政干预手段管理市场密切相关。司法解散虽然在历次"办法"中未规定,但根据《公司法》规定,❶ 如果典当行经营管理发生严重困难,继续存续会使股东利益受到重大损失,通过其他途径不能解决时,持有公司全部股东表决权 10% 以上的股东,可以请求法院解散公司。通常意义上的司法解散不包括破产解散的情形。对于实践中的休眠企业,符合"公司法司法解释二"❷ 的情形,法院受理债权人的清算申请后,债权人对债务清偿方案不予确认或者人民法院不予认可的,清算组应当依法向人民法院申

---

❶ 参见《公司法》第 181 条和第 183 条。
❷ 《公司法司法解释二》第 7 条:公司应当依照公司法第一百八十四条的规定,在解散事由出现之日起十五日内成立清算组,开始自行清算。有下列情形之一,债权人申请人民法院指定清算组进行清算的,人民法院应予受理:(一)公司解散逾期不成立清算组进行清算的;(二)虽然成立清算组但故意拖延清算的;(三)违法清算可能严重损害债权人或者股东利益的。具有本条第二款所列情形,而债权人未提起清算申请,公司股东申请人民法院指定清算组对公司进行清算的,人民法院应予受理。

请宣告破产。❶当前法院受理案件执行程序中发现具备破产原因的,也在探索执行程序转破产程序,《最高人民法院关于适用〈中华人民共和国民事诉讼法〉的解释》第513条至第516条规定了一项全新的民事执行制度——执行程序与破产程序的衔接制度,对于典当行办理解散清算符合该法规定的应当适用,可以一定程度上解决"休眠企业"的市场退出问题。

三、典当行破产的法律适用

在现行立法下,典当行的行政解散是典当行退出的主要方式,但行政解散之后清算过程中也可能发现其已经具备破产原因,破产成为部分典当行市场化退出的一种方式。对典当行以破产方式退出市场,如何适用法律,需基于其法律定位探究,避免实践中适用法律的偏差。

（一）典当行在现行立法中的定位

如前所述,对典当行的法律地位学界和司法界倾向于认为典当行属于准金融机构,但2012年商务部《典当行业监管规定》将其明确为特殊工商行业,根据国务院2015年8月发布的《非存款类放贷组织条例（征求意见稿）》第3条❷,典当行属于非存款类放贷组织。那么,典当行破产是否可以适用金融机构破产规则？是否应同时考虑典当行的特殊性而适用其他规则？

（二）金融机构破产的法律适用

金融机构破产如何适用法律,国外有两种立法模式。一是既有企业破产法、又有金融机构破产法,涉及金融机构破产时优先适用金融机构破产法；欧洲国家大多如此。二是适用专门的金融机构破产法,金融机构破产更多涉及社会公众利益,清偿顺序与普通企业破产法有特殊之处,如美国专门有银行破产重整制度。我国由银监会已起草的《银行业金融机构破产条例》尚未出台,

---

❶ 《公司法司法解释二》第17条：人民法院指定的清算组在清理公司财产、编制资产负债表和财产清单时,发现公司财产不足清偿债务的,可以与债权人协商制作有关债务清偿方案。债务清偿方案经全体债权人确认且不损害其他利害关系人利益的,人民法院可依清算组的申请裁定予以认可。清算组依据该清偿方案清偿债务后,应当向人民法院申请裁定终结清算程序。债权人对债务清偿方案不予确认或者人民法院不予认可的,清算组应当依法向人民法院申请宣告破产。

❷ 《非存款类放贷组织条例（征求意见稿）》（2015年8月国务院发布）第3条：本条例所称非存款类放贷组织,是指在工商行政管理部门注册登记,并经省级人民政府监督管理部门批准取得经营放贷业务许可,经营放贷业务但不吸收公众存款的机构。

2015年5月1日《存款保险条例》正式实施为其奠定了良好的基础。2015年8月国务院公布《非存款类放贷组织条例（征求意见稿）》，适用于在工商行政管理部门注册登记，并经省级人民政府监督管理部门批准取得经营放贷业务许可，经营放贷业务但不吸收公众存款的机构。❶

（三）典当行破产的法律适用

就典当行破产的法律适用而言，基于典当行具有准金融机构的性质，其业务范围既包含类似银行金融机构的放贷业务，还包括评估鉴定、销售绝当物、保管等业务，法律适用采第一种模式比较适当，即应优先适用典当特殊规则，典当立法没有规定的，应适用《企业破产法》。

四、典当行破产界限的确立

破产界限是当事人提出启动破产申请的基本条件，也是法院裁定受理案件时的判断标准。我国企业破产法规定了破产重整、破产清算、破产和解三种程序，破产界限"以不能清偿为普遍适用的破产原因，以资不抵债作为适用于清算中的企业组织等特殊情况下的辅助破产原因，以停止支付作为推定破产原因"❷，停止支付表述为"明显缺乏清偿能力"。对典当行的破产界限如何界定，仍然需从其准金融机构的法律地位分析。

（一）金融机构的破产原因

国外立法对金融机构破产重整一般采取三种标准：资不抵债标准、现金流量标准、监管性标准。"监管性标准，也称为规则性标准，一般以银行业监管机构的行政监管为主要判断依据，具体指由银行监管机构根据金融业稳健发展和审慎监管的要求，制定相应的标准，一旦商业银行的相关评价指标达不到规定要求，监管机构可以据此向法院申请对商业银行启动破产重整程序。"❸ 监管性标准是金融机构破产重整采用的最主要标准，有利于监管机构发挥日常持续性监管的优势，及时发现金融机构存在的问题，避免发生金融风险。

从我国金融机构破产相关立法来看，破产界限的认定标准有三个。第

---

❶ 《非存款类放贷组织条例（征求意见稿）》第3条第2款。
❷ 王欣新：《破产法》，中国人民大学出版社2011年第3版，第42页。
❸ 吴林涛：《涅槃抑或坠落——论商业银行破产重整制度》，法律出版社2014年版，第134页。

一，《企业破产法》第134条规定，商业银行、证券公司、保险公司等金融机构有本法第二条规定情形的，国务院金融监督管理机构可以向人民法院提出对该金融机构进行重整或者破产清算的申请。第二，《商业银行法》采用现金流量标准。❶ 第三，保险公司、证券公司则采用资不抵债标准。❷ 需要指出的是，对金融机构是否达到破产界限，现行立法均依据监管机构的监管职权赋予其管制性破产的权力，以便尽早发现金融机构存在的破产可能性。

（二）典当行破产界限的确立

按照现行典当立法对典当行破产界限的规定，只有《典当行管理办法》（2001年）规定："不能清偿债务，被依法宣告破产。"当时企业破产适用1986年《企业破产法（试行）》，特指破产清算程序。2006年《企业破产法》包括三种破产程序，破产界限因不同程序而有所不同，典当行采取有限责任公司和股份有限责任公司的组织形式，其破产界限应随新的破产法施行而相应地扩展适用。确定典当行破产界限时，仍然应坚持立法中特殊工商行业的定位及实务中准金融机构性质的基本认识：一方面应充分考虑其诱发金融风险的特点，因其主要从事放贷业务，破产界限比照金融机构确定；另一方面，典当行不同于商业银行，商业银行是从事存贷款业务、结算业务的企业法人，最重要的债权人是零散的众多的存款人，当商业银行的流动性不足时，极易发生挤兑风波，政府不得不以财政资金弥补不足。而典当行破产的经济原因可能是收取当物（如文物珠宝、金银首饰等）被骗，或者当物（如生产资料、房产等）由于市场行情剧烈波动发生大幅度贬损，贷款债权无法收回等，而典当行自身的融资渠道有限，以新债还旧债，存在金融风险隐患，当其与网络借贷平台合作时风险可能无限放大，❸ 从而出现不能清偿到期债务的后果。而在此过程

---

❶ 《商业银行法》（2015）第71条：商业银行不能支付到期债务，经国务院银行业监督管理机构同意，由人民法院依法宣告其破产。商业银行被宣告破产的，由人民法院组织国务院银行业监督管理机构等有关部门和有关人员成立清算组，进行清算。商业银行破产清算时，在支付清算费用、所欠职工工资和劳动保险费用后，应当优先支付个人储蓄存款的本金和利息。

❷ 参见《保险法》第90条，《证券公司风险处置条例》（2008）第37条、第38条。

❸ 据统计，截至2015年8月底，全国正常运营P2P网贷平台达2283家，累计问题平台达到976家《银监会：今年底P2P交易量或超1万亿 平台3成有问题》，发布时间：2015-09-28 22:59:08 来源：综合 http://www.ciliba.com/chuzu/c4efe1x50928n422302487.html 数据来源：中国人民银行 编辑制表：《中国经济周刊》采制中心。2016年2月5日访问。

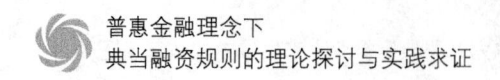

中，普通债权人无法及时发现典当行出现破产原因，债务人申请破产动力不足，唯有监管部门从社会整体利益出发，根据日常性监管确定其是否达到破产界限，从而申请破产。

需要注意的是，如前所述，现行立法就典当行的市场退出主要采取行政解散，而商务主管部门的专业力量所限，主要靠典当行业监管系统网上监测实现，如典当行采取多账运行等规避网络监管的方法易如反掌。相对于金融机构监管部门的银监会来说，银监会可以充分发挥其特有的专业性优势，以十分复杂的资本评估与风险测量为基础对金融机构可能发生的风险进行判断，切实掌握评估信息及规则。2015年年初，银监会已设立普惠金融工作部，将小贷公司、P2P等非存款类放贷机构纳入其监管范畴，典当行的破产界限采取监管性标准在相关立法征求意见稿中❶已经明确规定，从体系化解释的角度以及普惠金融的立法理念出发，对典当行破产重整和清算界限的确立采取监管性标准较为合理。

五、典当行破产的申请权配置

就一般企业而言，破产程序的启动均为与债务人企业有直接利害关系的申请人，包括债权人、债务人、债务人的股东等，但是金融机构的特殊性决定，其破产申请权配置必须考虑过程性监管的便利性及有效性。典当行作为准金融机构，在申请权配置方面应结合自身特点来确定。

（一）金融机构破产的申请权人

根据我国《企业破产法》第134条第1款规定，国务院金融监督管理机构可以向法院提出对商业银行、证券公司、保险公司等金融机构进行重整或破产清算的申请。关于金融机构的专门立法中又分别规定了提出破产申请的申请权人。具体有：对商业银行由银监会等有关部门和有关人员成立清算组进行破产

---

❶ 参见《非存款类放贷组织条例（征求意见稿）》（2015年8月国务院发布）第17条：非存款类放贷组织解散的，应当经监督管理部门批准，并自解散完成之日起5日内将经营放贷业务许可证交回监督管理部门予以注销。非存款类放贷组织依照《中华人民共和国企业破产法》破产的，应当经监督管理部门批准，并自破产程序终结之日起5日内将经营放贷业务许可证交回监督管理部门予以注销。监督管理部门应当制定重大风险事件处置预案。非存款类放贷组织发生重大风险事件导致破产，可能影响区域金融稳定的，监督管理部门应当及时处置，并向省、自治区、直辖市人民政府、中国人民银行和国务院银行业监督管理机构报告。

清算；❶ 对保险公司由保监会提起破产清算或重整程序，保险公司或债权人经过保监会同意，也可以申请破产重整、和解或者破产清算；❷ 对证券公司由证监会决定提起破产重整程序，经证监会同意，证券公司或债权人也可以提出清算或重整的申请。❸ 综上，金融机构破产的申请权人有监管机构、债权人、债务人、存款保险机构。而且，监管机构在金融机构破产中始终起到决定性作用，这是由其承担监管职能的必然逻辑。

（二）典当行破产的申请权人

典当行基于其作为准金融机构的性质，其营业活动要受到商务主管部门的监管，同时特殊工商业活动的特质又不同于银行等金融机构，在破产申请权的配置上存在自身的特点。主要的破产申请权人如下。

商务主管部门。现行立法并未明确规定申请权人，只规定了商务部门为典当行业的监管部门。典当行是否达到破产界限，监管部门在履行日常监管职责过程中最容易首先监测到破产的具体迹象。结合我国对商业银行破产申请权配置的这一特点，从系统解释的角度看，商务主管部门理所当然享有向法院申请典当行的破产重整、清算程序的权利。

债务人及其股东。《企业破产法》第 70 条第 2 款规定："债权人申请对债务人进行破产清算的，在人民法院受理破产申请后、宣告债务人破产前，债务人或者出资额占债务人注册资本十分之一以上的出资人，可以向人民法院申请重整。"据此，典当行作为特殊工商业，其债权人提出破产清算的，在法定期

---

❶《商业银行法》（2015）第 71 条：商业银行不能支付到期债务，经国务院银行业监督管理机构同意，由人民法院依法宣告其破产。商业银行被宣告破产的，由人民法院组织国务院银行业监督管理机构等有关部门和有关人员成立清算组，进行清算。商业银行破产清算时，在支付清算费用、所欠职工工资和劳动保险费用后，应当优先支付个人储蓄存款的本金和利息。

❷《保险法》第 90 条 保险公司有《中华人民共和国企业破产法》第二条规定情形的，经国务院保险监督管理机构同意，保险公司或者其债权人可以依法向人民法院申请重整、和解或者破产清算；国务院保险监督管理机构也可以依法向人民法院申请对该保险公司进行重整或者破产清算。

❸《证券公司风险处置条例》（2008 年）第 37 条：证券公司被依法撤销、关闭时，有《企业破产法》第二条规定情形的，行政清理工作完成后，国务院证券监督管理机构或者其委托的行政清理组依照《企业破产法》的有关规定，可以向人民法院申请对被撤销、关闭证券公司进行破产清算。

第 38 条：证券公司有《企业破产法》第二条规定情形的，国务院证券监督管理机构可以直接向人民法院申请对该证券公司进行重整。证券公司或者其债权人依照《企业破产法》的有关规定，可以向人民法院提出对证券公司进行破产清算或者重整的申请，但应当依照《证券法》第一百二十九条的规定报经国务院证券监督管理机构批准。

限内，债务人或出资额占注册资本十分之一以上的出资人，可以向法院申请重整。根据《典当管理办法》（2005 年）规定设立典当行的股东应符合以下条件：有两个以上法人股东，且法人股相对控股（第 7 条第 1 款第 5 项）；《典当行业监管规定》进一步明确解释，法人股东合计持股比例占全部股份 1/2 以上，或者第一大股东是法人股东且持股比例占全部股份 1/3 以上（第 16 条第 1 款第 1 项）。据此，股东是典当行最大的利益相关者，典当行不能清偿到期债务时，应允许股东申请破产重整程序，采取引进战略投资人、债转股等多种措施实施重整，通过重整程序扩大股东融资渠道，鼓励诚实经营的典当行继续支持小微企业发展实体经济。因此，典当行破产的申请权人可以是债务人典当行，股东中至少控股的法人股东享有申请权。

债权人。从国务院公布的《典当行管理条例（征求意见稿）》几经专家研讨的意见，以及《2015 民间借贷司法解释》规定的内容来看，典当行之间的同业拆借呈现放开趋势，作为债务人的典当行作为债权人的实践将增多。目前实践中典当行以民间借贷形式吸收资金，一旦资金链条断裂，将可能导致典当行的破产，该种情形的合法性问题比较复杂。按照 2015 之前的民间借贷司法解释，法院一般分情况处理，对个人之间的民间借贷行为予以认可，其他不予以认可。《2015 民间借贷司法解释》之后，对企业间为了生产经营需要而进行的借贷，认定为合法的民间借贷行为，更加符合商事效率的需要。但是民间借贷的债权人往往是无担保的小额债权人，与典当行不得发放信用贷款相背离，涉嫌非法吸收公众存款，这种债权是否保护殊值疑问。即使认可，对其提出典当行申请破产的权利也应作出一定的限制，否则容易导致滥用诉权。

综上，由于典当行准金融机构的实质定性与现行立法特殊工商业的法律定位之间的龃龉，典当行具备破产条件时，破产程序的启动在现实中将面临尴尬。如果按照准金融机构的定位，股东将失去重整的权利；按照特殊工商业的定位，又可能导致监管机构启动破产的迟延，造成对债权人利益的更大损失。因此，典当行破产申请权的配置必须同时考虑多方面的因素，赋予相关主体破产申请权，避免社会资源的闲置浪费，实现资源配置效益的最大化。

六、典当行破产程序中的债务人财产界定

在债务人财产的构成范围上，各国破产法有固定主义和膨胀主义两种

立法主义，我国破产法对债务人财产采取膨胀主义，即债务人财产构成包括两部分。一是破产案件受理时属于债务人的全部财产，是指破产案件受理时实际所有的财产，既包括有形财产，也包括无形财产（如企业的商号、客户名单等有财产价值的商业信息等）、财产权益（如企业对外债权、董事、监事和高管人员所侵占财产的权利、出资人未缴纳的出资等）。二是破产案件受理后至破产程序终结前债务人取得的财产。只要是债务人依法享有的可以用货币估价并可以依法转让的财产和财产权益，均属于债务人财产的范围。❶ 典当行是短期、快速融资的企业，当物是当户借款提供给典当行的担保，根据典当行的经营范围及经营特点，典当行破产时，典当行的财产如何准确界定、当物如何处理、撤销权如何行使等均影响债务人财产范围的确定，债务人财产的多少则决定了破产程序中债权人受偿债权的大小。

（一）对典当合同原则上慎用撤销权

按照我国《企业破产法》第31条、32条规定，撤销权的行使规定了两大类：欺诈行为和优惠性清偿，其中第31条第1款规定：在破产申请前一年内所为的五种行为，管理人有权申请法院撤销，其中第2项"以明显不合理的价格交易"中价格是否合理，必须基于商业判断规则作出判断，只要不违反《典当管理办法》规定，不宜简单适用破产撤销权。这是因为，典当合同是短期性合同，典当期限不得超过6个月，最长不超过1年，典当合同所具有的救急、快速特点决定了相对于银行等金融机构其融资成本较高，当事人应预知并承担由此产生的商业风险。

对债务人与其关联人不法交易行为的撤销。关联人交易是我国公司法中明确规制的对象，❷《典当管理办法》（2005年）对典当行与股东之间的典当行

---

❶ 《破产法司法解释二》第1条：除债务人所有的货币、实物外，债务人依法享有的可以用货币估价并可以依法转让的债权、股权、知识产权、用益物权等财产和财产权益，人民法院均应认定为债务人财产。

❷ 《公司法》第216条第4项：关联关系，是指公司控股股东、实际控制人、董事、监事、高级管理人员与其直接或者间接控制的企业之间的关系，以及可能导致公司利益转移的其他关系。但是，国家控股的企业之间不仅因为同受国家控股而具有关联关系。第21条：公司的控股股东、实际控制人、董事、监事、高级管理人员不得利用其关联关系损害公司利益。违反前款规定，给公司造成损失的，应当承担赔偿责任。

为也作出明确规定。❶ 其法理基础在于我国立法认可的两种公司均受到有限责任制度的庇护，为了保护独立的公司主体利益，必须撇清关联人之间的利益关系，防止关联人相互之间的不当利益输送，如存在与之相悖的行为，法院可依据公司法人格否认法理撤销关联交易行为，追回关联人侵吞的财产。《典当管理办法》（2005年）第44条第1款第3项所称的"典当行与股东之间的典当借贷关系"，与"股东与公司之间的股权关系"，可能形成这种利益牵扯关系，尤其对于控股股东，这种利益关系更加明显，甚至可能成为控股股东破产逃避债务的手段，需要依法审查关联人申请企业破产时债权的真实性和合法性，防止关联人利用破产程序帮助债务人企业逃避债务。如符合破产法所规定的撤销行为的情形，可以撤销该关联交易行为。浙江省高级法院出台相关指导意见规定符合条件者可适用关联企业实质破产制度。❷

以中国典当第一案为例，法院和社会公众关注的焦点问题在于关联公司及其高级管理人（湖北联谊公司与民生典当、融秦典当）典当行为的罪与非罪、此罪与彼罪（非法经营罪与非法转贷罪）的刑事责任问题。而本书更为关注的是，类似事件中可能存在的关联人交易行为的撤销问题。❸ 本案在审理过程中，之所以法院追究当事人的刑事责任，解决罪与非罪问题，实质是基于关联公司之间的利益关系的认定。法院认定的事实指明：联谊公司挪用6笔信贷资

---

❶《典当管理办法》（2005年）第44条第1款第3项：典当行的资产应当按照下列比例进行管理，典当行对其股东的典当余额不得超过该股东入股金额，且典当条件不得优于普通当户。

❷《浙江省高级人民法院关于审理涉财务风险企业债务纠纷案件若干问题指导意见》[浙高法(2010) 13号] 十四、涉财务风险企业明显利用关联关系损害其他债权人利益的，可以尝试通过审慎适用关联企业实质合并破产制度，具体可通过审查各关联企业是否存在混同的财务报表、关联企业间资产和流动资产的合并程度、关联企业间的利益统一性和所有权关系等因素，评估合并破产重整是否有利于增加企业重整成功的可能性，确定是否采用合并破产重整措施。采取关联企业实质合并破产重整的，重整计划草案可结合关联债权衡平居次的法理，平衡关联企业破产时各方利益的冲突。

❸ 本书还关注另一个问题：由于刑事责任追究的迟迟未决，关联企业的相继关闭带来的资源浪费。据报道，1994年，高宏震注册成立联谊公司，注册资本1.2亿元。很快，其位列全国钢贸行业第四。2002年数家独立公司以联谊公司为母公司，组成湖北联谊实业集团（简称"联谊集团"）。2007年联谊集团旗下成员公司与民生典当合作，进军典当业。2008年，湖北融泰典当有限公司（简称"融泰典当"）成立，加入联谊集团。联谊集团旗下公司遂终止与民生典当的合作。工商资料显示，融泰典当注册资本5 000万元，股权结构分别为谊信永和2 000万元，武汉锴景工贸有限公司1 000万元，高莉、高玲两个自然人各1 000万元。2010年案发前，联谊集团旗下拥有13家公司，从事钢贸、典当、投资等业务。联谊公司年营业额达60亿元，上缴利税7 200万元，共有员工500余人。连续9年进入全国民营企业500强，被国家工商总局授予"全国守合同，讲信用单位"等等。但案发后，除物流公司勉强维持经营外，公司钢贸主业全面停摆，去年全年营业额不足500万元，留守员工不足10人。

金，通过民生典当、融秦典当从事放贷行为，与同期联谊公司对银行负有巨额负债存在资金混同行为。资金混同则可能导致关联当事人之间的交易行为存在利害冲突。联谊公司并不具备放贷资格，假定利用银行资金放贷，是否涉嫌控股股东联谊公司通过典当公司的合法资质进行利益输送？至于是否以转贷牟利为目的，主观要件的把握较难认定。虽然最高人民法院副院长张军、研究室主任周道鸾对此作过解释：如果行为人确因与他人签订了一份购销合同，急需一笔资金，从银行贷得此款后，因对方违约，不能供货，行为人所贷资金闲置，恰好有一企业急需资金，于是行为人以高出银行贷款利息的利率，将原贷闲置资金高利转贷他人，这种行为，由于行为人贷款时不具有转贷牟利目的，其高利转贷行为不宜按高利转贷罪处理。❶ 但是本案中关键点在于，典当行是有放贷资质的企业，它不是一次性行为，可能是持续性行为，典当行的资金来源与股东之间的借贷关系必须遵循相关的法律规定，即二者之间是借贷关系还是股权关系。

如果是借贷关系，❷ 利用典当行的外壳和高息费营利，亏损甚至破产则留给典当行，典当行成为控股股东的逃债工具，严重损害债权人利益。对于这种交易行为，行为人主观恶意的推定，借鉴美国《统一欺诈性财产转让法》对欺诈的认定标识，❸ 管理人可以申请撤销典当行与关联人之间的交易行为，但要限定在一定时期。如《美国破产法》规定，一般违法行为的可撤销期间是在申请破产前的 90 日内，但如果其行为人是《企业破产法》第 101 条第 30 项规定的内部人，则此期限将延长至 1 年。本案中，按照联谊集团公司的章程，集团所属的 13 家独立公司账户由集团公司统一管理，各公司账户独立。但是账户之间的该种转移交易行为是否存在不当利益输送应予以撤销？

如果是股权关系，按照当时我国公司法和《典当管理办法》（2005 年）

---

❶ 张军、周道鸾主编：《刑法罪名精释》（第三版），转引自周浩：《中国典当第一案宣判：不构成非法经营罪》，载《第一财经日报》2013 年 11 月 30 日 08：16。

❷ 《典当管理办法》（2005 年）第 28 条第 1 款第 1 项：典当行不得从商业银行以外的单位和个人借款。

❸ 欺诈的征象共有 11 个，其中包括："（1）对关系人的转让；（2）财产转让后债务人保留了所有权或仍然有控制权；（3）转让行为——被揭发出来或被故意隐瞒；（4）在转让前——债务人被起诉或被诉讼威胁；（5）债务人几乎所有的财产都被转让；（6）债务人潜逃；（7）债务人转移或隐匿财产；（8）债务人收到的对价与被转让的财产价值相比极不合理；（9）债务人处于无力清偿状态；（10）在巨额债务发生之前不久或发生之后不久转让行为发生……"。参见汪华志：《公司欺诈性财产权转让行为及其法律控制》，中国检察出版社 2007 年 2 月第 1 版，第 28～30 页。

规定典当行资本制度实行法定资本制,公司的注册资本在公司成立时已全部认足,公司成立后增加注册资本,需召开股东大会,修改公司章程,办理变更登记手续等,有观点认为"如果该案非法放贷罪成立,那么可以说,全国的典当公司都是在用典当的名义进行非法放贷之实"❶值得商榷。

(二)对典当行占有的财产符合条件方可行使取回权

典当行破产时,债务人的财产根据其业务范围可能包括保管物、鉴定物、寄售物、当物等,应区别不同情形处理。根据《企业破产法》规定,对于债务人占有的不属于债务人的财产,典当行的债权人享有向破产管理人申请取回其财产的权利,包括租赁物、借用物、寄存保管物、定作物、尚未售出的寄售物,典当行的债权人均享有从债务人的管理人取回的权利。银监会 2015 年 12 月 28 日发布的《网络借贷信息中介机构业务活动管理暂行办法(征求意见稿)》明确指出,对于网络借贷信息中介机构清算时,出借人与借款人的资金分别属于出借人与借款人,不列入清算财产。❷ 据此推理,典当行与 P2P 合作期间典当行破产时,出借人典当行的资金应归属到债务人财产,不列入网络借贷机构。

(三)对当物应分别情形行使取回权和担保权

当物不同于前述保管物、鉴定物、寄售物,当物是依据典当合同由当户提供给典当行的担保物,典当行破产申请受理后至破产程序终结前,典当行仍然可以从事必要的民事活动,对当物可以分别情况进行处置。根据我国《企业破产法》第 18 条规定:❸ 对于法院受理破产之前签订的典当合同,由于继续

---

❶ 晏耀斌:《"典当第一案"二审:典当与金融之争》,载《中国经营报》2015 年 9 月 5 日 6:56,2015 年 12 月 30 日访问。

❷ 银监会《网络借贷信息中介机构业务活动管理暂行办法(征求意见稿)》(发布日期:2015.12.28),第 24 条:(业务暂停与终止)网络借贷信息中介机构暂停、终止业务时应当至少提前 5 个工作日通过官方网站等有效渠道向出借人与借款人公告。网络借贷信息中介机构业务暂停或者终止,不影响已经签订的借贷合同当事人有关权利义务。网络借贷信息中介机构因解散、被依法撤销或宣告破产而终止的,应当在解散、被撤销或破产前,妥善处理已撮合存续的借贷业务,清算事宜按照有关法律法规的规定办理。(破产隔离)网络借贷信息中介机构清算时,出借人与借款人的资金分别属于出借人与借款人,不列入清算财产。

❸ 《破产法》第 18 条:人民法院受理破产申请后,管理人对破产申请受理前成立而债务人和对方当事人均未履行完毕的合同有权决定解除或者继续履行,并通知对方当事人。管理人自破产申请受理之日起二个月内未通知对方当事人,或者自收到对方当事人催告之日起三十日内未答复的,视为解除合同。管理人决定继续履行合同的,对方当事人应当履行;但是,对方当事人有权要求管理人提供担保。管理人不提供担保的,视为解除合同。

履行将增加债务人的责任财产，管理人有权决定继续履行。履行期限届满时，归还本息，当户可行使取回权，取回当物。如果有证据表明当户财务状况持续恶化，或者符合破产法规定的催告权和通知义务，管理人有权决定解除合同。此时，对当物的处理存有疑问。根据我国《企业破产法》第 46 条规定："未到期的债权，在破产申请受理时视为到期。附利息的债权自破产申请受理时起停止计息。"这是债务人企业的债权人所享有的权利，典当行作为债务人企业，对外债权的处置是否适用该规则？问题的特殊之处在于"现行破产法既未对金融机构的破产作出专门规定，也未针对金融债权的特殊性作出特别的回应和安排"[1]。而典当行破产时对债务人财产范围的确定，大多数情形涉及借贷合同中典当行的金融债权问题。"按照破产法原理，除非存在破产法上的压倒性理由，当事人的权利和义务不应仅因破产的发生而改变。破产法原则上不应当改变破产程序开始之前各种不同实体权利的性质，以及合同法、物权法与侵权责任法等实体法中既定的权利排序规则。"[2] 按照破产法规定，普通企业作为债务人破产时，债权人将放弃期限利益，未到期的债权，在破产申请受理时视为到期；那么，根据法律解释举重以明轻的逻辑，典当行破产成为债务人，债务人作为权利人也应放弃期限利益，适用该规则：典当行对到期债权，如当户不能归还，可以对当物行使担保权实现优先受偿权利，利息部分从典当行破产申请受理时起停止计息。

（四）对股东未缴纳的出资追回权

《企业破产法》第 35 条规定："人民法院受理破产申请后，债务人的出资人尚未完全履行出资义务的，管理人应当要求该出资人缴纳所认缴的出资，而不受出资期限的限制。"现行立法对典当行注册资本仍然坚持法定资本制，典当行的注册资本最低限额应当为股东实缴的货币资本。[3] 典当行经营在现行金融体制框架内存在诸多困难，必须肯定典当经营的合法性，同时也应防止母公司股东借用子公司典当行非法营利的行为。对于出资人依法缴付未履行的出资

---

[1] 韩长印、张玉海：《借贷合同加速到期条款的破产法审视》，载《法学》2015 年第 11 期，第 46 页。

[2] 同上。

[3] 《典当管理办法》（2005 年）第 8 条第 2 款。

或者抽逃的出资本息，管理人有权追回。对于公司的发起人和负有监督股东履行出资义务的董事、高级管理人员，或者协助抽逃出资的其他股东、董事、高级管理人员、实际控制人等，对股东违反出资义务或者抽逃出资承担的相应责任，管理人同样有权主张追回。❶

七、典当行破产清算程序中的清偿顺序

按照《典当管理办法》（2005 年）规定，典当行解散应当办理清算，清算结束后，应当依法向工商行政管理机关申请注销登记。❷ 但从典当行业实践看，行政解散占据较大比例，这部分休眠典当行的退出机制要尽快解决。典当行股东和债权人均可向法院申请公司强制清算，清算过程中，清算组在清理公司财产、编制资产负债表和财产清单时，发现公司财产不足清偿债务的，除依据《公司法司法解释二》第 17 条规定，通过与债权人协商制作有关债务清偿方案并清偿债务的外，应依据《公司法》第 188 条和《企业破产法》第 7 条第 3 款的规定向人民法院申请宣告破产。❸ 有学者建议："被依法撤销的或者被吊销营业执照的企业，包括新的工商管理制度因没有提交年检备案而被纳入经营异常状态的企业，虽已经解散而没有清算的企业，可以考虑由法院依职权对其直接启动破产程序，这部分企业本身已经丧失了经营资格，依职权强制清算程序不会影响其他当事人包括债务人的合法权益。"❹ 本书认为该观点值得赞同，企业市场退出机制应以市场竞争规律为前提，但在一定条件下必须有国家公权力的干预，才能建立健康的市场运行环境。在典当行的破产清算程序中，如何确定债权清偿的范围和顺序，蕴含着法律的价值平衡理念。

---

❶ 《破产法司法解释二》第 20 条：管理人代表债务人提起诉讼，主张出资人向债务人依法缴付未履行的出资或者返还抽逃的出资本息，出资人以认缴出资尚未届至公司章程规定的缴纳期限或者违反出资义务已经超过诉讼时效为由抗辩的，人民法院不予支持。管理人依据公司法的相关规定代表债务人提起诉讼，主张公司的发起人和负有监督股东履行出资义务的董事、高级管理人员，或者协助抽逃出资的其他股东、董事、高级管理人员、实际控制人等，对股东违反出资义务或者抽逃出资承担相应责任，并将财产归入债务人财产的，人民法院应予支持。

❷ 《典当管理办法》（2005 年）第 23 条。

❸ 《最高人民法院印发〈关于审理公司强制清算案件工作座谈会纪要〉的通知》法发〔2009〕52 号第 32 条。

❹ 王欣新：《破产与执行程序的合理衔接与转换》，北京市破产法学会会长王欣新教授在第六届中国破产法论坛上的大会主题发言，载中国破产法网，2016 年 1 月 30 日访问。

（一）债权清偿顺序如何确定

破产法坚持同样的债权同样对待，债权清偿不因破产而改变。在此原则基础上，基于社会政策与实质公平的考虑，确认了债权清偿的顺序。而在特定的破产案件中，出现了清偿顺序后位的普通债权人只能分到很少的财产❶或根本无法分得财产❷的情形。近期房地产开发企业重组中购房者的利益保护又凸显了这一问题，在山东济南彩石山庄烂尾楼案件中，济南中院采纳了省政府法律顾问的意见，"承包人是经济上的强者，购房者是经济上的弱者；承包人获取的是经营利益，购房者的利益是生存利益，在利益衡量上，生存利益永远比经营利益具有更高的价值位阶"，提出了购房者相对于抵押权人具有优先受偿的意见，山东省高级法院研究后认为，"返还购房款请求权"应视为"一种受特殊保护的债权"，"对返还购房款请求权的特殊保护，体现了保护弱者和保护人权的双重社会价值和法律价值"。❸ 这一做法具有标示性意义，其法律依据可从最高法院的相关批复中得到答案。❹ 具体到典当行破产清偿顺序，一方面要考虑弱势群体的债权人的生存利益，另一方面，必须以商法思维进行裁判，强调风险自负的投资者风险意识，在数个债权人之间平衡他们的利益。

（二）民间借贷债权人是否保护

实践中，典当行为了突破资金来源的瓶颈，通过民间借贷的方式筹集资金，当发放贷款不能按期收回时，极有可能达到破产界限，从而损害债权人的利益。但是该种情形典当行涉嫌非法吸收公众存款，对民间借贷的债权人所受的损失能否通过破产程序予以保护，比较复杂。由于民间资本存在"两多""两少"难题，江浙一带已有普通民众将存款交典当行放贷，典当行以高息回

---

❶ 在我国，上市公司重整中普通债权的清偿比例一般为10%左右，如＊ST凤凰重整：超过20万元的普通债权部分，清偿比例约为11.64%。参见《证券时报网》2013年12月31日 http：//kuaixun.stcn.com/2013/1230/11045128.shtml，2016年1月30日访问。

❷ 2009年12月28日，石家庄中院作出裁定，终结已无财产可分配的三鹿破产程序。同日，首起三鹿赔偿诉讼在北京市顺义区人民法院开庭审理，三鹿的代理人向法庭出示了石家庄市中级人民法院所作出的裁定，三鹿对普通债权的清偿率为零。这意味着，结石患儿无法从三鹿获得任何赔偿。参见杨正莲：《三鹿破产，受害者如何获得赔偿》，载《中国新闻周刊》2009年第15期。

❸ 徐锦庚、刘成友、卞民德：《济南最大烂尾楼搁置6年收尾 购房者优先受偿》，《人民日报》2015年3月25日。

❹ 《最高人民法院关于建设工程价款优先受偿权问题的批复》法释〔2002〕16号：消费者交付购买商品房的全部或者大部分款项后，承包人就该商品房享有的工程价款优先受偿权不得对抗买受人。

报的实例，假若典当行无法收回借款时，对这部分债权人的利益是否予以保护？如何保护？从破产法的立法价值理念出发，从社会整体利益的视角，保护社会公众金融债权无可厚非，但是根据任何人不得从违法行为中获利的原则，如对其加以保护，则可能出现劣币驱逐良币现象，不利于整个行业的健康发展。

（三）股东债权人的清偿顺序是否劣后

如前文所述，在国务院公布的《非存款类放贷组织管理条例》（征求意见稿）中，已经允许非存款类放贷组织对股东的借款，❶ 此时股东具有债权人和股东的双重身份，股东属于公司内部人，有权参与公司经营管理方面的决策，了解公司整体的财务状况，可以转让股权退出公司，同时作为债权人时也可以要求公司提供担保以确保债权得到充分受偿。相对于其他债权人，股东拥有更多的规避风险的信息优势，具有双重身份的股东的债权清偿应劣后于其他普通债权人。此外母公司作为典当行的控制股东，如存在不公平关联交易、滥用公司法人格等违法行为，母公司对子公司享有的债权应劣后于一般破产债权和一般股东债权的劣后权利行使，这样才符合破产清偿顺序的基本原则。

结语

本部分研究源于典当行业发展趋势的基本认识，认为在市场起决定作用的前提下，作为市场主体的生死是一个自然的优胜劣汰过程。但是在写作过程中，进一步认识到现行立法框架内典当行面临现实困境。典当行资本金主要来源于股东，不得向商业银行以外的单位和个人借款，不得同业拆借，实践中银监会通过通知等禁止商业银行向典当行授信等，限制了典当行的发展规模。典当行目前的主要业务是发放贷款，在对外债权债务关系的链接中，典当行是债权人，因债权不能回收出现不能清偿到期债务的情形几乎不可能，这也许是目前为止并未有一个实例发生的原因。由此看来，典当行破产问题本身就是一个伪命题。但是，随着研究的深入，进一步认识到典当行融资的法律政策呈现不

---

❶《非存款类放贷组织条例》（征求意见稿）第十九条 非存款类放贷组织应当主要运用自有资金从事放贷业务，也可以通过发行债券、向股东或银行业金融机构借款、资产证券化等方式融入资金从事放贷业务。

断改善的趋势，如借贷利率的调整、允许同业拆借等，典当行融资规模将逐渐扩大，在债权债务关系中成为债务人的可能性增大，发放的贷款无法收回时，将导致不能偿还到期债务，那时破产将成为典当行退出市场的必然选择。总之，典当行破产问题尚未引起关注，对于典当行破产是否可以比照银行金融机构破产的规则、民间借贷债权人是否可以申报破产债权、债权清偿顺序如何确定等很多问题尚未进行深入研究，本书仅仅是抛砖引玉，错误之处敬请实务专家、学者批评指正。

本章小结

十八届五中全会进一步提出发展普惠金融，2015年12月31日国务院印发《推进普惠金融发展规划（2016—2020年）》，在大力推行普惠金融政策背景下，各种普惠金融信贷组织的发展将使典当行面临更加激烈的竞争。北京宝瑞通典当行分别于2010年、2012年两次降低息费，推出大大低于行业惯例的低息费业务，曾引起业内广泛争议。从竞争法的视角看，宝瑞通典当行自降息费既不构成低价倾销的恶性竞争，也不构成滥用市场支配地位的垄断行为，而是引导行业回归良性竞争的破坏性创新行为；行业协会应避免限制竞争协议行为，鼓励龙头企业创新行业惯例，建立经济自治竞争规则，引导行业形成良好的竞争秩序。

随着互联网金融的发展，有典当行为拓展融资渠道采取与P2P网贷平台合作模式，其本质是债权转让，该种合作模式具有合法化趋势。理由有三：网络小额贷款合法化为典当行与P2P网络平台合作模式的合法化提供了基础；典当行合法的放贷资质和直接融资的立法趋势正面回应了非法集资的质疑；转当及同业拆借的行业惯例为债权转让融资提供了法史依据。该合作模式中要解决的核心问题是完善对受让人的利益保护制度，一是以直接融资的思路确立监管的原则、方法和内容，二是以交易自由的理念设计规避风险的具体制度。

企业市场准入和市场退出是关乎企业生死的两道门，典当行的市场退出是市场起决定作用的必然逻辑。自改革开放以后我国典当行恢复以来，行政解散是典当行退出市场的主要方式，在调结构、促转型的政策指引下，破产将成为

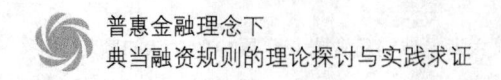

部分典当行市场化退出的一种方式。就典当行破产的法律适用而言，应优先适用典当特殊规则；典当立法没有规定的，应适用《企业破产法》。对典当行破产重整和清算界限的确立采取监管性标准较为合理，典当行破产的申请权人商务主管部门、债务人及其股东。对典当行债务人财产确定，应注意几点：对典当合同原则上慎用撤销权，对债务人与其关联人不法交易行为的撤销；对典当行占有的财产符合条件方可行使取回权；对当物应分别情形行使取回权和担保权；对股东未缴纳的出资追回权。典当行破产清偿顺序的确定，一方面要考虑弱势群体生存利益，另一方面，民间借贷债权人是否保护，以及一般股东、控制股东的债权清偿是否劣后于其他普通债权人等，必须以商法思维进行裁判，强调风险自负的投资者风险意识，在数个债权人之间平衡他们的利益。

第七章　中国普惠金融理念下典当行业法律规则的完善

党的十八届三中全会决议正式提出"发展普惠金融。鼓励金融创新，丰富金融市场层次和产品"。党的十八届五中全会通过的《中共中央关于制定国民经济和社会发展第十三个五年规划的建议》提出创新发展、协调发展、绿色发展、开放发展和共享发展五大理念，其中坚持共享发展理念，发展多业态的普惠金融组织体系。2015年12月31日，国务院印发《推进普惠金融发展规划（2016—2020年）》，其中"健全多元化广覆盖的机构体系"部分，强调规范发展各类新型机构，拓宽小额贷款公司和典当行融资渠道，加快接入征信系统，研究建立风险补偿机制和激励机制，努力提升小微企业融资服务水平，"确立各类普惠金融服务主体法律规范"部分，明确提出推动制定非存款类放贷组织条例、典当业管理条例等法规。❶ 可见，国务院已经明确将典当行业纳入普惠金融组织体系，这一规划为典当行业的发展带来了新的机遇和挑战。如何更新传统观念，撇开部门利益，进一步完善典当行业法律规则体系，将为行业健康发展赢得更广阔的发展空间。

第一节　典当行业应纳入普惠金融组织体系

一、普惠金融的概念及中国现阶段特点

所谓普惠金融体系，其英文为：inclusive financial system，普惠金融概念最

---

❶ 国发〔2015〕74号。

早是在 2005 年联合国举行小额信贷年时提出的概念，是一种包容性的金融服务理念，是指所有有金融需求的群体都有机会获得他们希望获得的金融服务和支持，金融组织对所有有金融需求的群体应一视同仁。但是从金融组织的经营效率和信息成本获取而言，大银行服务大企业是最经济的选择，因此，容易出现对弱势的群体、组织、地区的金融排斥、金融抑制以及金融富贵化的现象。❶

一般而言，普惠金融主要面对的是微型金融，据学者研究，国际上微型金融分为三个服务层次，第一层服务于有一定规模的小企业和城市中等收入阶层的个人，第二层服务于城镇及城乡结合部地区收入较低的个体小生产者、小商贩，以及农村地区从事农副业和小生意的劳动者，第三层服务于社会底层收入阶层，包括农村最贫穷的个人。❷ 中国现阶段发展普惠金融有自身特点，在解决实体经济融资难题过程中，更多的着力点可能集中在第一层。

二、现阶段中国发展普惠金融的意义

追踪普惠金融的历史源流，放眼世界金融发展的未来趋势，当前发展普惠金融至少有几个方面的意义。

第一，有利于确保每个有金融需求的群体和阶层获得公平的金融服务。古希腊哲学家苏格拉底说："真正的正义就是平等地分享。"❸ 当前，我国金融资源配置不均衡，落后地区、弱势行业、贫困群体的金融资源需求在正规金融体系中无法得到回应与满足，这迫使他们转向体制外寻找出路。社会财富属于全体国民，只是资源配置不同，应从制度上矫正部分人获得金融服务的机会，保障所有金融需求的人平等获得金融服务的机会。"国家应站在维护社会公平的角度采用适当的差别待遇对在金融资源获取过程中处于不利地位的人予以一定补偿或救济，以实现大体公平。"具体说，从国家层面要强调规则制定的公平，为各类型的金融机构提供公平合理的竞争起点。❹

第二，有利于金融领域对传统金融服务的最小受惠者贯彻社会正义的理

---

❶ 参见黄韬：《"金融抑制"与中国金融法治的逻辑》，法律出版社 2012 年版。
❷ 罗煜、刘相波：《微型金融的商业化》，载《中国金融》2014 年第 3 期。
❸ 王晓朝译：《高尔吉亚篇》，《柏拉图全集》第 1 卷，人民出版社 2002 年版，第 375 页。
❹ 田春雷：《金融资源配置公平及其法律保障研究》，2012 年武汉大学民商法学博士论文，第 41 页。

念。当代最为著名的法哲学家约翰·罗尔斯明确提出:"正义是评价社会的首要价值,正义应该是我们评判社会制度正当与否的唯一标准,如果社会制定的法律制度尽管富有效率,但是如果是非正义的,那么就应该被废除和修正。"❶正义的一个突出表现就是平等,"罗尔斯最初的正义观强调的是合乎每一个人的利益,而其最后陈述的正义论强调正义应该是合乎最少受惠者的最大利益。"❷ 小微企业、生活贫困者属于我国传统金融服务的最少受惠者,有适合的金融组织满足其金融需求,使这个弱势群体有分享改革发展成果的机会,是国家富强、社会进步的重要标志,也是贯彻社会正义理念的重要体现。

第三,有利于符合不同层次的金融服务需求从而提高金融服务效率。有学者指出:中国金融法制改革肩负三方面的任务:平衡金融安全与金融效率、调节社会财富分配、❸ 优化金融资源配置。金融法除传统的纯经济性功能之外,应将功能范围拓展至调节和控制金融市场的社会效果、规范和促进金融发展对于社会进步的推动作用等社会功能。❹ 笔者认为,金融法社会功能的实现,反过来促进了经济功能的释放。这是因为,一国金融体制包含了不同的层次,各自对应着不同的需求,发展普惠金融,差别性的金融需求均能够得到充分满足。对于不同金融机构来说实现了其核心利益,金融资源得到了合理配置,提高了金融效率;对于监管机构来说,有效的金融资源配置降低了信息收集成本,有利于金融机构控制风险,监管机构的金融安全责任相应地大大减轻,从而有利于实现金融公平、金融安全和金融效率同时作为金融法制的三个价值目标。

三、典当行业纳入普惠金融组织体系的理论依据

在国家发展普惠金融的政策指引下,将典当行业纳入普惠金融组织体系具有合理性。

(一) 从传统到现代典当行均属于微型金融组织

典当行是我国古老的金融行业,自古以来就是为弱者扶危济困的微型金融

---

❶ [美] 罗尔斯:《正义论》,何怀宏等译,中国社会科学出版社 1998 年版,第 1 页。
❷ [美] 罗尔斯:《正义论》,何怀宏等译,中国社会科学出版社 1998 年版,"译者前言"部分。
❸ 参见冯果、李安安:《收入分配改革的金融法进路》,法律出版社 2016 年版。
❹ 参见冯果:《金融法的"三足定理"及中国金融法制的变革》,载《法学》2011 年第 9 期,第 93~101 页。

机构。据学者考证:"微型金融的核心在于它在那些传统金融止步之地延伸金融市场的规模,服务于那些被经济增长所抛弃的人群,而贷款的小规模只是自然的结果。"现代国际主流的"微型金融"概念国内使用时被泛化,我国微型金融按服务对象的不同大致分成三个层次。第一层服务于有一定规模的小企业和城市中等收入阶层的个人;第二层服务于城镇及城乡结合部地区收入较低的个体小生产者、小商贩,以及农村地区从事农副业和小生意的劳动者;第三层服务于社会底层收入阶层,包括农村最贫穷的个人。❶ 典当行服务对象为中小微企业和居民,属于按照商业原则运行的微型金融的第一层次。

(二) 现代典当行与其他微型金融组织的同质性

从金融组织发展状况来说,典当行与小贷公司统称为非存款类放贷人,是不吸收存款、只发放贷款的机构,且是目前我国已有立法认可的两类放贷机构,小贷公司与村镇银行发展迅猛,民营银行全面开闸运营,❷ 网贷公司取得合法地位,❸ 各种信贷组织如雨后春笋般生长。2015年1月20日,银监会成立了普惠金融部,负责推进银行业普惠金融工作,大力发展普惠金融,强化银行业普惠金融工作部在小微、三农等薄弱环节服务和小贷、网贷、融担等非持牌机构监管协调方面的抓总职责。❹ 2015年8月12日国务院发布了《非存款类放贷组织条例(征求意见稿)》,国务院明确表示,制定非存款类放贷组织条例有利于完善多层次信贷市场,为发展普惠金融提供制度基础。金融法制变革的全局和趋势一片向好,典当行与其他同类业态的金融组织具有同质性,应一并纳入微型金融,成为普惠金融组织体系的一员。

第二节　中国普惠金融理念下典当行业法律规则的完善

在我国,发展普惠金融应坚持包容性服务理念,立足典当行业作为"三小行业"的准金融机构特点,将典当融资立法作为金融法体系的构成单元,

---

❶ 罗煜、刘相波:《微型金融的商业化》,载《中国金融》2014年第3期。
❷ 银监会《关于促进民营银行发展的指导意见》国办发 [2015] 49号。
❸ 央行等十部委《关于促进互联网金融健康发展的指导意见》(银发 [2015] 221号)。
❹ 聂国春:《银监会成立普惠金融部》,载《中国消费者报》2015年2月2日。

第七章　中国普惠金融理念下典当行业法律规则的完善

在金融法传统的二元规范结构❶基础上,建构促进规范,从而形成完整的典当行业法律规范,即典当行组织与监管的公法规范、典当交易的私法规范、典当行业促进规范三部分,其中,前两者应在现有规范基础上继续完善,后者则要在梳理现有立法政策、把握行业发展趋势基础上建立新的规则。

一、中国普惠金融理念下典当交易规则的完善

坚持普惠金融理念,要求多层次地满足金融服务的差异化需求,典当行服务于微型企业和居民应急融资需求,其资本来源于民间,主体双方在平等互利基础上达成协议,此种法律行为多属于商事交易行为,首先应秉承私法自治的原则设计和完善法律规则。

(一)淡化管理色彩完善典当交易规则

典当是一种融资交易行为,关于典当的立法既包括对典当交易的监督管理,也包括交易规则的确立,还包括促进、引导行业发展的促进规则,如果从主管部门的角度看重在监管典当行,因而以"管理"命名比较合理的话,国务院法制办公布的《典当行管理条例(征求意见稿)》仍以"管理"命名则有欠妥当。我国有关国有商业银行、民营银行等均属于银监会监管范围,未以"管理"命名,国务院公布的《非存款类放贷组织条例》(征求意见稿)也未出现"管理"二字。我国台湾地区有《当铺业法》❷、香港特区有《当押商条例》❸;国外立法代表性的有美国各州的法令如《佛罗里达州典当法》《得克萨斯州典当行法》《路易斯安那州典当法》《特拉华州典当法》等,加拿大不列颠哥伦比亚省1996年最新修正的《典当商法》,斯里兰卡早在1942年就出台了《典当商法令》,马来西亚有《典当商法》等,均以"商"为标题,凸显出

---

❶　王保树先生认为金融法的二元结构的实态包括金融组织与金融交易的私法规制、金融监管的公法规制,本文认为由于金融业务的高度风险性和金融服务的公共性特征,金融组织的设立具有国家干预的色彩,应归属公法范畴,因此典当行的二元规范结构包括典当行的资质与监管的公法规范和典当交易的私法规范。参见王保树:《金融法二元规范结构的协调与发展趋势——完善金融法体系的一个视点》,载《广东社会科学》2009年第1期,第178~179页。

❷　台湾《当铺业法》第1条:健全当铺业之经营辅导与管理。

❸　香港《当押商条例》第166条:本条例旨在就当押商牌照的发出以及就若干当押交易的规管及管制作出规定;就当押物品订立若干条文;就与前述事项相关或由前述事项附带引起的事宜作出规定……

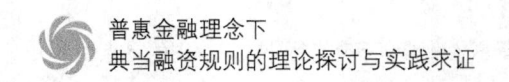

其商行为的性质。为此,建议修改关于《典当行管理条例》的法规名称,去掉"管理"二字,以《典当业条例》(或《典当商条例》)命名,并在法规中进一步完善其中交易规则的内容。

(二) 完善典当交易规则提供交易规范

典当交易的标的是金融商品,双方的交易是建立在平等主体之间的商事活动,典当交易规则的完善应区分单方商行为与双方商行为,尊重典当行在商事交易中依据商业判断追求营利至上的目标,保护典当行的营业自由,强调交易的便捷与效率,同时注重强调交易安全与企业维持。商业实践中典当交易纠纷集中在典当合同的效力和绝当规则的适用两方面。就合同的效力问题,结合我国《物权法》《担保法》《合同法》相关规定,应在梳理浙江、江苏、上海、北京等地方法院审理实践经验的基础上,对典当行特有的合同效力问题如当物未办理登记的典当合同的效力、第三人提供当物的典当合同的效力、第三人支付当金的典当合同的效力、以买卖合同形式发放借款的典当合同的效力等明确具体规则。就绝当规则的适用而言,商业信贷中应适用流质契约,绝当后息费的收取及计算以合理期限(一个月的诉讼准备期)的合理利益为宜,双方约定绝当后当户应支付违约金、逾期利息、典当综合费用的,典当行可以选择主张,也可以同时主张,但以补偿典当行的损失为限。

(三) 适度认可行业惯例加强行业自治

典当是我国古老的金融行业,历史上形成了一些商事习惯,主要包括当物的转当、典当行之间的拆借、善意收取赃当免责、绝当品适用流质契约等。在我国现行立法中持否定态度,禁止转当,禁止同业拆借,典当行收取赃物不区分善意恶意一概否定,动产质押典当绝当后流质契约限制性适用等。笔者赞同台湾学者黄茂荣先生的观点:"过去的法律只是当今之人处理当今之事在规范上的'出发点',而非其'最后的依据'。必如是,才不致以古泥今。"[1] 我国今天的典当行业务范围发生了较大变化,对于在业界约定俗成一直沿用的商事习惯,应该批判性地继承,没必要为了体现与旧时代的告别而创新,立法应尽量不违背民情,遵循行业习惯确认交易的效力,认可行业惯例既节约成本,也

---

[1] 黄茂荣:《法律方法与现代民法》,中国政法大学出版社2001年版,第82页。

是最有效率的选择。如前所述的四种行业习惯中，前三者均具有合理性，应予以继承。对于绝当规则，由于现行立法允许的当物范围较广，价值差异较大，商业贷款应适用流质契约，并通过设定典当行的告知义务和当户的协助义务来实现。

二、普惠金融理念下典当监管规则的完善

由于金融业务的高度风险性和金融服务的公共性，单纯依靠金融业者的自律行为和道德约束，无法控制金融业务的潜在风险，因此由主管部门进行监管非常必要。在普惠金融理念下，基于金融机构的资质不同，对其进行差异化监管是各国的立法选择。典当行在我国金融体系中的地位，无论过去、现在，还是遥远的将来，始终是"小机构、小行业、小市场"的"袖珍行业"，监管部门在事前、事中、事后的监管必须与其行业地位和特点相适应。

（一）坚持负面清单法治理念下的市场准入监管

典当是市场经济条件下不可缺少的融资方式之一，我国对典当行采取了严格的市场准入，从股东的法定人数、身份信用要求，到注册资本的最低数额、出资形式，以及典当行的经营范围，都作出了严格规定。面对百姓的生活消费需求、中小企业旺盛的融资需求与有限的融资方式和融资渠道的矛盾，未来典当行业立法应适当放松市场准入条件，在注册资本最低限额方面，建议授权各省、自治区、直辖市政府商务主管部门根据当地经济发展水平和审慎监管的需要确定，以做到原则性和灵活性相结合。典当行的经营范围随着我国经济发展商业实践中已经发生重大变化，建议坚持负面清单管理的法治理念，坚守"不得吸收公众存款""不得发放信用贷款"两条底线，适当扩展典当行的经营范围，这符合公司越围无效规则的基本法理和现代法制改革的发展趋势。

（二）坚持多部门协同监管体制下的过程性监管

典当行业监管体制的确立应解决前置性问题，即科学界定典当行业的法律地位。典当行业法律地位的游移是导致监管不力的重大原因。应在尊重历史与立足现实相结合的基础上，以融资功能为主定位典当行为准金融机构。依据这一定位，坚持适度监管理念，遵循包容性监管原则，采取柔性监管方法，确立协同监管的体制。建议监管体制上将各地建立的融资性担保业务监管部际联席

会议扩大为普惠金融业务监管部际联席会议,将其纳入银监会的普惠金融部。涉及典当行监管问题,不妨由各地商委作为牵头单位,协同地方银监会、金融工作部门等,就典当行经营过程中的问题、风险等进行政策协调、风险提示等,同时扶持行业协会的发展,充分发挥行业协会监管的作用。此外,在责任制度方面,借鉴民营银行的"生前遗嘱"制度,完善公司法中的一人公司制度、公司法人格否认制度的具体适用等,进一步完善强化股东法律责任。

(三)坚持市场化资源配置下的市场退出监管

企业市场准入和市场退出是关乎企业生死的两道门,自改革开放以后我国典当行恢复以来,行政解散是典当行退出市场的主要方式,在调结构、促转型的政策指引下,破产将成为部分典当行市场化退出的一种方式。就典当行破产的法律适用而言,应优先适用典当特殊规则;该条例没有规定的,应适用《企业破产法》。对典当行破产重整和清算界限的确立采取监管性标准较为合理,典当行破产的申请权人为商务主管部门、债务人及其股东。对典当行债务人财产确定,应就典当行特有的问题作出规定,如对典当行占有的财产符合哪些条件方可行使取回权、对当物如何处理等。典当行破产清偿顺序的确定,一方面要考虑弱势群体生存利益,另一方面,必须以商法思维进行立法,强调风险自负的投资者风险意识,在数个债权人之间平衡他们的利益。在市场化资源配置下,被广为诟病的典当行高息费问题迎刃而解,遵循企业优胜劣汰的规律迫使劣质的典当行退出市场,有利于优化整个典当行业的生态环境。

三、普惠金融理念下典当行业促进规则的建立

普惠金融理念最本质的内涵是对最少受惠者的倾斜保护,要使市场竞争中的弱势群体、地区、行业有机会获取金融资源给予的特别关怀。发展普惠金融组织,正是通过供给低成本的信贷以满足它们的信贷需求,属于扶持、促进型的立法。近几年来,我国在这方面推出一系列的政策立法,如《小贷公司管理办法》(2008)、《促进民营银行发展指导意见的通知》(2015)、央行十部委推出《互联网金融指导意见》(2015)等,据此发展了小贷公司、网贷公司、民营银行等普惠金融组织,并且出台了税收优惠等扶持性政策。2015年12月31日国务院《推进普惠金融发展规划(2016—2020年)》首次提出将典当行

业纳入普惠金融发展规划。商务部应积极完善扶持典当行业的立法政策，推动《典当商条例》尽快出台，进一步拓宽典当行业的融资渠道，促进典当行业与其他普惠金融组织之间的公平竞争，创造良好的商业环境。

（一）超越部门利益制定促进典当行业发展的"十三五"规划

在我国，国务院的职能部门和直属机构是负责某一方面行政事务的机构，掌握的信息资源最多，对本部门主管事务最为了解，更能考虑可操作性，因此通常由政府主管部门提出法律草案，立法效率较高。但是这种部门立法也有显而易见的弊端，由于主管部门本身有其自身局部利益如审批权、机构设置权等，难以超然于利益之外，容易"部门利益法定化"。学者主张："立法者应与立法可能带来的利益保持距离，不能从自己设计的制度中获取任何现实利益。"❶ 当前正值"十三五"规划开局之年，商务部应加强典当行业发展的顶层设计，特别是超越部门利益，优化协同监管体制，制定《关于"十二五"期间促进典当业发展的指导意见》，在促进典当行业享受普惠金融的优惠政策方面有所作为。

（二）引导典当行业发展依据本地产业政策定位

当前典当行业务雷同是一大通病，只有少数规模较大实力雄厚的典当行勇于创新业务，开发新的典当融资服务品种。大多数典当行依然以房地产、汽车业务为主，从未来发展趋势看，上述业务结构潜藏着较大的风险，必须引导行业发挥自身特色优势，加快行业业务转型。可行的办法是引导典当行业发展，依据本地产业政策找准定位，开发特色产品。以北京为例，北京作为首都承担着全国政治中心、文化中心、国际交往中心、科技创新中心的四大首都核心功能。北京市正在大力支持文化创意产业和科技型产业，且这两个产业中大多数企业属于中小微企业，启动资金来源少，融资需求旺盛，但其担保物有限，其能够提供的当物大多为知识产权，包括艺术品、专利、商标、著作权、科技成果等，典当行可以尝试开发特色产品，开展这方面的业务，根据知识产权质押有针对性地进行鉴定人才储备，寻求担保机构、评估机构、交易所的合作，积累品牌声誉，同时享受政府扶持产业发展的政策优惠。

---

❶ 汤耀国、朱莹莹：《超越部门立法》，载《瞭望》2007年第4期，第47页。

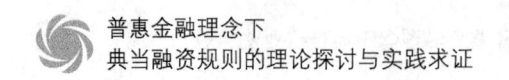

（三）通过行业分级和接入征信系统重塑行业形象

目前，典当行分级分类制度在上海已开始尝试，这是对银行等金融机构进行分类监管经验的成功借鉴，具体可依托行业协会授权其具体负责典当行业分级分类管理的具体工作，或者由其联合专业的信用评级机构设计典当行业监管指标，分年度对全市典当行进行分类和评级，并根据不同的类型和等级实行有差别的监管政策。在健全行业信用管理机制同时，商务部应积极落实国务院《推进普惠金融发展规划（2016—2020年）》，加快典当行业接入征信系统，推进分步实施典当行业信用数据接入全国信用征信系统的工作。目前除银行业系统外，融资性担保公司已经接入征信系统，❶典当行业已经有内部的监督管理信息系统，还可委托典当行业协会作为信用征信系统的数据接入方，统一负责典当行的信用征信数据录入和查询工作，满足典当行业征信需要。通过这两项具体制度的实施，可以扭转社会公众对典当行业灰色产业的传统认识，重塑典当行业的良好形象。

本章小结

在国家发展普惠金融的政策指引下，从典当行的历史发展到现代典当行与其他微型金融组织的同质性考察，将典当行业纳入普惠金融组织体系具有合理性。

在普惠金融理念指导下典当行业法律规则应从三方面建立和完善。

第一，普惠金融理念下侧重交易规则的完善。去掉"管理"二字，以《典当业条例》（或《典当商条例》）命名。对典当行特有的合同效力问题如当物未办理登记的典当合同的效力、第三人提供当物的典当合同的效力、第三人支付当金的典当合同的效力、以买卖合同形式发放借款的典当合同的效力等明确具体规则。商业信贷中应适用流质契约，绝当后息费的收取及计算以合理期限（一个月的诉讼准备期）的合理利益为宜，双方约定绝当后当户应支付违

---

❶ 中国人民银行、中国银行业监督管理委员会关于印发《融资性担保公司接入征信系统管理暂行规定》的通知（2010年12月23日　银发〔2010〕365号）。

约金、逾期利息、典当综合费用的，典当行可以选择主张，也可以同时主张，但以补偿典当行的损失为限。

第二，普惠金融理念下完善典当监管规则。其一，坚持负面清单法治理念下的市场准入监管，适当放松市场准入条件，建议授权各省、自治区、直辖市政府商务主管部门确定注册资本最低限额，坚守"不得吸收公众存款""不得发放信用贷款"两条底线，适当扩展典当行的经营范围。其二，坚持多部门协同监管体制下的过程性监管，将典当行业定位为准金融机构，坚持适度监管理念，遵循包容性监管原则，采取柔性监管方法，确立各地商委为主，协同地方银监会、金融工作部门等政府部门以及行业协会协同监管的体制。其三，坚持市场化资源配置下的市场退出监管。行政解散是目前典当行退出市场的主要方式，在市场化资源配置起决定作用条件下，破产将成为重要方式，立法应就典当行特有的问题作出规定，如破产界限、破产申请权主体、债务人财产界定中对典当行占有的财产符合哪些条件方可行使取回权、当物如何处理以及典当行破产清偿顺序的确定等。

第三，普惠金融理念下典当行业促进规则的建立。商务主管部门应超越部门利益，制定《关于"十三五"期间促进典当业发展的指导意见》，在促进典当行业享受普惠金融的优惠政策方面有所作为，为行业发展创造平等竞争的制度环境，引导典当行业发展依据本地产业政策找准定位，发展特色业务，并通过行业分级和征信系统重塑行业形象。

结语

美国著名法学家博登海默说："法律也必须服从发展所提出的正当要求。一个法律制度，如果跟不上时代的需要和要求，而是死死抱住上个时代的只是短暂意义的观念不放，那么，是没有什么可取的。在一个变幻不定的世界中，如果把法律仅仅视为一种永恒性的工具，那么它就不能有效地发挥其作用。我们必须在运动与静止、保守与变革、经久不变与变化无常这些矛盾的力量之间谋求某种和谐。"[1] 当前典当行业的发展已经超越传统的典当制度框架，在继

---

[1] [美]博登海默：《法理学——法哲学及其方法》，邓正来译，华夏出版社1987年版，第311页。

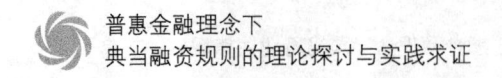

承中创新典当制度，为其注入新的内涵是制度发展的必然逻辑。国务院《推进普惠金融发展规划（2016—2020年）》将典当行纳入普惠金融组织体系，典当行业将迎来一个新的历史机遇。从金融法的效率、安全与公平三元价值出发，典当融资规则应从"二元规范结构"拓展为"三元规范结构"，增加建立行业发展的促进规则。商务主管部门应在普惠金融理念指导下，制定《关于"十二五"期间促进典当业发展的指导意见》，超越部门利益，完善典当行业监管体制，促成建立普惠金融组织业务监管部际联席会议，引导典当行业发展，依据本地产业政策找准定位，发展特色业务，并通过行业分级和征信系统重塑行业形象，为行业发展创造平等竞争的制度环境。

附录一 调研资料

附件1 典当业主管部门调研提纲

一、商委对典当行业监管情况

1. 监管职能履职情况
2. 典当业信息平台建设情况
3. 分级管理制度推行的思路、做法
4. 与行业协会之间的关系协调
5. 监管中存在的主要问题、难点

二、北京市典当业发展状况

1. 典当业发展现状及趋势
2. 典当业务结构状况
3. 典当业主要经营指标
4. 新设典当企业的基本情况
5. 各区县典当业经营的差异与特色

三、北京典当融资监管立法、政策的完善建议

1. 现行监管立法、政策存在的主要问题
2. 监管内容与行业惯例之间的关系
3. 监管主体的监管理念、监管方法等改革趋势
4. 典当融资监管立法的完善建议

附件2　行业协会调研提纲

一、北京市典当业发展状况
1. 资本金规模结构
2. 典当业务结构及其变化情况
3. 典当业主要经营指标
4. 新设典当企业的业务结构、经营情况
5. 每笔典当业务金额
6. 房地产单笔典当业务规模结构分析
7. 典当业发展模式

二、北京市典当行业协会的主要职能
1. 协会发挥行业管理职能的情况
2. 分级管理制度实施的内容、评价标准
3. 与政府部门之间的关系协调
4. 行业协会运行中存在的主要难点
5. 特定业务的行业交流情况

三、典当行经营现状
1. 新型业务的发展情况
2. 典当纠纷的主要类型及解决
3. 典当企业自身融资情况
4. 典当行与银行、保险等合作情况
5. 阻碍行业发展的主要难题
6. 典当行经营的主要风险及其防范

四、典当业融资服务立法、政策的完善建议
1. 现行立法、政策存在的主要问题
2. 行业惯例与立法冲突的主要内容
3. 典当融资立法的完善建议

附件3 典当行调查问卷

一、典当行的基本情况

1. 典当行的注册资本数额（　　　）：

    A. 1 000 万元以下

    B. 1 000 万～10 000 万元

    C. 10 000 万元以上

2. 典当行的股东构成情况（　　　）：

    A. 法人股东占 50% 以上

    B. 自然人股东占 50% 以上

    C. 其他

3. 典当行的性质（　　　）：

    A. 公益典当　　B. 私益典当　　C. 国有企业　　D. 民营企业

4. 典当行的从业人员数量（　　　）：

    A. 10 人　　　　B. 10～30 人　　C. 30 人以上

    具备职业证书者占比（　　　）：

    A. 10%　　　　B. 20%　　　　C. 30%　　　　D. 50% 以上

二、典当行的业务范围

5. 典当行的业务范围（　　　）：

    A. 典当物品　　B. 寄售（旧货销售）　　C. 寄存

    D. 价值评估　　F. 拍卖行　　　　H. 网上购物中心

    G. 其他（　　）

6. 民品典当、股票典当、房地产典当业务、新型业务及其他，各自占比从大到小顺序为（　　　）：

    A. 民品典当、股票典当、房地产典当业务、新型业务及其他

    B. 房地产典当业务、股票典当、新型业务及其他、民品典当

    C. 股票典当、房地产典当业务、新型业务及其他、民品典当

    D. 新型业务及其他、房地产典当业务、民品典当、股票典当

三、典当行自身融资情况

7. 典当行的资金来源（　　）：

　　A. 向家人、朋友筹集　　　　　B. 同业拆借

　　C. 银行　　　　　　　　　　　D. 其他

四、典当行的经营规则及规范性程度

8. 当金数额（　　）：

　　A. 5 万元以下　　B. 5 万~10 万元　　C. 10 万~50 万　　D. 50 万以上

9. 当票之外是否签订抵押（质押）等书面担保合同（　　）：

　　A. 只使用当票　　　　　　　　B. 当票之外签订担保合同

　　C. 只签订担保合同　　　　　　D. 口头约定

10. 资金用途是否限制（　　）：

　　A. 限制，要明确用途　　　　　B. 不限制，无须明确用途

11. 息费的支付（　　）：

　　A. 预扣综合费，不预扣利息

　　B. 预扣综合费及预扣利息

　　C. 利息、综合费用均不预扣

12. 典当期限（　　）：

　　A. 一年　　　B. 六个月　　　C. 三个月　　　D. 一个月以下

13. 典当的仓储保管方式（　　）：

　　A. 租赁　　　B. 自有　　　C. 委托保管　　　D. 其他

14. 典当行审贷委员会的审贷模式（　　）：

　　A. 交易型贷款模式

　　B. 关系型贷款模式

　　C. 与银行等征信系统联网信息共享

　　D. 其他

15. 赎当率占比（　　）：

　　A. 10%　　　B. 20%　　　C. 30%　　　D. 50%以上

16. 绝当物的处理（　　）：

　　A. 拍卖　　　B. 自行处理　　　C. 允许赎当　　　D. 其他

17. 绝当后息费的计算（　　）：

A. 违约责任的约定 B. 处理当物折价

C. 允许再续当 D. 其他

18. 续当次数（　　）：

　　A. 一次　　　B. 两次　　　C. 三次　　　D. 无限制

19. 典当纠纷原因主要有（　　）：

A. 当物不合格 B. 过期赎当

C. 绝当后又要求赎当 D. 息费计算

20. 涉诉事件胜诉比例（　　）：

　　A. 10%　　　B. 20%　　　C. 50%　　　D. 50%以上

五、典当行的同业竞争情况

21. 典当行业竞争激烈程度（　　）：

　　A. 不激烈　　B. 比较激烈　　C. 非常激烈　　D. 说不清

22. 行业竞争主要来自于（　　）：

A. 银行 B. 小贷公司

C. 其他担保机构 D. 民间借贷

六、典当行的管理机构

23. 您认为典当行由（　　）作为监管主体比较妥当：

　　A. 银监会　　B. 金融局　　C. 商委　　　D. 其他

24. 您认为目前北京典当行业协会（　　）：

A. 充分发挥职能 B. 部分发挥职能

C. 行业管理有待完善 D. 未加入行业协会

七、典当行的行业风险

25. 请按下列风险对你所在的典当行的影响程度给予分值：

A. 法律风险（　　） B. 政策风险（　　）

C. 市场风险（　　） D. 信用风险（　　）

E. 操作风险（　　） F. 合规风险（　　）

G. 鉴定估价风险（　　） H. 保管风险（　　）

I. 流动性风险（　　） J. 职业道德风险（　　）

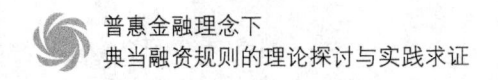

调查问卷统计分析[1]

1. 典当行现状分析

1.1 注册资金

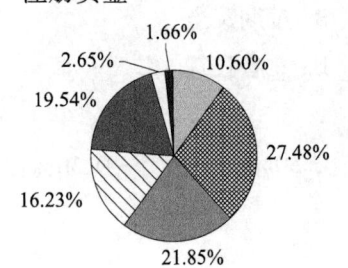

图例：
- 0~500万元（含500万元）
- 501万~1000万元（含1000万元）
- 1001万~1500万元（含1500万元）
- 1501万~2000万元（含2000万元）
- 2001万~5000万元（含5000万元）
- 5001万~9999万元
- 10000万元以上

饼图数据：1.66%、10.60%、27.48%、21.85%、16.23%、19.54%、2.65%

图1　北京市典当行注册资本结构

如图1所示，作为新兴的融资渠道，北京典当行注册资本最低限额实际上在500万元以上，但实际上，法律规定的注册资金为300万元。而从事房地产抵押典当业务的，其注册资本最低限额为500万元，典当行的注册资本最低限额是由股东实缴的货币资本决定的。据调查了解，在典当行营运中，设有分支机构的典当行，其注册资本几乎不少于1 000万元，如图1所示，这样的机构还是占很大比例的。并且，由于每个分支机构需拨付不少于300万元的营运资金，典当行各分支机构运营资金总额不能超过典当行注册资本的50%。从图1的数据可以看出，北京市的典当行注册资本是远远高于法律规定的，实际上，很多大中型典当行的注册资本均在500万元以上。目前，这种新的融资渠道正在步入正轨。

1.2 连锁经营和竞争来源

如图2.1所示，典当行在选择经营方式上，33%选择连锁经营，35%经营者选择单店经营，还有32%的经营者不愿意透露其经营方式。

---

[1] 本部分数据统计分析由法学专升本12级学生李洁、郑硕、郭杰、王丽娜、唐利元、赵红以小组形式合作完成，她们的毕业实务专题《北京市典当行经营的法律风险调研报告》获得2014年北京联合大学"优秀实务专题"。对他们调研过程中的辛苦劳动，在此表示感谢！

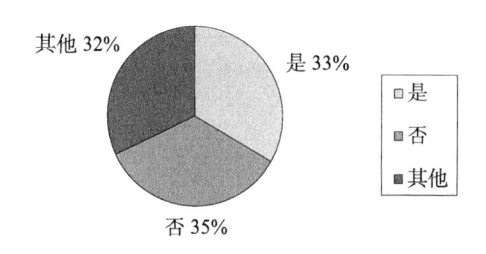

图 2.1　北京市典当行经营结构

如图 2.2 所示，竞争来源主要有：银行（占 47%），小贷公司（占 63%），其他担保机构（占 78%），民间借贷（占 41%）。由此可见，典当行之间竞争是相当激烈的。不仅有同行业竞争压力，还存在着其他行业带来的压力。连锁经营是现在社会普遍的经营理念，一来可以使自己的品牌得到扩展，二来得到客户的信任和支持，还可以拥有稳定的市场，三来连锁经营更可以提高自身知名度。所以，很多初选典当行业的经营者最初会加盟大的典当行。在行业内与行业外的双层竞争中，单店经营转型成为连锁经营的经营方式已经成为更多的商家的首选项目，由单独作战变为集团作战来提升企业的竞争力。与此同时，也为很多实力单薄的典当企业带来了更多机遇，使这些初入行业者有一个稳定的平台和稳定的操作领域，从而激发他们的潜质，并使其利用自身潜质创造出更多财富。

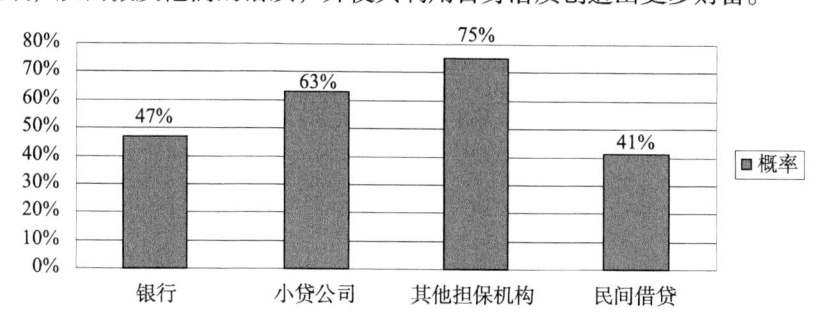

图 2.2　北京市典当行竞争来源

1.3　经营范围

如图 3 所示，典当物品占 100%，寄售占 51%，寄存占 39%，价值评估占 39%，拍卖行 43%，网上购物中心占 10%，其他占 8%。

1.4　息费支付

如图 4 所示，息费支付问题。预扣综合费、不预扣利息占 47%，预扣综合费及利息占 39%，利息综合费均不预扣占 10%，不透露的占 4%。

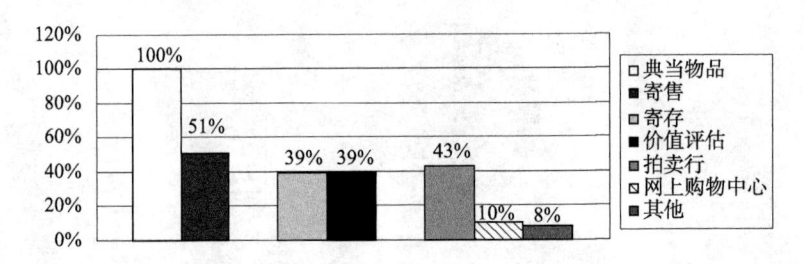

图3　北京市典当行经营范围

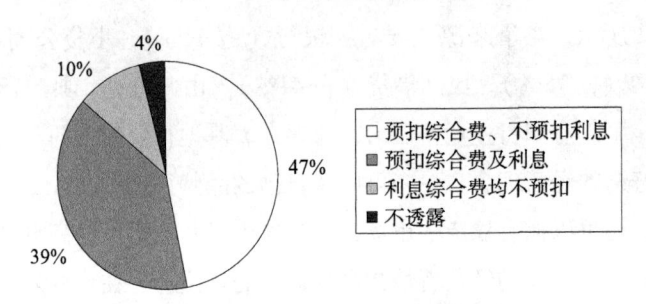

图4　北京典当行息费支付方式

息费的支付问题几乎是所有典当行的大问题。典当行没有固定的息费计算标准，就像银行，不同的银行有各自不同的利息计算标准一样。但是，典当行的息费不能超过法律规定范围。也就是说，只要在规定范围内，各典当行可根据其自身情况设定息费。典当是一种融资行为，按照《典当管理办法》有关规定，按照当金收取综合费及利息。关于典当行是否有权预扣综合费问题，目前没有法律、法规的规制，《典当管理办法》也仅规定了利息不得预扣，却没有明确综合费是否可以预扣。在实践中，预扣综合费是典当行的通行做法，已经成为一种行业惯例，因其并不违反民事法律的基本原则和制度，所以在很多情况下，这种行为的法律效力是得到肯定的。在调研过程中发现，有高达39%的典当行预扣综合费的时候预扣利息，如图4所示。

1.5　绝当品的处理方式

如图5所示，典当行绝当品的处理一般包括拍卖、自行处理、赎当、根据当物价值处理或其他方式几种。其中，有大约67%的绝当品是通过拍卖的方式处理的，自行处理的绝当物也占全部绝当物的62%。

由此可以看出，典当行在处理绝当品时，更倾向于拍卖和自行处理。自行处理的典当物几乎都是陈列在柜台内，按照市价或者优惠于市价一定范围内的价格卖给其他人，采用的方式是公开出售。

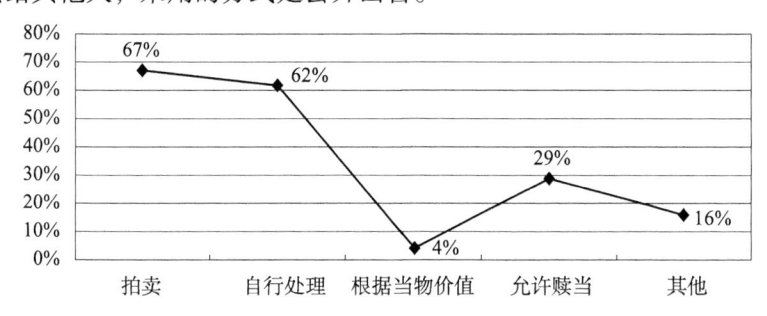

图 5　北京市典当行绝当品处理方式

1.6　绝当品息费计算

如图 6 所示，绝当品息费的计算纠纷的原因，33%来自于违约责任的约定，而允许再续当的纠纷也占了 29%的比例，处理绝当物折价和其他纠纷分别占 29%和 30%。调查中，业内人士向我们表示，绝当物主要还是靠门店的销售。当然，一些典当行的经营者表示，即便暂时没有售出，也不用担心，他们认为，只要这些绝当品没对典当行的资金运行造成重大影响，那么这些绝当品就当做储备，存到典当行的仓库进行保管。对于绝当品，有一部分典当行也会允许赎当，这就降低了"当物绝当后有要求赎当"引起的典当纠纷的发生率。

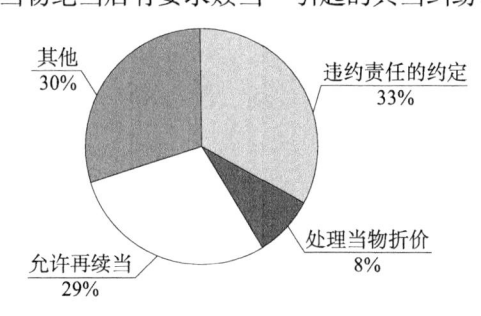

图 6　北京市典当行绝当品息费计算处理方式

1.7　典当纠纷情况分析

如图 7 所示，典当行纠纷原因 47%来自息费和绝当后又要求赎当，43%来自过期赎当，14%来自当物不合格，其他占 12%。每个典当行的经营现状是不同的，而纠纷原因却不尽相同：其一，息费计算；其二，绝当品赎当；其三，过期赎当。

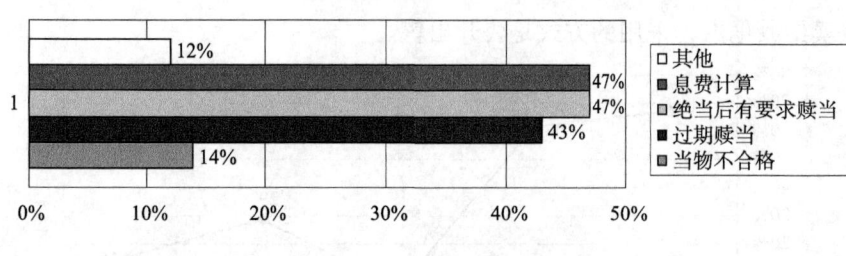

图7　北京典当纠纷原因

1.8　涉诉案件胜诉比率

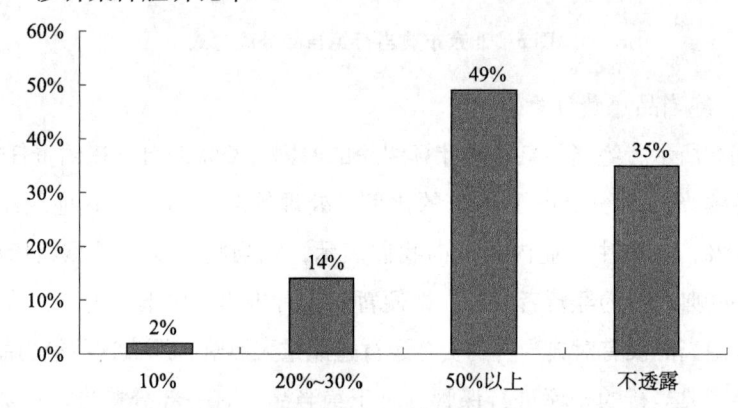

图8　北京市典当行涉案胜诉比率

现实中，任何一种行业都会产生纠纷，纠纷严重到无法协商时，双方当事人就会通过提起诉讼来维护自己的权利。如图8所示，经统计典当行涉诉事件胜诉比例，有的占10%，有的20%~30%，有的50%。有些不便透露。由于典当行业至今仍没有一个特别具体的法律、法规来加以规范，当户与典当行之间发生纠纷时，双方责任的归属也成了一个十分棘手的问题。在调研中，我们发现，49%左右的典当行，其胜诉比率在50%以上，更有很多典当行不愿意透露关于诉讼问题方面的情况。通过聊天采访的方式我们得知，在典当行这个行业里，其法律地位一直处于弱势。在纠纷发生时，法官的天平一般会偏向当户。有的典当行表示，胜诉的概率只有20%左右，如此看来，典当行用拉长诉讼期限的方式拖延诉讼，也是一种不得已的胜诉的方式。很多不愿意透露的典当行工作人员向我们解释，在行业里，除了协会自行处理就是法律诉讼，但是真实的案例中，能帮到行业的法律少之又少，所以拖延的方式即使不太好，也是很多典当行不得不选择的应诉手段。

附件4 法院典型案例

案例1：北京众义达汇鑫汽车销售服务有限公司与北京华盛典当有限公司借款合同纠纷上诉案[1]

2008年5月15日，汇鑫公司（乙方）与华盛典当公司（甲方）签订2008年借字023号《借款合同》。合同约定：甲方同意依据本合同约定向乙方提供机动车质押借款。本合同项下的借款金额为180万元。本合同项下的借款期限自2008年5月15日至2008年6月14日。同日，为了确保主合同债务人汇鑫公司与华盛典当公司于2008年5月15日签订的借款合同的履行，出质人汇鑫公司（乙方）与质权人华盛典当公司（甲方）签订（2008）动质字023号质押合同。同日，保证人众义达集团、何连义分别与华盛典当公司签订保证合同。保证合同中约定：本合同项下主债权的种类为机动车质押，本合同项下被担保的主债权币种为人民币，本金数额为180万元。上述合同签订后，汇鑫公司于2008年5月15日将15辆荣威汽车的合格证原件、发票（空白）原件和车钥匙交付给华盛典当公司。华盛典当公司于2008年5月15日出具当票，典当金额为180万元。华盛典当公司在扣除综合费用75 600元后，将其余1 724 400元汇入汇鑫公司账号。但汇鑫公司在2009年5月17日违约，没有支付综合费。经多次催要未果，华盛典当公司诉至法院，要求汇鑫公司、众义达集团、何连义偿还借款本金180万元，支付综合费（自2009年5月17日至实际履行日止，按月收取4.2%的综合费），支付逾期滞纳金（自2009年7月17日至实际履行日止，按日收取0.5%的逾期滞纳金），承担诉讼费用。

一审法院判决认定：（1）因汇鑫公司将质押车辆的合格证原件、发票原件以及汽车钥匙交与了华盛典当公司，虽然车辆停在汇鑫公司处，但汇鑫公司已不能随意处置车辆，华盛典当公司可以视为已经实际占有了车辆，故汇鑫公司的该项理由不成立，汇鑫公司与华盛典当公司签订的借款合同和质押合同合法有效。（2）根据双方的合同约定，华盛典当公司收取综合费的方式为预先

---

[1] 北京市第二中级人民法院民事判决书（2010）二中民终字第702号，简称"众义达公司案"。

收取，故华盛典当公司在放款时已扣综合费用。(3) 汇鑫公司在续当协议到期后，理应向华盛典当公司偿还借款，并支付综合费，故华盛典当公司要求汇鑫公司偿还借款本金及综合费的诉讼请求，于法有据，该院予以支持。因汇鑫公司未能按照合同约定履行归还本金的义务，已构成违约，其应当承担相应的违约责任。华盛典当公司要求汇鑫公司支付逾期滞纳金的诉讼请求，符合法律规定，该院予以支持。判决：一、汇鑫公司偿还华盛典当公司借款本金180万元（于该判决生效后10日内付清）；二、汇鑫公司偿还华盛典当公司综合费（自2009年5月17日起至实际履行之日止，按照每月75 600元计算，于该判决生效后10日内付清）；三、汇鑫公司偿还华盛典当公司借款本金180万元的逾期滞纳金（自2009年7月17日起至实际履行之日止，按照日万分之五计算，于该判决生效后10日内付清）；四、众义达集团、何连义对上述第一、二、三项汇鑫公司应偿还的款项向华盛典当公司承担连带保证责任；五、驳回汇鑫公司的反诉请求。如果未按本判决指定的期间履行给付金钱义务，应当依照《中华人民共和国民事诉讼法》第二百二十九条之规定，加倍支付迟延履行期间的债务利息。汇鑫公司不服一审法院判决，向北京市第二中级人民法院院提出上诉。二审驳回上诉，维持原判。

案例2：北京鸿鑫典当行诉刘某峰典当合同纠纷[1]

2011年1月27日，原告鸿鑫典当行（甲方）与刘某峰签订典当合同一份，该合同中乙方为刘某松。合同约定，鸿鑫典当行同意给予当户当金人民币50万元整；典当期限自2011年1月27日至2011年7月26日止；当金支付日以当票所记载的实际发放日为准，实际发放日迟于前款记载的发放日，则典当到期日相应顺延；抵押物评估值为100万元整，折当率为50%；该次典当月利率为0.5%，月利息2 500元整，月综合费率为2.7%，月综合费13 500元整；当金利息在赎当或续当时归还，在当金发放时预扣壹个月的综合费，共计16 000元整。

同日，鸿鑫典当行（甲方）与刘某峰签订抵押合同一份（编号：抵H201118号），该合同乙方为刘某松。合同约定，被担保的主债权种类为当金50万元整，月综合费率为2.7%，月利率0.5%；当户履行债务的期限自2011

---

[1] 北京市海淀区人民法院民事判决书（2012）海民初字第5584号，简称"鸿鑫公司案"。

年1月27日至2011年7月26日；抵押房地产坐落于海淀区清华东路东王庄小区13号楼4层8单元402，建筑面积为60.82平方米，房屋所有权人刘某松，抵押物评估值为壹佰万元整，折当率为50%；抵押人及其共有权人将上述房地产全部抵押给抵押权人（包括房产室内财产、附属建筑物、添附物、露台、花园、地下室、车位的所有权和/或使用权），作为担保物，并将房屋所有权凭证交抵押权人保管。

合同签订后鸿鑫典当行即把约定款项汇入刘某峰指定账号。借款到期后，经鸿鑫典当行多次催要，刘某峰借故不还。故鸿鑫典当行依法诉至法院，要求：1. 判令刘某峰立即偿还借款50万元；2. 判令刘某峰给付利息及综合费134 532元、违约金25 000元。

法院认为：鸿鑫典当行与刘某峰于2011年1月27日签订的抵H201118号典当合同，系双方真实意思表示，协议内容未违反国家法律、行政法规的禁止性规定，该合同中写明的乙方虽为刘某松，但合同由刘某峰作为乙方签字，故该合同在鸿鑫典当行与刘某峰之间已经成立，可以视为合同中乙方权利义务归属于刘某峰。此外，合同约定经甲乙双方签字或盖章并自抵H201118号抵押合同生效之日起生效。抵H201118号《抵押合同》虽亦由刘某峰签字，但合同所约定的抵押财产系刘某松所有的房屋，在刘某松未签字认可合同的情况下，该抵押合同不能生效。鸿鑫典当行要求刘某峰支付利息、综合费及违约金的诉讼请求，缺乏合同依据，本院不予支持。判决如下：一、被告刘某峰与原告北京鸿鑫典当行有限责任公司签订的抵H201118号典当合同未生效；二、被告刘某峰向原告北京鸿鑫典当行有限责任公司偿还当金四十八万四千元，于本判决生效后十日内付清；三、驳回原告北京鸿鑫典当行有限责任公司的其他诉讼请求。

案例3：北京海洋港国际大饭店有限公司与北京都市典当有限责任公司典当纠纷上诉案❶

2008年5月6日，甲方海洋港公司与乙方建行铁道支行、丙方都市典当

---

❶ 北京市第二中级人民法院民事判决书（2009）二中民终字第14968号，简称"海洋港饭店案"。

公司三方签订《租赁权质押典当协议书》约定，北京爱华物业管理有限公司与乙方曾于1997年7月23日签订《房屋租赁合同》，租赁面积1 200平方米，租赁期限20年，自1997年8月1日至2017年7月31日，年租金为3 179 880元，物业管理费每年为432 000元，年租金及年物业管理费合计为3 611 880元，双方签约后10日内，乙方以支票形式一次性支付当年租金及管理费，以后的租金及管理费在每年的1月31日前支付，甲方经合同变更，替代原出租方作为1997年7月23日签订的《房屋租赁合同》的出租方，原租赁合同约定的内容不变，甲方因资金紧张，拟将其租赁权即甲方的租赁受益权质押给丙方，以从丙方贷款。2008年5月8日，都市典当公司将3 132 500元支付给海洋港公司，并出具了当票。此当票记载，当物名称为房屋质押，典当金额为350万元，综合管理费为367 500元，典当期限为由2008年5月8日起至2008年8月7日。典当期满后，海洋港公司未归还都市典当公司贷款，亦未再支付综合管理费，也没有支付滞纳金。

一审法院判决认定：（1）海洋港公司与建行铁道支行、都市典当公司三方签订的《租赁权质押典当协议书》系各方当事人真实意思表示，且不违反法律及行政法规的规定，应为有效合同。（2）都市典当公司按当金总额350万元计算而多收取的前3个月的综合管理费，应予扣减。（3）关于当金利率，应当依照《典当管理办法》第三十七条之规定，按中国人民银行公布的银行机构6个月期法定贷款利率及典当期限折算后执行，都市典当公司要求按月利率1.1%计算当金利息，该院不予支持。（4）《租赁权质押典当协议书》中约定的海洋港公司迟延交纳续当综合管理费应按贷款金额每日5‰计算收取的滞纳金过分高于海洋港公司迟延履行行为给都市典当公司造成的损失，且海洋港公司、张爱华均提出要求法院予以调整，故该院予以适当降低。张爱华作为海洋港公司之保证人，应当承担连带清偿责任。（5）对都市典当公司要求行使应收账款质权之诉请，该院认为，由于本案质权登记的时间为2009年3月4日，而此前北京市第二中级人民法院已于2008年10月30日向建行铁道支行发出了协执通知，要求其将房屋租金及物业费交至该院，且2008年11月都市典当公司已经知悉了此协执通知的存在，而其仍于2009年3月4日办理质押登记，故应当认定应收账款质权不成立。因此，对都市典当公司要求建行铁道支行协助履行支付质押款的诉请，该院不予支持。海洋港公司不服一审法院上述民事判决，提起上诉。二审法院驳回上诉，维持原判。

案例4：北京海泰典当有限公司诉王玉合等典当纠纷案❶

王玉合与于春兰原为夫妻关系，二人于1984年12月21日结婚，2008年6月10日协议离婚。王玉合与于春兰签订的离婚协议书中有关"债权债务"一项规定：夫妻关系续存期间的债权归女方所有，债务由女方偿还。

王玉合与于春兰夫妻关系存续期间的2008年4月14日，海泰公司作为典当权人（甲方）与作为典当人（乙方）的王玉合签订典当借款合同。2008年4月16日，海泰公司按3%的费率扣除了21 060元综合费后，向王玉合支付了238 940元当金，并为王玉合出具当票，该当票上载明典当期限自2008年4月16日起至7月15日止。上述典当期限届满后，王玉合3次续当，每次续当，王玉合均支付前期利息和当期综合管理费用。王玉合共计向海泰公司支付综合管理费49 140元、利息6 500元，而26万元典当金至今未予归还。

本院认为：（1）涉案债务发生在王玉合与于春兰夫妻关系存续期间，为夫妻共同债务，应由二人共同偿还；至于王玉合与于春兰离婚协议中有关夫妻关系存续期间的债务由于春兰偿还的内容，不能对抗第三人即海泰公司。（2）王玉合要求对违约金的计算标准进行调整，于法有据，故本案违约金的计算标准由本院酌定。判决如下：一、被告王玉合、于春兰于本判决生效后十日内返还原告北京海泰典当有限公司二十六万元当金，并向原告北京海泰典当有限公司支付综合费用（综合费用的计算标准按月利率百分之二点七计算，自二〇〇八年四月十六日起至款付清之日止，已付49 140元）、利息（自二〇〇八年四月十六日起至款付清之日止的利息，按月利率百分之零点六计算，已付6 500元），并按中国人民银行规定的同期逾期贷款利率向原告北京海泰典当有限公司支付违约金（计息时间自二〇〇八年十一月十六日起至款付清之日止）；二、在本判决书主文第一项确定的被告王玉合、于春兰的债务范围内，原告北京海泰典当有限公司对北京市平谷区建设委员会出具的京房平私移字第42833号他字第11732号房屋他项权证所记载的被告王玉合抵押的财产折价或拍卖、变卖该财产的价款享有优先受偿权。

---

❶ 北京市平谷区人民法院民事判决书（2009）平民初字第00094号，简称"海泰公司案"。

案例5：北京乾通典当有限公司与苍某典当纠纷上诉案[1]

2010年8月17日，苍某与乾通公司签订了一份《机动车质押（典当）合同》，约定自2010年8月17日至2011年2月16日，乾通典当行向苍某提供最高当金额为人民币261 000元可周转性或分期发放的贷款。当天办理了以乾通公司为质押权人的质押登记。双方共同确定首次当金为261 000元，期限为一个月，自2010年8月17日至2010年9月16日止。综合服务费率为当金金额的4.2%/月，乾通公司发放当金时一次性扣收，当金在典当期限满时由苍某向乾通公司支付。

关于续当、赎当、绝当约定如下：苍某于典当期限或续当期限届满至绝当前赎当的，以及苍某于典当期限届满5日后申请续当或赎当的，且质押车辆未被处置并经乾通公司书面同意的，苍某除需向乾通公司每日按0.5%的比例支付罚息外，还应向乾通公司按本合同规定支付综合服务费、利息及当金。如形成绝当，苍某应在3日内将该质押车辆向第三人出售、变卖或折价，并以该款项偿还乾通公司当金、利息、综合服务费及违约金，否则由乾通公司选择并委托拍卖行对当物进行公开拍卖，乾通公司将以取得的款项优先受偿。

关于违约责任及处理约定如下：苍某发生下列违约情形之一的，需每日向乾通公司支付当金5‰的违约金，如苍某支付的违约金不足以弥补乾通公司的损失的，苍某还需赔偿乾通公司的实际损失：（1）未能按期支付当金利息或综合服务费用的；（2）典当期限届满，苍某未能按时偿还当金、综合服务费或利息的，或者甲乙双方未能就延长典当期限达成一致，且苍某不能偿还全部当金或利息的。

典当期限届满后，苍某进行了续当，并继续支付了截至2011年5月9日的综合服务费。自2011年5月10日起至今，苍某未办理续当手续，也未向乾通公司偿还当金，或支付综合服务费。乾通公司向法院提起诉讼。

一审法院判决认为：（1）苍某行为已符合《机动车质押（典当）合同》中关于绝当的约定，乾通公司要求对质押车辆行驶优先受偿权，偿还其垫付诉讼费、公告费及当金261 000元的诉讼请求应予支持；（2）乾通公司主张的

---

[1] 北京市第一中级人民法院民事判决书（2012）一中民终字第3188号，简称"乾通公司案"。

2011年5月9日以后发生的综合服务费的诉讼请求不予支持；（3）关于违约金的诉讼请求，予以部分支持，即自2011年5月10日至2011年5月14日形成的违约金。

乾通公司不服一审法院判决，向北京市第一中级人民法院上诉。二审法院认为：（1）乾通公司应在绝当后的合理诉讼准备期（一个月）后积极提起诉讼来主张权利，故苍某应支付2011年5月10日至2011年6月10日，以及从乾通公司起诉之日2011年9月15日至实际付清之日止的违约金。（2）认定双方合同中约定的违约金（每日按当金的5‰）明显过高，考虑到典当行业的高风险高收益、融资成本较高等特征，酌减本案的违约金标准为按中国人民银行同期银行贷款利率的4倍支付。（3）绝当后，乾通公司无权要求苍某继续基于典当关系支付综合服务费。

案例6：胡某与北京裕兴隆典当有限责任公司典当纠纷上诉案[1]

2007年1月31日，裕兴隆公司、胡某签订《房产抵押借款合同》，双方签有当票一份，典当金额76万元，典当期限自2007年1月31日至2007年4月30日，月利率0.5%，月综合费率2.132%。并约定如胡某在当期或续当期届满后5日内不能按时还款，除应当偿还借款本金、息费外，每日还应当按照借款本金的万分之五支付逾期罚息。裕兴隆公司当日扣除胡某三个月的利息和综合费用6万元，实付金额70万元。2007年4月30日至2008年9月30日，裕兴隆公司、胡某双方又签订续当凭证11份。截至2008年9月30日，胡某按照每月2万元的综合费用，共计给付裕兴隆公司40万元。2008年9月30日至起诉之日，胡某既未办理续当手续，亦未向裕兴隆公司偿还借款本金及相关息费，裕兴隆公司为此诉至法院。

一审法院判决认为：（1）根据《办法》规定，典当当金利息不得预扣，并未规定不得预扣综合费用，故对裕兴隆公司已经多收取的利息从本金中予以扣除，预扣综合费用并无不当；（2）双方于2007年4月30日至2008年9月30日期间，签订续当凭证11份，故该期间为有效的典当期间；（3）因双方在

---

[1] 北京市第一中级人民法院民事判决书（2010）一中民终字第774号，简称"胡某与裕兴隆公司案"。

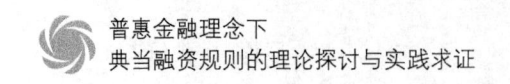

合同中已经约定胡某逾期还款的惩罚规则，故对2008年9月30日以后按照合同约定给付息费和罚息。一审判决下达后，胡某上诉，北京市第一中级人民法院基本维持了一审判决。

案例7：北京裕兴隆典当有限责任公司与被上诉人阳某之间的典当合同纠纷案[1]

2006年1月11日裕兴隆典当公司与阳某签订了007号房产抵押借款合同，并就该抵押办理了登记，双方于2006年1月17日签有当票一份。当期届满后双方达成续当意向，约定阳某向裕兴隆典当公司借款人民币200万元，阳某仍以其拥有的房屋作为借款的抵押担保，但未重新办理抵押登记。借款期限自2006年4月18日至2006年7月18日，综合费用为18.6万元。约定典当期内及续当期限届满后10日内，经双方同意可以续当。当期届满10日后当户不赎当也不续当的即为绝当，阳某不可撤销地授权裕兴隆典当公司由其委托拍卖公司公开拍卖该抵押房产。自上述情况出现起至裕兴隆典当公司抵押权实现阶段，阳某或其责任继承方除应偿还借款本金、息费外，还应承担逾期罚息（按借款本金每日万分之五计算）以及裕兴隆典当公司实现抵押权的相关费用，相关款项均从拍卖款中直接给付裕兴隆典当公司。

当期届满后，阳某分别五次通过银行向裕兴隆典当公司支付自2006年7月19日起续当至2007年1月18日的综合费用。此后，阳某既未按合同约定续当亦未赎当，按双方约定2007年1月29日为绝当，但典当公司并未处分当物。裕兴隆典当公司向原北京市宣武区人民法院提起诉讼，诉讼请求为：要求被告阳某支付拖欠的典当借款本金200万元以及截至2007年9月23日的相应利息、综合费用、逾期罚息共计55.5万元。由于被告未到庭答辩参诉，法院依法进行了缺席审理，认定阳某拖欠每月利息和综合费用、不偿还典当本金的行为均构成违约，支持了原告的全部诉讼请求。

阳某向北京市第一中级人民法院申请再审，将诉讼请求增加为：要求被告偿付典当借款本金200万元，自2008年3月17日至2010年11月17日的借

---

[1] 北京市第一中级人民法院民事判决书（2011）一中民再终字第6287号，简称"阳某与裕兴隆公司案"。

款利息和综合费用共计198.4万元，偿付自2007年3月23日至2010年11月17日的罚息共计132.65万元。北京市第一中级人民法院认定被告阳某拖欠每月利息和综合费用、不偿还典当本金的行为并不构成违约，判决支持了原告的部分诉讼请求：判令被告支付当金金额114.314万元并按每月万分之五的罚息作为经济补偿。裕兴隆典当公司不服判决，向北京市第一中级人民法院提起上诉，二审法院于2011年6月27日作出终审判决，维持原判。

案例8：甲典当行有限公司与艾某典当合同纠纷上诉案[1]

2007年11月1日，艾某与甲典当行签订《借款协议》一份。约定：艾某向甲典当行借款100万元，以现金112.40万元作抵押，抵押期限自2007年11月1日至2008年4月30日止；甲典当行合并上述资金用于艾某证券投资，风险艾某自负；艾某须在甲典当行开设的专用资金账户内进行运作，并且只能用于对经证监会批准交易的证券（ST股票、权证除外）进行投资运作，甲典当行对专用账户内资金运作情况进行监督；抵押期内，艾某应确保账户内资产不得低于150万元，反之，艾某须在第二个工作日中午前补足，否则甲典当行有权平仓，在补足甲典当行资金损失及利息收入后，剩余部分归还艾某；艾某须确保典当行专用账户资金100万元及收益14.40万元（出资金额的2.4%/月），合计114.40万元，到期后本金归还甲典当行，超额收益归艾某所有。当日，艾某以银行本票方式交付甲典当行112.40万元。同年11月5日，甲典当行出具当票一份给艾某，载明当物为股票，典当金额100万元，典当期限为六个月。当票所记载的股票，并非艾某已经购买的特定股票，艾某并未向典当行交付任何股票及备案登记。甲典当行分别将艾某交付的112.40万元及其自己的100万元划入典当行证券资金账户内。

2008年1月28日，甲典当行出具收条，确认收到艾某归还本金8万元，还剩92万元未归还。与此同时，自2007年12月2日至2008年3月2日，典当行陆续出具续当凭证共四张给艾某，确认收取艾某四个月的续当综合费用共计93 504元。

系争《借款协议》签订后，协议项下证券资金账户发生了股票交易，但

---

[1] 2011年上海法院金融审判十大案例之九。

当该账户资金不足 150 万元时，甲典当行并未按约进行平仓。至 2010 年 7 月 29 日，资金账户内股票市值为 538 575 元，资金余额为 31 343.03 元，总资产为 569 918.03 元。据此，该账户资产亏损总额为 1 554 082.35 元。双方因资金亏损如何处理发生争执，协商未果，艾某遂诉至法院，请求判令：1. 双方于 2007 年 11 月 1 日签订的《借款协议》无效；2. 甲典当行归还本金 1 204 000 元，支付该款利息 90 577.60 元，并返还综合费用 93 504 元。原审审理中，甲典当行提出反诉，请求解除双方签订的《借款协议》及当票，艾某返还借款本金 92 万元，支付暂计至 2010 年 5 月 5 日的综合费用 494 080 元，并支付自 2010 年 5 月 6 日至判决生效日止的综合费用。

上海市第一中级人民法院于 2011 年 9 月 22 日作出（2011）沪一中民六（商）终字第 115 号终审民事判决：艾某与甲典当行签订的《借款协议》无效；甲典当行应返还艾某已付综合费用 93 504 元和已还本金 8 万元；甲典当行返还艾某 346 958.82 元；驳回艾某的其他诉讼请求；驳回甲典当行的反诉请求。

法院认为，甲典当行出借款项供艾某在其股票账户内从事证券投资，该行为已超出了其特许经营的范围，故甲典当行与艾某之间所订立的《借款协议》应属无效。根据有关法律规定，双方对合同无效均有过错的，应对损失各自承担相应的责任。本案中，甲典当行与艾某对讼争协议项下股票交易损失均负有过错，应各半承担损失，艾某应承担亏损为 777 041.18 元，甲典当行另应返还艾某综合费 93 504 元及艾某之前已还本金 8 万元，据此，甲典当行还应当向艾某返还 346 958.82 元。

法院审理中，明确了典当公司经营行为法律效力的司法审查标准，典当行业是特许经营行业，典当公司所有的营业行为均须在许可范围内开展。任何超越经营范围的营业行为，即使冠以典当名称，也应认定无效。法院还合理确定了无效融资协议的责任承担及损失分配。在过错分担问题上，法院除了以较高要求考虑金融机构作为金融服务经营者的过错程度外，也注意到了接受金融服务的交易相对方的主观过错，根据案件具体情况，判决双方各半承担投资损失。

附录二　典当相关立法及司法解释资料

《典当管理办法》（2005）

商务部、公安部2005年第8号令

第一章　总　则

第一条　为规范典当行为，加强监督管理，促进典当业规范发展，根据有关法律规定，制定本办法。

第二条　在中华人民共和国境内设立典当行，从事典当活动，适用本办法。

第三条　本办法所称典当，是指当户将其动产、财产权利作为当物质押或者将其房地产作为当物抵押给典当行，交付一定比例费用，取得当金，并在约定期限内支付当金利息、偿还当金、赎回当物的行为。

本办法所称典当行，是指依照本办法设立的专门从事典当活动的企业法人，其组织形式与组织机构适用《中华人民共和国公司法》的有关规定。

第四条　商务主管部门对典当业实施监督管理，公安机关对典当业进行治安管理。

第五条　典当行的名称应当符合企业名称登记管理的有关规定。典当行名称中的行业表述应当标明"典当"字样。其他任何经营性组织和机构的名称不得含有"典当"字样，不得经营或者变相经营典当业务。

第六条　典当行从事经营活动，应当遵守法律、法规和规章，遵循平等、自愿、诚信、互利的原则。

第二章　设　立

第七条　申请设立典当行，应当具备下列条件：

（一）有符合法律、法规规定的章程；

（二）有符合本办法规定的最低限额的注册资本；

（三）有符合要求的营业场所和办理业务必需的设施；

（四）有熟悉典当业务的经营管理人员及鉴定评估人员；

（五）有2个以上法人股东，且法人股相对控股；

（六）符合本办法第九条和第十条规定的治安管理要求；

（七）符合国家对典当行统筹规划、合理布局的要求。

第八条 典当行注册资本最低限额为300万元；从事房地产抵押典当业务的，注册资本最低限额为500万元；从事财产权利质押典当业务的，注册资本最低限额为1 000万元。

典当行的注册资本最低限额应当为股东实缴的货币资本，不包括以实物、工业产权、非专利技术、土地使用权作价出资的资本。

第九条 典当行应当建立、健全以下安全制度：

（一）收当、续当、赎当查验证件（照）制度；

（二）当物查验、保管制度；

（三）通缉协查核对制度；

（四）可疑情况报告制度；

（五）配备保安人员制度。

第十条 典当行房屋建筑和经营设施应当符合国家有关安全标准和消防管理规定，具备下列安全防范设施：

（一）经营场所内设置录像设备（录像资料至少保存2个月）；

（二）营业柜台设置防护设施；

（三）设置符合安全要求的典当物品保管库房和保险箱（柜、库）；

（四）设置报警装置；

（五）门窗设置防护设施；

（六）配备必要的消防设施及器材。

第十一条 设立典当行，申请人应当向拟设典当行所在地设区的市（地）级商务主管部门提交下列材料：

（一）设立申请（应当载明拟设立典当行的名称、住所、注册资本、股东及出资额、经营范围等内容）及可行性研究报告；

（二）典当行章程、出资协议及出资承诺书；

（三）典当行业务规则、内部管理制度及安全防范措施；

（四）具有法定资格的验资机构出具的验资证明；

（五）档案所在单位人事部门出具的个人股东、拟任法定代表人和其他高级管理人员的简历；

（六）具有法定资格的会计师事务所出具的法人股东近期财务审计报告及出资能力证明、法人股东的董事会（股东会）决议及营业执照副本复印件；

（七）符合要求的营业场所的所有权或者使用权的有效证明文件；

（八）工商行政管理机关核发的《企业名称预先核准通知书》。

第十二条 具备下列条件的典当行可以跨省（自治区、直辖市）设立分支机构：

（一）经营典当业务三年以上，注册资本不少于人民币1 500万元；

（二）最近2年连续盈利；

（三）最近2年无违法违规经营记录。

典当行的分支机构应当执行本办法第九条规定的安全制度，具备本办法第十条规定的安全防范设施。

第十三条 典当行应当对每个分支机构拨付不少于500万元的营运资金。

典当行各分支机构营运资金总额不得超过典当行注册资本的50%。

第十四条 典当行申请设立分支机构，应当向拟设分支机构所在地设区的市（地）级商务主管部门提交下列材料：

（一）设立分支机构的申请报告（应当载明拟设分支机构的名称、住所、负责人、营运资金数额等）、可行性研究报告、董事会（股东会）决议；

（二）具有法定资格的会计师事务所出具的该典当行最近2年的财务会计报告；

（三）档案所在地人事部门出具的拟任分支机构负责人的简历；

（四）符合要求的营业场所的所有权或者使用权的有效证明文件；

（五）省级商务主管部门及所在地县级人民政府公安机关出具的最近2年无违法违规经营记录的证明。

第十五条 收到设立典当行或者典当行申请设立分支机构的申请后，设区的市（地）级商务主管部门应当报省级商务主管部门审核，省级商务主管部门将审核意见和申请材料报送商务部，由商务部批准并颁发《典当经营许可证》。省级商务主管部门应当在收到商务部批准文件后5日（工作日，下同）内将有关情况通报同级人民政府公安机关。省级人民政府公安机关应当在5日内将通报情况通知设区的市（地）级人民政府公安机关。

第十六条 申请人领取《典当经营许可证》后，应当在10日内向所在地县级人民政府公安机关申请典当行《特种行业许可证》，并提供下列材料：

（一）申请报告；

（二）《典当经营许可证》及复印件；

（三）法定代表人、个人股东和其他高级管理人员的简历及有效身份证件复印件；

（四）法定代表人、个人股东和其他高级管理人员的户口所在地县级人民政府公安机关出具的无故意犯罪记录证明；

（五）典当行经营场所及保管库房平面图、建筑结构图；

（六）录像设备、防护设施、保险箱（柜、库）及消防设施安装、设置位置分布图；

（七）各项治安保卫、消防安全管理制度；

（八）治安保卫组织或者治安保卫人员基本情况。

第十七条 所在地县级人民政府公安机关受理后应当在10日内将申请材料及初步审核结果报设区的市（地）级人民政府公安机关审核批准，设区的市（地）级人民政府公安机关应当在10日内审核批准完毕。经批准的，颁发《特种行业许可证》。

设区的市（地）级人民政府公安机关直接受理的申请，应当在20日内审核批准完毕。经批准的，颁发《特种行业许可证》。

设区的市（地）级人民政府公安机关应当在发证后5日内将审核批准情况报省级人民政府公安机关备案；省级人民政府公安机关应当在5日内将有关情况通报同级商务主管部门。

申请人领取《特种行业许可证》后，应当在10日内到工商行政管理机关申请登记注册，领取营业执照后，方可营业。

第三章 变更、终止

第十八条 典当行变更机构名称、注册资本（变更后注册资本在 5 000 万元以上的除外）、法定代表人、在本市（地、州、盟）范围内变更住所、转让股份（对外转让股份累计达 50% 以上的除外）的，应当经省级商务主管部门批准。省级商务主管部门应当在批准后 20 日内向商务部备案。商务部于每年 6 月、12 月集中换发《典当经营许可证》。

典当行分立、合并、跨市（地、州、盟）迁移住所、对外转让股份累计达 50% 以上、以及变更后注册资本在 5 000 万元以上的，应当经省级商务主管部门同意，报商务部批准，并换发《典当经营许可证》。

申请人领取《典当经营许可证》后，依照本办法第十七条的有关规定申请换发《特种行业许可证》和营业执照。

第十九条 典当行增加注册资本应当符合下列条件：

（一）与开业时间或者前一次增资相隔的时间在 1 年以上；

（二）1 年内没有违法违规经营记录。

第二十条 典当行变更注册资本或者调整股本结构，新进入的个人股东和拟任高级管理人员应当接受资格审查；新进入的法人股东及增资的法人股东应当具备相应的投资能力与投资资格。

第二十一条 无正当理由未按照规定办理《特种行业许可证》及营业执照的，或者自核发营业执照之日起无正当理由超过 6 个月未营业，或者营业后自行停业连续达 6 个月以上的，省级商务主管部门、设区的市（地）级人民政府公安机关应当分别收回《典当经营许可证》《特种行业许可证》，原批准文件自动撤销。收回的《典当经营许可证》应当交回商务部。

省级商务主管部门收回《典当经营许可证》，或者设区的市（地）级人民政府公安机关收回《特种行业许可证》的，应当在 10 日内通过省级人民政府公安机关相互通报情况。

许可证被收回后，典当行应当依法向工商行政管理机关申请注销登记。

第二十二条 典当行解散应当提前 3 个月向省级商务主管部门提出申请，经批准后，应当停止除赎当和处理绝当物品以外的其他业务，并依法成立清算组，进行清算。

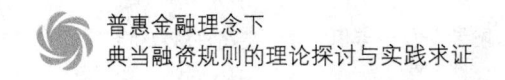

第二十三条 典当行清算结束后,清算组应当将清算报告报省级商务主管部门确认,由省级商务主管部门收回《典当经营许可证》,并在5日内通报同级人民政府公安机关。

省级人民政府公安机关应当在5日内通知作出原批准决定的设区的市(地)级人民政府公安机关收回《特种行业许可证》。

典当行在清算结束后,应当依法向工商行政管理机关申请注销登记。

第二十四条 省级商务主管部门对终止经营的典当行应当予以公告,并报商务部备案。

第四章 经营范围

第二十五条 经批准,典当行可以经营下列业务:

(一)动产质押典当业务;

(二)财产权利质押典当业务;

(三)房地产(外省、自治区、直辖市的房地产或者未取得商品房预售许可证的在建工程除外)抵押典当业务;

(四)限额内绝当物品的变卖;

(五)鉴定评估及咨询服务;

(六)商务部依法批准的其他典当业务。

第二十六条 典当行不得经营下列业务:

(一)非绝当物品的销售以及旧物收购、寄售;

(二)动产抵押业务;

(三)集资、吸收存款或者变相吸收存款;

(四)发放信用贷款;

(五)未经商务部批准的其他业务。

第二十七条 典当行不得收当下列财物:

(一)依法被查封、扣押或者已经被采取其他保全措施的财产;

(二)赃物和来源不明的物品;

(三)易燃、易爆、剧毒、放射性物品及其容器;

(四)管制刀具、枪支、弹药、军、警用标志、制式服装和器械;

(五)国家机关公文、印章及其管理的财物;

（六）国家机关核发的除物权证书以外的证照及有效身份证件；

（七）当户没有所有权或者未能依法取得处分权的财产；

（八）法律、法规及国家有关规定禁止流通的自然资源或者其他财物。

第二十八条　典当行不得有下列行为：

（一）从商业银行以外的单位和个人借款；

（二）与其他典当行拆借或者变相拆借资金；

（三）超过规定限额从商业银行贷款；

（四）对外投资。

第二十九条　典当行收当国家统收、专营、专卖物品，须经有关部门批准。

第五章　当　票

第三十条　当票是典当行与当户之间的借贷契约，是典当行向当户支付当金的付款凭证。

典当行和当户就当票以外事项进行约定的，应当补充订立书面合同，但约定的内容不得违反有关法律、法规和本办法的规定。

第三十一条　当票应当载明下列事项：

（一）典当行机构名称及住所；

（二）当户姓名（名称）、住所（址）、有效证件（照）及号码；

（三）当物名称、数量、质量、状况；

（四）估价金额、当金数额；

（五）利率、综合费率；

（六）典当日期、典当期、续当期；

（七）当户须知。

第三十二条　典当行和当户不得将当票转让、出借或者质押给第三人。

第三十三条　典当行和当户应当真实记录并妥善保管当票。

当票遗失，当户应当及时向典当行办理挂失手续。未办理挂失手续或者挂失前被他人赎当，典当行无过错的，典当行不负赔偿责任。

第六章　经营规则

第三十四条　典当行不得委托其他单位和个人代办典当业务，不得向其他组织、机构和经营场所派驻业务人员从事典当业务。

第三十五条　办理出当与赎当，当户均应当出具本人的有效身份证件。当户为单位的，经办人员应当出具单位证明和经办人的有效身份证件；委托典当中，被委托人应当出具典当委托书、本人和委托人的有效身份证件。

除前款所列证件外，出当时，当户应当如实向典当行提供当物的来源及相关证明材料。赎当时，当户应当出示当票。

典当行应当查验当户出具的本条第二款所列证明文件。

第三十六条　当物的估价金额及当金数额应当由双方协商确定。

房地产的当金数额经协商不能达成一致的，双方可以委托有资质的房地产价格评估机构进行评估，估价金额可以作为确定当金数额的参考。

典当期限由双方约定，最长不得超过 6 个月。

第三十七条　典当当金利率，按中国人民银行公布的银行机构 6 个月期法定贷款利率及典当期限折算后执行。

典当当金利息不得预扣。

第三十八条　典当综合费用包括各种服务及管理费用。

动产质押典当的月综合费率不得超过当金的 42‰。

房地产抵押典当的月综合费率不得超过当金的 27‰。

财产权利质押典当的月综合费率不得超过当金的 24‰。

当期不足 5 日的，按 5 日收取有关费用。

第三十九条　典当期内或典当期限届满后 5 日内，经双方同意可以续当，续当一次的期限最长为 6 个月。续当期自典当期限或者前一次续当期限届满日起算。续当时，当户应当结清前期利息和当期费用。

第四十条　典当期限或者续当期限届满后，当户应当在 5 日内赎当或者续当。逾期不赎当也不续当的，为绝当。

当户于典当期限或者续当期限届满至绝当前赎当的，除须偿还当金本息、综合费用外，还应当根据中国人民银行规定的银行等金融机构逾期贷款罚息水平、典当行制定的费用标准和逾期天数，补交当金利息和有关费用。

第四十一条 典当行在当期内不得出租、质押、抵押和使用当物。

质押当物在典当期内或者续当期内发生遗失或者损毁的，典当行应当按照估价金额进行赔偿。遇有不可抗力导致质押当物损毁的，典当行不承担赔偿责任。

第四十二条 典当行经营房地产抵押典当业务，应当和当户依法到有关部门先行办理抵押登记，再办理抵押典当手续。

典当行经营机动车质押典当业务，应当到车辆管理部门办理质押登记手续。

典当行经营其他典当业务，有关法律、法规要求登记的，应当依法办理登记手续。

第四十三条 典当行应当按照下列规定处理绝当物品：

（一）当物估价金额在3万元以上的，可以按照《中华人民共和国担保法》的有关规定处理，也可以双方事先约定绝当后由典当行委托拍卖行公开拍卖。拍卖收入在扣除拍卖费用及当金本息后，剩余部分应当退还当户，不足部分向当户追索。

（二）绝当物估价金额不足3万元的，典当行可以自行变卖或者折价处理，损溢自负。

（三）对国家限制流通的绝当物，应当根据有关法律、法规，报有关管理部门批准后处理或者交售指定单位。

（四）典当行在营业场所以外设立绝当物品销售点应当报省级商务主管部门备案，并自觉接受当地商务主管部门监督检查。

（五）典当行处分绝当物品中的上市公司股份应当取得当户的同意和配合，典当行不得自行变卖、折价处理或者委托拍卖行公开拍卖绝当物品中的上市公司股份。

第四十四条 典当行的资产应当按照下列比例进行管理：

（一）典当行自初始营业起至第一次向省级商务主管部门及所在地商务主管部门报送年度财务会计报告的时期内从商业银行贷款的，贷款余额不得超过其注册资本。典当行第一次向省级商务主管部门及所在地商务主管部门报送财务会计报告之后从商业银行贷款的，贷款余额不得超过上一年度向主管部门报送的财务会计报告中的所有者权益。典当行不得从本市（地、州、盟）以外

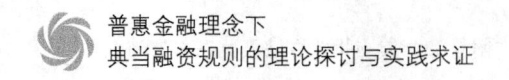

的商业银行贷款。典当行分支机构不得从商业银行贷款。

（二）典当行对同一法人或者自然人的典当余额不得超过注册资本的25%。

（三）典当行对其股东的典当余额不得超过该股东入股金额，且典当条件不得优于普通当户。

（四）典当行净资产低于注册资本的90%时，各股东应当按比例补足或者申请减少注册资本，但减少后的注册资本不得违反本办法关于典当行注册资本最低限额的规定。

（五）典当行财产权利质押典当余额不得超过注册资本的50%。房地产抵押典当余额不得超过注册资本。注册资本不足1 000万元的，房地产抵押典当单笔当金数额不得超过100万元。注册资本在1 000万元以上的，房地产抵押典当单笔当金数额不得超过注册资本的10%。

第四十五条 典当行应当依照法律和国家统一的会计制度，建立、健全财务会计制度和内部审计制度。

典当行应当按照国家有关规定，真实记录并全面反映其业务活动和财务状况，编制月度报表和年度财务会计报告，并按要求向省级商务主管部门及所在地设区的市（地）级商务主管部门报送。

典当行年度财务会计报告须经会计师事务所或者其他法定机构审查验证。

第七章　监督管理

第四十六条 商务部对典当业实行归口管理，履行以下监督管理职责：

（一）制定有关规章、政策；

（二）负责典当行市场准入和退出管理；

（三）负责典当行日常业务监管；

（四）对典当行业自律组织进行业务指导。

第四十七条 商务部参照省级商务主管部门拟定的年度发展规划对全国范围内典当行的总量、布局及资本规模进行调控。

第四十八条 《典当经营许可证》由商务部统一印制。《典当经营许可证》实行统一编码管理，编码管理办法由商务部另行制定。

当票由商务部统一设计，省级商务主管部门监制。省级商务主管部门应当每半年向商务部报告当票的印制、使用情况。任何单位和个人不得伪造和变造当票。

第四十九条 省级商务主管部门应当按季度向商务部报送本地典当行经营情况。具体要求和报表格式由商务部另行规定。

第五十条 典当行的从业人员应当持有有效身份证件；外国人及其他境外人员在典当行就业的，应当按照国家有关规定，取得外国人就业许可证书。

典当行不得雇佣不能提供前款所列证件的人员。

第五十一条 典当行应当如实记录、统计质押当物和当户信息，并按照所在地县级以上人民政府公安机关的要求报送备查。

第五十二条 典当行发现公安机关通报协查的人员或者赃物以及本办法第二十七条所列其他财物的，应当立即向公安机关报告有关情况。

第五十三条 对属于赃物或者有赃物嫌疑的当物，公安机关应当依法予以扣押，并依照国家有关规定处理。

第五十四条 省级商务主管部门以及设区的市（地）级商务主管部门应当根据本地实际建立定期检查及不定期抽查制度，及时发现和处理有关问题；对于辖区内典当行发生的盗抢、火灾、集资吸储及重大涉讼案件等情况，应当在 24 小时之内将有关情况报告上级商务主管部门和当地人民政府，并通报同级人民政府公安机关。

第五十五条 全国性典当行业协会是典当行业的全国性自律组织，经国务院民政部门核准登记后成立，接受国务院商务、公安等部门的业务指导。

地方性典当行业协会是本地典当行业的自律性组织，经当地民政部门核准登记后成立，接受所在地商务、公安等部门的业务指导。

第五十六条 商务部授权省级商务主管部门对典当行进行年审。具体办法由商务部另行制定。

省级商务主管部门应当在年审后 10 日内将有关情况通报同级人民政府公安机关和工商行政管理机关。

第五十七条 国家推行典当执业水平认证制度。具体办法由商务部会同国务院人事行政部门制定。

第八章 罚 则

第五十八条 非法设立典当行及分支机构或者以其他方式非法经营典当业务的，依据国务院《无照经营查处取缔办法》予以处罚。

第五十九条 典当行违反本办法第二十六条第（三）、（四）项规定，构成犯罪的，依法追究刑事责任。

第六十条 典当行违反本办法第二十八条第（一）、（二）、（三）项或者第四十四条第（一）、（二）、（五）项规定的，由省级商务主管部门责令改正，并处 5 000 元以上 3 万元以下罚款；构成犯罪的，依法追究刑事责任。

第六十一条 典当行违反本办法第三十七条第一款或者第三十八条第二、三、四款规定的，由省级商务主管部门责令改正，并处 5 000 元以上 3 万元以下罚款；构成犯罪的，依法追究刑事责任。

第六十二条 典当行违反本办法第四十五条规定，隐瞒真实经营情况，提供虚假财务会计报告及财务报表，或者采用其他方式逃避税收与监管的，由省级商务主管部门责令改正，并通报相关部门依法查处；构成犯罪的，依法追究刑事责任。

第六十三条 典当行违反本办法第二十七条规定的，由县级以上人民政府公安机关责令改正，并处 5 000 元以上 3 万元以下罚款；构成犯罪的，依法追究刑事责任。

第六十四条 典当行违反本办法第二十六条第（一）、（二）、（五）项，第二十八条第（四）项或者第三十四条规定的，由所在地设区的市（地）级商务主管部门责令改正，单处或者并处 5 000 元以上 3 万元以下罚款。

典当行违反本办法第二十九条或者第四十三条第（三）、（五）项的规定，收当限制流通物或者处理绝当物未获得相应批准或者同意的，由所在地设区的市（地）级商务主管部门责令改正，并处 1 000 元以上 5 000 元以下罚款。

典当行违反本办法第四十四条第（三）、（四）项规定，资本不实，扰乱经营秩序的，由所在地设区的市（地）级商务主管部门责令限期补足或者减少注册资本，并处以 5 000 元以上 3 万元以下罚款。

第六十五条 典当行违反本办法第三十五条第三款或者第五十一条规定的，由县级以上人民政府公安机关责令改正，并处 200 元以上 1 000 元以下罚款。

第六十六条 典当行违反本办法第五十二条规定的,由县级以上人民政府公安机关责令改正,并处 2 000 元以上 1 万元以下罚款;造成严重后果或者屡教不改的,处 5 000 元以上 3 万元以下罚款。

对明知是赃物而窝藏、销毁、转移的,依法给予治安管理处罚;构成犯罪的,依法追究刑事责任。

第六十七条 典当行采用暴力、威胁手段强迫他人典当,或者以其他不正当手段侵犯当户合法权益,构成违反治安管理行为的,由公安机关依法给予治安管理处罚;构成犯罪的,依法追究刑事责任。

第六十八条 在调查、侦查典当行违法犯罪行为过程中,商务主管部门与公安机关应当相互配合。商务主管部门和公安机关发现典当行有违反本办法行为的,应当进行调查、核实,并相互通报查处结果;涉嫌构成犯罪的,商务主管部门应当及时移送公安机关处理。

第六十九条 商务主管部门、公安机关工作人员在典当行设立、变更及终止审批中违反法律、法规和本办法规定,或者在监督管理工作中滥用职权、徇私舞弊、玩忽职守的,对直接负责的主管人员和其他直接责任人员依法给予行政处分;构成犯罪的,依法追究刑事责任。

第九章 附 则

第七十条 各省、自治区、直辖市商务主管部门、公安机关可以依据本办法,制定具体实施办法或者就有关授权委托管理事项作出规定,并报商务部、公安部备案。

第七十一条 外商及港、澳、台商投资典当行的管理办法由商务部会同有关部门另行制定。

第七十二条 本办法由商务部、公安部负责解释。

第七十三条 本办法自 2005 年 4 月 1 日起施行。《典当行管理办法》(国家经贸委令第 22 号)、《典当业治安管理办法》(公安部第 26 号令)同时废止。

《典当行业监管规定》（2012）

（商流通发〔2012〕423号）

第一章 总 则

第一条 为进一步提高典当行业监管工作水平，规范典当企业经营行为，促进典当行业健康持续发展，充分发挥典当行业在社会经济发展中的作用，依据《典当管理办法》（商务部、公安部令2005年第8号）及有关法律法规，制定本规定。

第二条 典当作为特殊工商行业，各级商务主管部门要从促进经济社会发展和维护社会经济秩序大局出发，准确把握典当行业在社会经济发展中的定位，增强服务意识，不断完善监管体系，依法从严行使监管职责，切实做好典当行业监管工作。

第三条 各级商务主管部门应加大现场检查和不定期抽查监管力度，采用以下方式开展监管工作：

（一）定期审核分析典当企业财务报表等；

（二）利用典当行业监管信息系统进行监管与分析；

（三）现场检查；

（四）约谈典当企业主要负责人和高管人员；

（五）引入会计师事务所、律师事务所等中介机构参与核查；

（六）根据投诉、举报或上级机关要求进行核查；

（七）其他监管方式。

第四条 重视发挥行业协会作用。支持行业协会加强行业自律和依法维护行业权益，共同抵制行业内不正当竞争行为，配合相关部门加强监管，维护规范有序、公平竞争的市场环境。

第二章 监管责任

第五条 典当行业监管工作实行分级管理、分级负责的原则，进一步强化属地管理责任。

第六条 商务部负责推进全国典当行业的监管工作，推动典当行业法律体系建设，制定并组织实施典当行业发展规划和布局方案，研究制定典当行业监管政策、制度、典当企业经营规则，部署有关工作，并根据需要开展调查和检查，指导地方商务主管部门加强对典当行业的监管工作和行业协会等自律组织的工作。

第七条 省级商务主管部门（含计划单列市）对本地区典当行业监管负责，制订并组织实施本地区监管工作政策、制度和工作部署，对《典当经营许可证》和当票进行管理；建立典当行业重大事件信息通报机制、风险预警机制和突发事件应急处置预案；开展各种方式的监管、检查工作，每年抽选不少于20%的典当企业进行现场检查。

第八条 地市级（含直辖市区县、省管县）商务主管部门负责本地区典当行业的日常监管，建立现场检查和约谈制度，实行动态监管和全过程监督，及时预警和防范风险，重点监督典当企业经营合规性和业务、财务数据真实性，及时防范和纠正违规违法行为，开展各种方式的监管工作，每半年至少对本行政区域内典当企业进行一次现场检查。

第九条 县级（市、区）商务主管部门应加强对本行政区域内典当企业的监督检查，重点进行现场检查，配合省、地市级商务主管部门做好典当行业监管工作。

第十条 各地商务主管部门要按监管职责加强监管队伍建设，明确分管领导，配备监管人员，加强典当监管和业务培训，提高监管人员素质。

第十一条 各地商务主管部门要明确具体监管责任，在准入审批、日常监管、年审等环节建立谁审批谁负责、谁监管谁负责的责任制度，建立审批、检查、年审等环节的审批签字制度，以明确监管责任。

第十二条 建立监管工作奖励和责任追究机制。商务部及省级商务主管部门要对监管工作优秀单位和个人进行表彰；各地商务主管部门要对监管失职以及监管不到位造成重大负面影响的单位或个人，按照有关规定追究其责任。

第十三条 各级商务主管部门要提高服务意识，在开展监管、检查工作时要公正廉洁，严禁借检查之机吃、拿、卡、要，牟取不正当利益。

第三章 准入管理

第十四条 省级商务主管部门要按照《行政许可法》《典当管理办法》等法律、规章的规定，根据科学发展、合理布局、严格把关、明确责任、公开透明、公正廉洁的原则把好典当企业市场准入关，加强廉政建设，完善审批制度。

第十五条 典当企业的准入要符合商务部的行业发展规划和布局方案。省级商务主管部门根据商务部行业发展规划和布局方案，结合当地实际情况制定地方典当行业发展规划，开展年度新增典当行及分支机构设立工作，将设立审批结果及时报商务部备案并用适当方式予以公告。

第十六条 各地商务主管部门应严格按照《典当管理办法》和商务部有关文件规定审核典当企业设立申请，把握以下监管要求：

（一）法人股应当相对控股，法人股东合计持股比例占全部股份1/2以上，或者第一大股东是法人股东且持股比例占全部股份1/3以上；单个自然人不能为控股股东。

（二）严格审核法人股东是否具备以货币出资形式履行出资承诺的能力。法人股东应在商务主管部门指定的若干家规模较大、信誉较好的会计师事务所中选择审计单位，出具审计报告；应有缴纳营业税和所得税记录。

（三）自然人股东应为居住在中华人民共和国境内年满18周岁以上有民事行为能力的中国公民，无犯罪记录，信用良好，具备相应的出资实力。

（四）出资人应出具承诺书，承诺自觉遵守典当行业相关法律法规，遵守公司章程，加强监督管理，不从事非法金融活动，保证入股资金来源合法，不以他人资金入股。

（五）优先发展经营规范、实力雄厚、资本充足、信用良好、具备持续盈利能力的法人企业设立典当企业。

（六）有对外投资的法人股东企业，应承诺如实申报长期股权投资。

第十七条 地市级（含直辖市区县、省管县）商务主管部门要把好申请设立典当企业的初审关，对申请者的实际情况和拟设典当企业的场所进行核实。

第十八条 各地商务主管部门要严格审核典当行出资人资金来源的合法

性，严防以借贷资金入股、以他人资金入股等。对批准设立的新增典当行要持续跟踪半年以上并监督是否存在抽逃注册资金情况。

第四章 日常经营管理

第十九条 各级商务主管部门要重点对非法集资、超范围经营、吸收存款或者变相吸收存款、故意收当赃物、违规办理股票典当业务等违规违法行为加强监督检查，发现上述违规违法行为立即纠正、处理。

第二十条 在进行现场核查时，应检查典当企业是否在经营场所悬挂《典当经营许可证》《特种行业经营许可证》《工商营业执照》，公开经营范围和收费标准，自觉履行告知义务。

第二十一条 加强对典当企业资金来源和运用的监管。严格财务报表中应收及应付款项的核查。

典当企业的合法资金来源包括：

（一）经商务主管部门批准的注册资金；

（二）典当企业经营盈余；

（三）按照《典当管理办法》从商业银行获得的一定数量的贷款。

典当企业只能用上述资金开展质、抵押典当业务及鉴定评估、咨询服务业务。

第二十二条 加强对银行存款和现金的监督管理。地市级商务部门应监控本行政区域内典当企业的资金流向，对典当行银行开户账户进行备案登记，抽查典当企业的银行发生额对账单和现金，防止出现资金抽逃、违规融资。现金管理要符合《现金管理暂行条例》和《人民银行结算账户管理办法》等相关法规、规章，注重加强现金安全管理。

第二十三条 重点加强典当企业与其股东的资金往来监控。禁止典当行向股东借款、典当行股东以典当行名义为自己招揽业务、股东利用典当行违法违规从事金融活动。

第二十四条 加强对股票等财产权利典当业务的监督管理。禁止和预防典当行违规融资参与上市股票炒作，或为客户提供股票交易资金。禁止以证券交易账户资产为质押的股票典当业务。

第二十五条 加强对《典当经营许可证》的管理。严禁私自分配、挪用

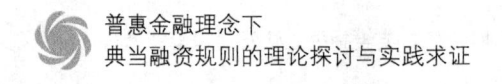

经营许可证等行为。

　　第二十六条　加强对当票与当物（质、抵押品）的对照检查，做到账物相符，防止和查处企业违规不开具当票、以合同代替当票、有当票无质（抵）押等违规行为。

　　第二十七条　省级商务主管部门负责当票、续当凭证的监制和发放。省、地两级商务主管部门应对每户典当企业的当票购领、使用、核销情况建立台账，实施编号管理。

　　各级商务主管部门应对当票和续当凭证的使用管理进行定期检查，并由检查人签字负责。典当企业当票与续当凭证使用的张数应与典当业务笔数相符，当票与续当凭证开具的累计金额应与典当总额相符，尚未赎回的当票与续当凭证的金额应与典当余额相符。各级商务主管部门应定期核对上述情况，发现问题，需责令企业作出说明并进行核实。当票和续当凭证发生遗失的，典当企业应及时在媒体上公告声明作废，并以书面形式报知当地商务主管部门。

　　第二十八条　加强典当企业档案管理。地市级商务主管部门应到典当企业查验客户档案中有关证件、合同和当票等内容是否齐全、有效；开具的当票、续当凭证内容是否与证件和合同相一致，当票保管联是否存入档案，开具的当票、续当凭证是否与财务报表一致。

　　第二十九条　加强典当企业财务状况的监督管理。典当企业每月应通过全国典当行业监督管理信息系统，如实填报经营情况和财务报表。年度要填报经会计师事务所审计的年度财务报表。各级商务主管部门应对本行政区域内企业上报信息系统的数据进行审核。

　　第三十条　加强信息化监督管理。要求典当企业安装全国典当行业监督管理信息系统，并使用该系统实现机打当票、续当凭证，准确录入典当业务相关信息。各级商务主管部门应加强使用全国典当行业监督管理信息系统进行日常监管，定期核查企业上报信息。

　　第三十一条　严格当物的质、抵押登记制度。重点对财产权利质押典当业务和大额房地产抵押典当业务的当物登记情况进行现场核查。各级商务主管部门要积极与其他相关职能部门协调，支持典当企业依法办理当物的质、抵押登记。

　　第三十二条　各级商务主管部门要严格典当企业股权变更管理。

（一）典当行增加注册资本应当间隔1年以上。

（二）新增股东或者增资股东应与新设典当企业对股东的要求一致，防止不具备资格的企业和个人进入典当行业。对经营未满3年或最近2年未实现盈利的企业进入典当行业严格审核，谨慎许可。

（三）对于对外转让50%以上股份，控股股东转让全部出资额，同时变更名称、法定代表人、住所及股权结构等重大变更事项须严格审核，防止个别典当企业借机变相集资吸储或倒卖经营资格。

第三十三条 典当企业在经营过程中出现下列情形之一的，地市级以上商务部门应约谈典当企业法定代表人、董事或高级管理人员，下发整改通知书，责令其限期改正：

（一）营运期间抽逃注册资本金；

（二）擅自设立分支机构；

（三）未经核准擅自变更股权或经营场所；

（四）超范围经营，超比例发放当金，超标准收取息费；

（五）拒绝或者阻碍非现场监管或者现场检查；

（六）不按照规定提供报表、报告等文件、资料，或提供虚假、隐瞒重要事实的报表、报告；

（七）不通过全国典当行业监督管理信息系统开具当票、续当凭证，或以合同代替当票、续当凭证；私自印制当票和续当凭证；

（八）其他违规违法情况。

第三十四条 各级商务主管部门应建立重大事项通报机制和风险处理机制。重大事项包括：

（一）引发群体事件；

（二）重大安全防范突发事件；

（三）非法集资吸储行为；

（四）主要资产被查封、冻结、扣押的；

（五）企业或主要法人股东被吊销工商营业执照的；

（六）企业或主要股东涉及重大诉讼案件的。

发生以上重大事项，应在24小时内报告商务部。

各地制定出台的有关典当业务政策文件、工作安排和措施应及时报告商

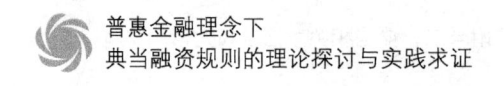

务部。

第三十五条 指导典当企业根据《公司法》和《典当管理办法》，建立良好的公司治理、内部控制和风险管理机制，增加典当制度和业务规则的透明度，强化内部制约和监督，诚信经营，防止恶性竞争。

第三十六条 建立社会监督机制，畅通投诉举报渠道，纳入商务执法热线，加大对典当企业经营行为的约束、监督力度，提升监管实效。引导新闻媒体正确宣传典当企业的功能和作用。

第五章 年审管理

第三十七条 典当企业年审由省级商务主管部门组织实施，各地年审报告应于每年4月30日前报商务部。

第三十八条 年审内容应包括下列重要事项：

（一）典当企业注册资本实收情况。主要核查有无虚假出资、抽逃资金现象。

（二）典当企业资金来源情况。主要核查有无非法集资、吸收或者变相吸收存款、从商业银行以外的单位或个人借款等违规行为。

（三）典当企业法人股东存续情况，法人股东工商年检情况，典当企业与股东的资金往来情况。主要核查典当行对其股东的典当金额是否超过该股东的入股金额，典当行与股东的资金往来是否符合相关规定。

（四）典当业务结构及放款情况。主要核查典当总额构成及其真实性，是否有超比例放款、超范围经营，尤其是有无发放信用贷款情况。

（五）典当企业对绝当物品处理情况。主要核查绝当物品处理程序是否符合规定，有无超范围经营。

（六）当票使用情况。主要核查典当企业的所有业务是否按规定开具了全国统一当票，是否存在以合同代替当票和"账外挂账"现象，是否存在自行印制当票行为，开具的当票、续当凭证与真实的质、抵押典当业务是否相对应。

（七）息费收取情况。主要核查典当企业是否存在当金利息预扣情况，利息及综合费率收取是否超过规定范围。

（八）典当企业及其分支机构变更情况。主要核查是否存在私自变更或违规变更情况。

（九）典当企业有分支机构的，审计报告应包括企业本部、分公司分别及合并的财务报表。分支机构所在地商务主管部门对分支机构具有监管责任。

第三十九条 地市级商务主管部门应在年审报告书上出具初审意见。对于年审结果，省级商务主管部门应予以公告。年审中没有违法违规行为的典当企业定为A类；年审中有违规行为，但情节较轻，经处罚或整改得以改正的典当企业定为B类；年审中有违法违规行为，情节较重，经整改仍不合格的典当企业不得通过年审。

第四十条 地方商务主管部门要对不同类别的企业采用分类管理，对A类企业给予扶持；对B类企业加大监管、检查力度，对其变更、年审、主要股东参与新增典当行或分支机构设立采取更严格的监管。

第六章 退出管理

第四十一条 对已不具备典当经营许可资格的典当企业，省级商务主管部门应按照有关规定终止该企业典当经营许可，并收回《典当经营许可证》。

第七章 附 则

第四十二条 各省级商务主管部门可根据当地情况，制定具体监管细则或规定有关事项，并报商务部备案。

第四十三条 本规定由商务部负责解释。

第四十四条 本规定自印发之日起执行。

《典当行管理条例（征求意见稿）》（2011）

第一章 总 则

第一条 为了加强对典当行的监督管理，规范典当行的经营行为，保护当户和典当行的合法权益，促进典当业健康发展，制定本条例。

第二条 本条例所称典当行，是指依照《中华人民共和国公司法》和本

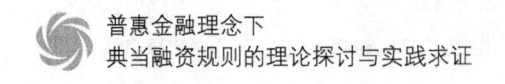

条例设立的经营典当业务的企业法人。

本条例所称典当业务,是指当户将其财产作为当物质押或者抵押给典当行,典当行向当户发放当金,双方约定由当户在一定期限内赎回当物的融资业务。

第三条　典当行与当户的业务往来,应当遵循自愿、公平、诚实信用的原则。

第四条　县级以上地方人民政府应当将典当业纳入中小企业融资服务体系,建立健全典当业风险补偿机制。

第五条　国务院商务主管部门负责全国典当行的监督管理工作。县级以上地方人民政府商务主管部门负责本行政区域内典当行的监督管理工作。

公安机关对典当行按照特种行业进行治安管理。

第六条　有关协会组织按照章程为典当行提供服务,依法制定行业规范,发挥协调和自律作用,引导典当行公平竞争和诚信经营。

第二章　设立、变更与终止

第七条　设立典当行应当经省、自治区、直辖市人民政府商务主管部门批准;未经批准,任何单位和个人不得经营典当业务。

第八条　设立典当行,应当具备下列条件:

(一)有符合本条例规定的注册资本;

(二)有两个以上最近 2 个会计年度连续盈利的企业法人股东,且企业法人股东控股或者相对控股;

(三)有与经营活动相适应的营业场所和设施;

(四)有具备任职资格的董事、监事和高级管理人员;

(五)有健全的业务规范以及风险控制和安全防范制度;

(六)国务院商务主管部门规定的其他审慎性条件。

典当行的设立,应当符合典当业发展规划。国务院商务主管部门制定全国典当业发展规划。省、自治区、直辖市人民政府商务主管部门根据全国典当业发展规划,制定本行政区域的典当业发展规划。典当业发展规划应当公布。

第九条　典当行的注册资本应当为实缴货币资本,并且不少于 500 万元人民币;经营财产权利质押或者不动产抵押业务的,注册资本不少于 1 000 万元人民币。

典当行的股东应当以自有资金出资，不得以借贷资金或者他人委托资金出资。

第十条 申请设立典当行，申请人应当向所在地省、自治区、直辖市人民政府商务主管部门提交申请书以及证明其符合本条例第八条规定条件的材料。省、自治区、直辖市人民政府商务主管部门应当自收到完备的申请材料之日起30日内进行审查，对符合本条例规定条件的，予以批准，颁发典当业务经营许可证；不予批准的，书面通知申请人并说明理由。

省、自治区、直辖市人民政府商务主管部门应当将其颁发典当业务经营许可证的情况报国务院商务主管部门备案，并向社会公布。

第十一条 申请人应当自领取典当业务经营许可证之日起30日内，按照国务院公安部门的规定向公安机关申请取得特种行业许可证。

申请人持典当业务经营许可证和特种行业许可证，依法向工商行政管理部门办理登记手续后，方可经营典当业务。

典当行不得委托其他单位和个人代办典当业务。

第十二条 典当行的名称中应当标明"典当行"字样。典当行以外的经营性单位和个人不得在其名称或者广告宣传中使用"典当行"字样。

第十三条 典当行设立分支机构，应当经拟设立的分支机构所在地省、自治区、直辖市人民政府商务主管部门批准。

具备下列条件的典当行可以设立分支机构：

（一）注册资本在1 500万元人民币以上；

（二）开业3年以上；

（三）最近2个会计年度连续盈利；

（四）最近2年内无重大违法行为。

典当行的分支机构应当符合本条例第八条第（三）项、第（四）项、第（五）项规定的条件。

经批准设立的典当行分支机构，应当按照国务院公安部门的规定向公安机关申请取得特种行业许可证，并依法向工商行政管理部门办理登记手续。

第十四条 典当行设立分支机构，应当拨付与分支机构经营规模相适应的营运资金，但拨付各分支机构的营运资金总额不得超过典当行注册资本数额

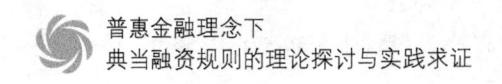

的 50%。

第十五条 典当行的净资产低于其注册资本的 90% 的，股东应当按照出资比例补足到注册资本的数额，或者减少注册资本。但是，减少后的注册资本不得低于本条例规定的最低限额。

第十六条 典当行的股东在典当行开业 3 年内，不得对外转让股权，但依法被责令转让或者由人民法院判决转让的除外。

典当行股权结构的变更应当间隔 1 年以上。

第十七条 典当行公开发行股票的，应当依法经国务院证券监督管理机构核准。国务院证券监督管理机构审核典当行公开发行股票的申请，应当征求国务院商务主管部门的意见。

第十八条 典当行解散的，应当依法进行清算。清算结束后，清算组应当将清算报告报省、自治区、直辖市人民政府商务主管部门和设区的市级人民政府公安机关，并交回典当业务经营许可证、特种行业许可证。

省、自治区、直辖市人民政府商务主管部门应当将解散的典当行名单向社会公布。

第三章　经营规则

第十九条 典当行收当的当物应当是依法可以质押的动产、财产权利或者依法可以抵押的不动产。法律、行政法规和国家规定禁止质押的动产、财产权利或者禁止抵押的不动产，典当行不得收当。正在建造的建筑物不得作为当物。

典当行收当时应当查验当物，向当户索要有效身份证件、当物来源的证明材料，并进行登记。

第二十条 典当行收当当物后，应当向当户开具当票、发放当金。法律、行政法规规定当物的质押、抵押需要办理登记的，应当依法办理登记手续。

当票应当记载典当行和当户的基本信息、当物的情况、估价金额、当金数额、利息、综合费用、典当期限、续当、赎当等事项。

第二十一条 当物的估价金额、当金数额、典当期限由典当行与当户协商确定。典当期限最长不得超过 3 个月。

第二十二条 典当行可以按照当金的一定比例向当户收取综合费用。综合费用占当金的比例不得超过国务院商务主管部门规定的比例上限。

当金利率按照中国人民银行公布的贷款基准利率执行。当金利息不得预先从当金中扣除。

典当行应当在其营业场所明示综合费用、当金利率的标准以及本单位的业务规范。

第二十三条 典当期限届满，当户和典当行可以在5日内约定续当，也可以向典当行偿还当金及其利息，支付综合费用，赎回当物。

当户和典当行对前款规定的期限另有约定的，从其约定。

第二十四条 典当期限届满，当户和典当行未约定续当，当户也未赎回当物的，典当行可以与当户协议以当物折价或者以拍卖、变卖当物所得的价款，就当金及其利息、综合费用受偿，超过部分返还当户，不足部分由当户清偿。

当物为动产的，经当户书面同意，典当行可以自行变卖。当户自接到典当行书面通知之日起满30日未答复的，视为同意，但在当物被处置前，当户可以向典当行支付当金及其利息、综合费用后，赎回当物。

第二十五条 法律、行政法规规定处分当物需要办理相关手续的，典当行应当依照规定办理相关手续。

典当行依法拍卖或者变卖的当物需要办理产权过户等手续的，有关单位应当依法予以办理。

第二十六条 典当行对于经营活动中知悉的当户的商业秘密或者个人隐私负有保密义务。

第二十七条 典当行对其股东及其关联方提供的典当条件不得优于普通当户。

第二十八条 典当行经营典当业务的典当余额应当符合下列规定：

（一）对单一当户的典当余额不得超过典当行资产总额的25%；

（二）对单一当户及其关联方的典当余额不得超过典当行资产总额的50%；

（三）不动产典当单笔当金数额不得超过典当行资产总额的15%；

（四）财产权利典当余额与不动产典当余额之和不得超过典当行资产总额的80%。

国务院商务主管部门根据典当业发展以及典当行风险管理水平等情况，可

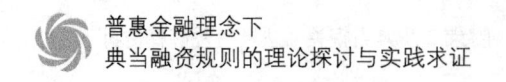

以调整前款规定的比例。

第二十九条 典当行应当执行金融企业财务规则，并按照国家统一的会计制度进行会计核算，编制财务会计报告。

第三十条 典当行不得从事下列活动：

（一）吸收公众存款或者变相吸收公众存款；

（二）发放信用贷款；

（三）从商业银行以外的单位和个人借款；

（四）国务院商务主管部门规定不得从事的其他活动。

典当行从商业银行的贷款余额不得超过其资产净额。

第四章 监督管理

第三十一条 典当行应当按照国务院商务部主管部门的规定，制定本单位的业务规范，建立、健全风险管理和安全防范制度。

第三十二条 国务院商务主管部门应当会同有关部门建立典当业风险预警机制，发布典当业风险管理指引，制定典当业风险应急处置方案。

第三十三条 国务院商务主管部门组织建立典当行监管信息系统，对典当行的相关经营信息进行统计、分析和监测。

典当行应当按照国务院商务主管部门的规定，将有关经营信息输入计算机数据系统，并接入典当行监管信息系统，及时向商务主管部门报送月度报告和年度报告；年度报告中应当包括经会计师事务所审计的财务会计报告，并附有会计师事务所出具的内部控制评审报告。

第三十四条 省、自治区、直辖市人民政府商务主管部门对当票实行编号管理。典当行应当妥善保存当票，保存期限不得少于10年。

第三十五条 县级以上地方人民政府商务主管部门应当加强对典当行经营活动的监督检查，监督检查可以采取下列措施：

（一）向典当行的相关人员了解情况，要求其对有关情况做出说明；

（二）查阅、复制有关的记录、票据以及其他资料；

（三）查封违法经营典当业务有关的场所、设施，扣押、封存与违法经营典当业务有关的记录、票据以及其他资料。

商务主管部门进行现场检查，监督检查人员不得少于2人，并应当出示执法证件。

对商务主管部门依法进行的监督检查，有关单位和个人应当予以配合，不得拒绝、阻挠。

第三十六条 国务院商务主管部门根据典当行的业务范围、经营规模和风险管理水平，对典当行实行分类管理。

第五章 法律责任

第三十七条 未经批准擅自经营典当业务的，由工商行政管理部门依照《无照经营查处取缔办法》的规定予以处罚；构成犯罪的，依法追究刑事责任。

典当行委托其他单位和个人代办典当业务的，由商务主管部门责令改正，予以公告；拒不改正的，处10万元以上50万元以下的罚款，有违法所得的，没收违法所得；情节严重的，责令停业整顿直至吊销其典当业务经营许可证。

典当行以外的经营性单位和个人在其名称或者广告宣传中使用"典当行"字样的，由商务主管部门责令改正；拒不改正的，处1万元以上5万元以下的罚款。

第三十八条 典当行未经批准设立分支机构的，由商务主管部门责令其补办审批手续，并处5万元以上10万元以下的罚款；有违法所得的，没收违法所得。

第三十九条 典当行有下列情形之一的，由商务主管部门责令改正，处5万元以上10万元以下的罚款；拒不改正的，责令停业整顿：

（一）未按照规定向分支机构拨付营运资金的；

（二）未按照规定补足注册资本或者减少注册资本的；

（三）股权结构变更间隔不满1年的。

第四十条 典当行吸收公众存款、变相吸收公众存款或者发放信用贷款的，由银行业监督管理机构依照有关银行业监督管理的法律、行政法规予以处罚，并由省、自治区、直辖市人民政府商务主管部门吊销其典当业务经营许可证；构成犯罪的，依法追究刑事责任。

典当行从商业银行以外的单位或者个人借款，或者从商业银行的贷款余额超过其资产净额的，由商务主管部门责令改正，予以通报，并处10万元以上50

万元以下的罚款；拒不改正的，责令停业整顿直至吊销其典当业务经营许可证。

第四十一条 典当行收当时不查验当物，或者不向当户索要有效身份证件、当物来源的证明材料并进行登记的，由商务主管部门责令改正，处 1 万元以上 5 万元以下的罚款；故意收当赃物或者其他违禁物品的，依照《中华人民共和国治安管理处罚法》的有关规定予以处罚；构成犯罪的，依法追究刑事责任。

第四十二条 典当行有下列情形之一的，由商务主管部门责令改正，并处 5 万元以上 10 万元以下的罚款；拒不改正的，责令停业整顿直至吊销其典当业务经营许可证：

（一）超过国务院商务主管部门规定的比例收取综合费用的；

（二）预先从当金中扣除当金利息的；

（三）未在营业场所明示综合费用、当金利率的标准和业务规则的；

（四）对股东及其关联方提供的典当条件优于普通当户的；

（五）违反有关典当余额比例规定的；

（六）未按照规定制定业务规范或者未建立风险管理和安全防范制度的；

（七）未将有关经营信息输入计算机数据系统，或者拒绝接入典当行监管信息系统，或者不及时向商务主管部门报送月度报告和年度报告的；

（八）未保存当票或者保存当票的期限少于 10 年的。

第四十三条 典当行泄露经营活动中知悉的当户的商业秘密或者个人隐私，给他人造成损害的，依法承担赔偿责任；构成犯罪的，依法追究刑事责任。

第四十四条 典当行的董事、监事或者高级管理人员对典当行的违法行为负有直接责任，情节严重的，国务院商务主管部门可以禁止其在一定期限内或者终身不得担任典当行的董事、监事或者高级管理人员。

第四十五条 商务主管部门、公安机关的工作人员在典当行监督管理工作中滥用职权、徇私舞弊、玩忽职守的，对直接负责的主管人员和其他直接责任人员，依法给予处分；构成犯罪的，依法追究刑事责任。

第六章 附　则

第四十六条 外商及港、澳、台商投资典当行的管理办法，由国务院商务主管部门依据有关法律和本条例的规定另行制定。

第四十七条 本条例施行前依照国家有关规定经批准设立的典当行,在营业期限内可以依照本条例的规定继续经营典当业务;营业期限届满需要继续经营的,应当依照本条例的规定取得典当业务经营许可证。

第四十八条 典当业务经营许可证、当票的样式由国务院商务主管部门规定。

第四十九条 本条例自 年 月 日起施行。

《非存款类放贷组织条例（征求意见稿)》（2015）

第一章 总 则

第一条 为了促进信贷市场健康发展,规范非存款类放贷组织经营行为,公平保护借贷当事人的合法权益,制定本条例。

第二条 在中华人民共和国境内发生的、不吸收公众存款的放贷业务,适用本条例。

法律、行政法规以及国务院决定对特定组织经营放贷业务另有规定的,从其规定。

第三条 本条例所称非存款类放贷组织,是指在工商行政管理部门注册登记,并经省级人民政府监督管理部门批准取得经营放贷业务许可,经营放贷业务但不吸收公众存款的机构。

本条例所称放贷,是指向借款人借出本金并按约定收回本金及其收益的行为,包括以各种其他名义支付款项但实质是放贷的行为。

本条例所称经营放贷业务,是指放贷主体以发放贷款为业并从中获取收益的行为,包括虽未宣称但实际从事放贷业务。

本条例所称监督管理部门是指经省级人民政府授权负责对非存款类放贷组织具体实施监督管理措施的部门。

本条例所称综合有效利率是指包含费用在内的所有借款成本与贷款本金的比例。

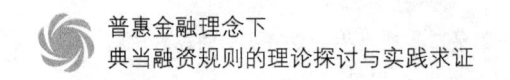

第四条　除依法报经监督管理部门批准并取得经营放贷业务许可的非存款类放贷组织外，任何组织和个人不得经营放贷业务。但下列情形除外：

（一）法律、行政法规授权特定组织经营放贷业务；

（二）国务院决定可以经营放贷业务的其他情形。

有以下情形之一的，不属于本条例所称的经营放贷业务：

（一）雇主给雇员提供的帮扶性质的贷款；

（二）日常业务或主要业务不涉及发放贷款的组织或个人偶尔发放的贷款；

（三）集团控股公司成员之间发放的贷款；

（四）基于人情往来不以营利为目的发放的贷款；

（五）保险公司提供的保单质押贷款；

（六）融资租赁业务；

（七）其他不以经营为目的的贷款情形。

第五条　非存款类放贷组织和借款人之间从事借贷活动应当遵循平等、自愿、公平、诚实信用和风险自担的原则。国家依法保护借贷双方当事人的合法权益。

第六条　依照本条例设立的非存款类放贷组织不得以任何形式吸收或变相吸收公众存款。

第七条　国务院银行业监督管理机构、中国人民银行在金融监管协调部际联席会议制度的框架内，依据本条例制定公布非存款类放贷组织监督管理规则，指导省、自治区、直辖市人民政府对非存款类放贷组织进行监管和风险处置，协调国务院有关部门解决非存款类放贷组织监督管理及发展中的重大问题。

第八条　各省、自治区、直辖市人民政府负责辖区内非存款类放贷组织的监管，可授权专门部门作为非存款类放贷组织的监督管理部门。各省、自治区、直辖市人民政府可以依据本条例及第七条规定的监督管理规则制定实施细则。

非存款类放贷组织跨省、自治区、直辖市开展业务的，由注册地监督管理部门和业务发生地监督管理部门根据属地原则履行监督管理职责，并建立信息共享和监管协作机制。

第九条 国务院银行业监督管理机构、中国人民银行督促省、自治区、直辖市人民政府按照本条例规定，切实履行相关职责。

第二章 设立与终止

第十条 设立非存款类放贷组织，应当采取有限责任公司、股份有限公司的组织形式。

非存款类放贷组织名称应当包含"放贷""贷款"或"贷"字样。任何单位和个人未经监督管理部门批准，不得在名称中使用"放贷""贷款""贷"或类似字样，法律、行政法规、国务院决定另有规定的除外。

第十一条 担任非存款类放贷组织的董事、监事、高级管理人员，应当具备相应的任职专业知识、三年以上金融、法律、会计或其他相关业务的从业经验和良好的品行、声誉。

除《中华人民共和国公司法》规定的情形外，有以下情形之一的，不得担任非存款类放贷组织的董事、监事、高级管理人员：

（一）因贪污、贿赂、侵占财产、挪用财产或者破坏社会主义市场经济秩序，被判处刑罚，或者因犯罪被剥夺政治权利的；

（二）因采用非法手段催收债务或非法泄露客户信息受到过刑事处罚的；

（三）被列入全国法院系统失信被执行人名单的。

第十二条 非存款类放贷组织申请经营放贷业务许可，应当具有与业务规模相适应的实缴注册资本。但有限责任公司的注册资本不得低于等值500万元人民币，股份有限公司的注册资本不得低于等值1 000万元人民币。

第十三条 非存款类放贷组织申请经营放贷业务许可，应当向监督管理部门提交下列文件、资料：

（一）申请书，内容包括拟设立非存款类放贷组织的名称、所在地、注册资本、业务范围等；

（二）章程草案；

（三）拟任职的董事、监事、高级管理人员的资格证明、信用报告、信用承诺书和无本条例第十一条第二款第一项、第二项所列犯罪记录的声明；

（四）股东名册；

（五）法定验资机构出具的验资证明；

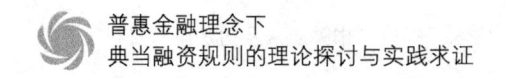

（六）营业场所、安全防范措施和与业务有关的其他设施的资料；

（七）经营方针和计划；

（八）未被列入全国法院系统失信被执行人名单的声明；

（九）监督管理部门规定的其他文件、资料。

第十四条 非存款类放贷组织应依法向工商行政管理部门办理公司名称预先核准，并以工商行政管理部门核准的名称，向监督管理部门申请经营放贷业务许可。

监督管理部门收到完整申请材料后，应当在 20 日内作出许可或不予许可的书面决定。经审查决定不予许可的，应当书面说明理由，并告知申请人享有依法申请行政复议或者提起行政诉讼的权利。经审查决定许可经营放贷业务的，监督管理部门应当自作出决定之日起 10 日内向申请人颁发经营放贷业务许可证。

非存款类放贷组织应当在取得经营放贷业务许可证后，依法向工商行政管理部门申请设立登记。

省、自治区、直辖市人民政府监督管理部门设立非存款类放贷组织统一登记公示系统，向社会公布本辖区内非存款类放贷组织的名称、住所地、营业执照及经营放贷业务许可证等相关信息。

第十五条 非存款类放贷组织取得经营放贷业务许可证后，可依法在省、自治区、直辖市内经营。跨省、自治区、直辖市经营放贷业务的，应当经拟开展业务的省、自治区、直辖市人民政府监督管理部门批准，并接受业务发生地监督管理部门的监督管理。

第十六条 非存款类放贷组织有下列变更事项之一的，应当经监督管理部门批准：

（一）变更持有资本、股份或投票权总额 30% 以上的股东；

（二）合并或分立。

非存款类放贷组织有下列变更事项之一的，应当自变更事由发生之日起 3 日内向监督管理部门备案：

（一）变更董事、监事、高级管理人员；

（二）变更名称；

（三）变更营业场所；

（四）修改章程；

（五）监督管理部门规定的其他变更事项。

非存款类放贷组织变更董事、监事、高级管理人员应当符合本条例第十一条高管任职资格管理规定。变更事项涉及公司登记事项的，按规定向当地工商行政管理部门申请变更登记；涉及经营放贷业务许可证所载事项的，应当向监督管理部门申请换证。

第十七条 非存款类放贷组织解散的，应当经监督管理部门批准，并自解散完成之日起 5 日内将经营放贷业务许可证交回监督管理部门予以注销。

非存款类放贷组织依照《中华人民共和国企业破产法》破产的，应当经监督管理部门批准，并自破产程序终结之日起 5 日内将经营放贷业务许可证交回监督管理部门予以注销。

监督管理部门应当制定重大风险事件处置预案。非存款类放贷组织发生重大风险事件导致破产，可能影响区域金融稳定的，监督管理部门应当及时处置，并向省、自治区、直辖市人民政府、中国人民银行和国务院银行业监督管理机构报告。

第十八条 非存款类放贷组织有重大违法违规情形，严重危害金融秩序和公共利益的，监督管理部门有权予以撤销。

第三章　业务经营

第十九条 非存款类放贷组织应当主要运用自有资金从事放贷业务，也可以通过发行债券、向股东或银行业金融机构借款、资产证券化等方式融入资金从事放贷业务。

监督管理部门可以综合辖区内非存款类放贷组织整体资信状况、盈利能力等因素，合理确定非存款类放贷组织融入资金余额与资本净额的比例上限。

第二十条 非存款类放贷组织发放贷款前，应当与借款人签订书面合同，合同一般包含以下基本要素：

（一）借贷双方名称或者姓名和住所；

（二）贷款金额；

（三）贷款利率及各项费用；

（四）综合有效利率；

（五）贷款期限及发放日期；

（六）借款用途；

（七）放贷和还款方式；

（八）违约责任；

（九）债务催收和争议解决方式；

（十）保证或抵押、质押条款；

（十一）提前偿还条款；

（十二）合同签订日期。

第二十一条 非存款类放贷组织应当在其经营场所、相关宣传资料、互联网站中公告其所经营的贷款种类、期限、利率水平、收费项目和标准、综合有效利率及其他相关信息，应当以简明易懂的语言向借款人说明其所经营的贷款种类、期限、综合有效利率及其他主要条款，并进行充分的风险提示。

非存款类放贷组织与借款人签订书面贷款合同时，对免除或限制贷款人责任、规定借款人主要责任的内容，应当采用足以引起借款人注意的文字、符号、字体等特别标识，尽到明确的告知义务，并向借款人作充分的说明。

第二十二条 在贷款存续期内，非存款类放贷组织应当定期向借款人提供书面通知，列明偿还本金及利息的金额、时间、方式以及到期未偿还的责任。非存款类放贷组织将个人债务逾期信息报送金融信用信息基础数据库、市场化征信机构，应当最迟在报送前5日书面提示借款人。

非存款类放贷组织应当根据借款人书面申请，以书面形式告知借款人已还款项信息、未还款项信息及其他相关信息。

第二十三条 非存款类放贷组织经营放贷业务，与借款人自主协商确定贷款利率和综合有效利率，但不得违反法律有关规定。

贷款合同中约定的贷款本金额与实际贷出的金额不一致的，以实际贷出的金额作为贷款本金额。

第二十四条 非存款类放贷组织的贷款资产可以转让。

第二十五条 非存款类放贷组织应当完善内部治理机制，制定本组织的业务规则，建立、健全本组织的风险管理和内部控制机制。

第二十六条 非存款类放贷组织经营放贷业务，应当对借款人的信用情况、贷款用途、还款能力等进行审查。

非存款类放贷组织应当在贷款发放以后，持续跟踪调查贷款投向和借款人的还款能力。

非存款类放贷组织应当建立贷款损失拨备、贷款减免和呆账核销制度，防范贷款风险。

第二十七条 非存款类放贷组织经营放贷业务，不得违反借款人意愿搭售产品或附加其他的不合理条件。

非存款类放贷组织不得采取欺诈、胁迫、诱导等方式向借款人发放与其自身贷款用途、还款能力等不相符合的贷款。

第二十八条 非存款类放贷组织根据业务需要，可以依照《中华人民共和国广告法》自行或委托他人设计、制作、发布广告，广告中应当清楚展示经营放贷业务许可证编号，并明确开展业务的地域范围。任何未取得经营放贷业务许可的组织或个人，不得发布贷款广告。

广告经营者、广告发布者应当要求非存款类放贷组织提供经监督管理部门批准的经营放贷业务许可证，并在广告中清楚展示经营放贷业务许可证编号。

第二十九条 非存款类放贷组织应当以合法、适当方式为逾期借款人提供还款提醒服务。非存款类放贷组织采用外包方式进行债务催收的，应建立相应的业务管理制度，明确外包机构选用标准、业务培训、法律责任等，不得约定仅按欠款回收金额提成的方式支付佣金。

非存款类放贷组织和外包机构进行债务催收时，不得有下列行为：

（一）使用或威胁使用暴力或其他违法行为来损害他人的身体、名誉或者财产；

（二）侮辱、诽谤或者以其他方式干扰他人正常工作和生活；

（三）使用误导、欺诈、虚假陈述等手段，迫使借款人清偿债务；

（四）向公众公布拒绝清偿债务的借款人名单，法律、行政法规另有规定除外；

（五）向债务人、担保人以外的其他人员进行催收；

（六）其他以不合法、不公平或不正当手段催收债务的行为。

第三十条 非存款类放贷组织应当建立健全和严格执行保障信息安全的规章制度，妥善保管业务经营中获取的借款人和第三人信息。

非存款类放贷组织应当与其工作人员及开展合作的第三方服务机构签订保

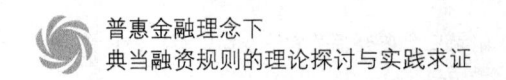

密协议，禁止工作人员和第三方服务机构泄露在工作中获取的借款人和第三人的商业秘密、个人隐私及其他个人信息。

第三十一条 非存款类放贷组织应当按照《征信业管理条例》规定，及时、准确、完整地向金融信用信息基础数据库提供信贷信息，可以根据《征信业管理条例》的规定，向征信机构提供、查询借款人的信用信息。鼓励非存款类放贷组织与市场化征信机构合作，防范信用风险。

非存款类放贷组织向金融信息基础数据库或者其他主体提供信贷信息，应当事先取得信息主体的书面同意。

第四章　监督管理

第三十二条 监督管理部门对非存款类放贷组织及其经营行为进行监督管理，依法履行下列职责：

（一）依法行使审批权；

（二）根据本条例及配套规则制定实施细则；

（三）根据本条例对非存款类放贷组织进行监督管理，查处其违法、违规行为，依法撤销有重大违法违规行为的非存款类放贷组织；

（四）根据本条例规定开展行业统计分析和评估工作；

（五）根据本条例第十七条规定处置重大风险事件；

（六）对本辖区行业自律组织的活动进行指导和监督；

（七）法律、行政法规规定的其他职责。

第三十三条 监督管理部门依法履行监督管理职责，可以采取下列措施：

（一）对非存款类放贷组织进行现场检查；

（二）进入涉嫌违法行为发生场所调查取证；

（三）询问当事人和与被调查事件有关的单位和个人，要求其对与被调查事件有关的事项作出说明；

（四）查阅、复制非存款类放贷组织与检查事项有关的文件、资料，对可能被转移、隐匿或者毁损的文件、资料予以封存；

（五）检查运用电子计算机管理业务数据的系统；

（六）信息收集、分析评估等非现场监管措施；

（七）法律、行政法规规定的其他措施。

监督管理部门应当建立非存款类放贷组织违法行为举报奖励制度，并制定奖励和保护举报人的具体规则。

第三十四条　非存款类放贷组织应当按照监督管理部门要求，依法向其报送资产负债表、利润表以及其他财务会计、统计报表和资料。

监督管理部门应当按照中国人民银行制定的金融统计基本框架建立健全非存款类放贷组织统计分析制度，依法定期收集、整理和分析非存款类放贷组织统计数据，向省、自治区、直辖市人民政府、中国人民银行、国务院银行业监督管理机构报送本辖区非存款类放贷组织行业统计数据等相关信息。

中国人民银行及其分支机构基于履职需要，可以要求非存款类放贷组织提供前款规定的统计数据之外的其他统计数据和相关信息。

省、自治区、直辖市人民政府、中国人民银行、国务院银行业监督管理机构有权对监管部门报送的行业统计数据进行质量评估。中国人民银行有权对非存款类放贷组织根据本条例规定提供的统计数据进行质量评估，并向监管部门提出对本辖区非存款类放贷组织进行统计检查的建议。

第三十五条　非存款类放贷组织应当参照执行中国人民银行发布的关于金融机构反洗钱和反恐怖融资的规定，防范洗钱和恐怖融资风险。

第三十六条　非存款类放贷组织行业建立全国性行业自律组织，履行自律、维权、协调、服务等职责，接受国务院银行业监督管理机构、中国人民银行的指导。非存款类放贷组织应当成为全国性行业自律组织的成员。

各省、自治区、直辖市可成立本省、自治区、直辖市的行业自律组织，并接受省、自治区、直辖市人民政府监督管理部门、国务院银行业监督管理机构省一级派出机构以及中国人民银行省会（首府）城市中心支行以上分支机构的指导。

第五章　法律责任

第三十七条　任何组织或个人未经监督管理部门批准经营放贷业务的，由监督管理部门依法取缔，并处累计发放贷款金额或者注册资本金额（以较高者为准）3倍罚款；情节严重的，并处累计发放贷款金额或者注册资本金额（以较高者为准）5倍罚款；构成犯罪的，依法追究刑事责任。

第三十八条　非存款类放贷组织有下列情形之一，由监督管理部门责令改正，并处违法行为所涉金额 3 倍罚款；情节严重的，责令停业整顿或吊销经营放贷业务许可证，并处违法行为所涉金额 5 倍罚款；构成犯罪的，依法追究刑事责任：

（一）吸收或变相吸收公众存款的；

（二）违反本条例第十五条规定，跨省、自治区、直辖市经营放贷业务的。

第三十九条 非存款类放贷组织违反本条例第十六条第一款规定的，由监督管理部门责令限期改正，并自违反之日起，每日处 5 000 元罚款；逾期不改正的，责令停业整顿或吊销经营放贷业务许可证，并自逾期之日起，每日处 1 万元罚款。

非存款类放贷组织违反本条例第十六条第二款规定的，由监督管理部门责令限期改正，并自违反之日起，每日处 3 000 元罚款；逾期不改正的，责令停业整顿或吊销经营放贷业务许可证，并自逾期之日起，每日处 5 000 元罚款。

非存款类放贷组织变更董事、监事、高级管理人员不符合本条例第十一条高管任职资格管理规定的，由监督管理部门责令限期改正，并自违反之日起，每日处 5 000 元罚款；逾期不改正的，责令停业整顿或吊销经营放贷业务许可证，并自逾期之日起，每日处 1 万元罚款。

第四十条 解散或破产后的非存款类放贷组织未按照本条例规定将经营放贷业务许可证交回监督管理部门予以注销的，由监督管理部门责令改正，并自应交回许可证之日起，每日对直接责任人员处 5 000 元罚款。

第四十一条 非存款类放贷组织未履行本条例第二十一条、第二十二条规定的信息披露义务的，由监督管理部门责令改正，并自违反信息披露义务之日起，每日处 5 000 元罚款；逾期不改正的，责令停业整顿或吊销经营放贷业务许可证，每日并处 1 万元罚款；给借款人造成损失的，依法承担民事责任。

第四十二条 非存款类放贷组织有下列情形之一，由监督管理部门责令改正，并处违法行为所涉金额 3 倍罚款；情节严重的，责令停业整顿或吊销经营放贷业务许可证，并处违法行为所涉金额 5 倍罚款；给借款人造成损失的，依法承担民事责任；构成犯罪的，依法追究刑事责任：

（一）约定的贷款本金与实际贷出的金额不一致的；

（二）采取欺诈、胁迫、诱导等方式向借款人发放与其自身贷款用途、还款能力等不相符合的贷款的；

（三）违反借款人意愿搭售产品或附加其他不合理条件的。

第四十三条 未取得经营放贷业务许可的组织或个人发布或安排发布贷款广告，由工商行政管理部门依照《中华人民共和国广告法》有关规定处理。

非存款类放贷组织违反本条例第二十八条规定，发布或安排发布的贷款广告中未清楚展示经营放贷业务许可证编号的，或未明确开展业务的地域范围的，由工商行政管理部门依照《中华人民共和国广告法》有关规定处理。

第四十四条 非存款类放贷组织违反本条例第二十九条规定进行债务催收的，由监督管理部门责令改正，给予警告，并处涉案贷款金额 3 倍罚款；情节严重的，责令停业整顿或吊销经营放贷业务许可证，并处涉案贷款金额 5 倍罚款；对责任人员给予警告，并处涉案贷款金额 2 倍罚款。给借款人造成损失的，依法承担民事责任；构成犯罪的，依法追究刑事责任。

外包机构违反本条例第二十九条规定进行债务催收的，由监督管理部门责令改正，给予警告，并处涉案贷款金额 3 倍罚款；对选任外包机构存在过失的非存款类放贷组织给予警告，并处涉案贷款金额 2 倍罚款；情节严重的，责令停业整顿或吊销经营放贷业务许可证。给借款人造成损失的，由非存款类放贷组织和外包机构依法承担民事责任；构成犯罪的，依法追究刑事责任。

非存款类放贷组织或外包机构在债务催收过程中有违反治安管理行为的，由公安机关依照《中华人民共和国治安管理处罚法》处罚。

第四十五条 非存款类放贷组织及其工作人员或者与非存款类放贷组织合作的第三方服务机构，违法提供、出售或泄露非存款类放贷组织在经营放贷业务过程中获取的借款人或第三人商业秘密的，由工商行政管理部门依照《中华人民共和国反不正当竞争法》等法律法规处罚。

非存款类放贷组织及其工作人员违法提供、出售或泄露其在经营放贷业务过程中获取的借款人或第三人的个人隐私及其他个人信息的，由监督管理部门对非存款类放贷组织责令改正，并处 50 万元罚款；情节严重的，责令停业整顿或吊销经营放贷业务许可证，并处 100 万元罚款；对责任人员给予警告，并处 20 万元罚款；构成犯罪的，依法追究刑事责任。

与非存款类放贷组织合作的第三方服务机构，违法提供、出售或泄露非存款类放贷组织在经营放贷业务过程中获取的借款人或第三人的个人隐私及其他个人信息的，由监督管理部门责令改正，给予警告，并处 50 万元罚款；对选任第三方服务机构存在过失的非存款类放贷组织给予警告，并处 20 万元罚款；情节严重的，责令停业整顿或吊销经营放贷业务许可证，并处 100 万元罚款。给借款人造成损失的，由非存款类放贷组织和第三方服务机构依法承担民事责任；构成犯罪的，依法追究刑事责任。

非存款类放贷组织违规查询企业和个人信用信息，或滥用合法查询获得的企业和个人的信用信息，由征信业监督管理部门依照相关法律法规处理。

第四十六条 非存款类放贷组织违反本条例第三十四条第一款、第三款规定未履行资料报送义务的，或提供虚假、隐瞒重要事实的报表、报告等文件资料的，由监督管理部门或中国人民银行及其分支机构责令改正，给予警告，并处 20 万元罚款；情节严重的，并处 50 万元罚款。其中，属于统计违法行为的，由县级以上人民政府统计机构依法追究法律责任。

第四十七条 非存款类放贷组织及其工作人员不配合监督管理部门检查监督的，由监督管理部门责令改正；情节严重的，对单位处 50 万元罚款，对个人处 20 万元罚款；情节特别严重的，责令停业整顿或者吊销经营放贷业务许可证，对单位处 100 万元罚款，对个人处 50 万元罚款。

以暴力、威胁方法阻碍检查监督人员依法执行公务的，依法追究刑事责任。

第四十八条 监督管理部门从事监督管理工作的人员有下列行为之一的，依法给予行政处分；构成犯罪的，依法追究刑事责任：

（一）违反规定进行检查、调查的；

（二）泄露因行使职权知悉的商业秘密或者个人隐私的；

（三）违反规定对有关机构和人员实施行政处罚的；

（四）其他违反规定履行职责或未及时履行法定职责的行为。

第六章 附 则

第四十九条 本条例规定的期限以工作日计算，不含法定节假日。

第五十条 非存款类放贷组织通过互联网平台经营放贷业务的，应遵守本条例有关规定。

国务院银行业监督管理机构制定网络小额贷款的监管细则。

第五十一条　本条例自　年　月　日起施行。本条例实施之前发布的相关规定与本条例不一致的，以本条例为准。

本条例实施之前设立的非存款类放贷组织，应当在本条例实施之日起90日内申请经营放贷业务许可证。逾期未申请或申请未获批准的，不得继续从事放贷业务。

《最高人民法院关于审理民间借贷案件适用法律若干问题的规定》（2015）

（2015年6月23日最高人民法院审判委员会
第1655次会议通过）

为正确审理民间借贷纠纷案件，根据《中华人民共和国民法通则》《中华人民共和国物权法》《中华人民共和国担保法》《中华人民共和国合同法》《中华人民共和国民事诉讼法》《中华人民共和国刑事诉讼法》等相关法律之规定，结合审判实践，制定本规定。

第一条　本规定所称的民间借贷，是指自然人、法人、其他组织之间及其相互之间进行资金融通的行为。

经金融监管部门批准设立的从事贷款业务的金融机构及其分支机构，因发放贷款等相关金融业务引发的纠纷，不适用本规定。

第二条　出借人向人民法院起诉时，应当提供借据、收据、欠条等债权凭证以及其他能够证明借贷法律关系存在的证据。

当事人持有的借据、收据、欠条等债权凭证没有载明债权人，持有债权凭证的当事人提起民间借贷诉讼的，人民法院应予受理。被告对原告的债权人资格提出有事实依据的抗辩，人民法院经审理认为原告不具有债权人资格的，裁定驳回起诉。

第三条　借贷双方就合同履行地未约定或者约定不明确，事后未达成补充协议，按照合同有关条款或者交易习惯仍不能确定的，以接受货币一方所在地为合同履行地。

第四条　保证人为借款人提供连带责任保证，出借人仅起诉借款人的，人民法院可以不追加保证人为共同被告；出借人仅起诉保证人的，人民法院可以追加借款人为共同被告。

保证人为借款人提供一般保证，出借人仅起诉保证人的，人民法院应当追加借款人为共同被告；出借人仅起诉借款人的，人民法院可以不追加保证人为共同被告。

第五条 人民法院立案后，发现民间借贷行为本身涉嫌非法集资犯罪的，应当裁定驳回起诉，并将涉嫌非法集资犯罪的线索、材料移送公安或者检察机关。

公安或者检察机关不予立案，或者立案侦查后撤销案件，或者检察机关作出不起诉决定，或者经人民法院生效判决认定不构成非法集资犯罪，当事人又以同一事实向人民法院提起诉讼的，人民法院应予受理。

第六条 人民法院立案后，发现与民间借贷纠纷案件虽有关联但不是同一事实的涉嫌非法集资等犯罪的线索、材料的，人民法院应当继续审理民间借贷纠纷案件，并将涉嫌非法集资等犯罪的线索、材料移送公安或者检察机关。

第七条 民间借贷的基本案件事实必须以刑事案件审理结果为依据，而该刑事案件尚未审结的，人民法院应当裁定中止诉讼。

第八条 借款人涉嫌犯罪或者生效判决认定其有罪，出借人起诉请求担保人承担民事责任的，人民法院应予受理。

第九条 具有下列情形之一，可以视为具备合同法第二百一十条关于自然人之间借款合同的生效要件：

（一）以现金支付的，自借款人收到借款时；

（二）以银行转账、网上电子汇款或者通过网络贷款平台等形式支付的，自资金到达借款人账户时；

（三）以票据交付的，自借款人依法取得票据权利时；

（四）出借人将特定资金账户支配权授权给借款人的，自借款人取得对该账户实际支配权时；

（五）出借人以与借款人约定的其他方式提供借款并实际履行完成时。

第十条 除自然人之间的借款合同外，当事人主张民间借贷合同自合同成立时生效的，人民法院应予支持，但当事人另有约定或者法律、行政法规另有规定的除外。

第十一条 法人之间、其他组织之间以及它们相互之间为生产、经营需要订立的民间借贷合同，除存在合同法第五十二条、本规定第十四条规定的情形外，当事人主张民间借贷合同有效的，人民法院应予支持。

第十二条 法人或者其他组织在本单位内部通过借款形式向职工筹集资金，用于本单位生产、经营，且不存在合同法第五十二条、本规定第十四条规定的情形，当事人主张民间借贷合同有效的，人民法院应予支持。

第十三条 借款人或者出借人的借贷行为涉嫌犯罪，或者已经生效的判决认定构成犯罪，当事人提起民事诉讼的，民间借贷合同并不当然无效。人民法院应当根据合同法第五十二条、本规定第十四条之规定，认定民间借贷合同的效力。

担保人以借款人或者出借人的借贷行为涉嫌犯罪或者已经生效的判决认定构成犯罪为由，主张不承担民事责任的，人民法院应当依据民间借贷合同与担保合同的效力、当事人的过错程度，依法确定担保人的民事责任。

第十四条 具有下列情形之一，人民法院应当认定民间借贷合同无效：

（一）套取金融机构信贷资金又高利转贷给借款人，且借款人事先知道或者应当知道的；

（二）以向其他企业借贷或者向本单位职工集资取得的资金又转贷给借款人牟利，且借款人事先知道或者应当知道的；

（三）出借人事先知道或者应当知道借款人借款用于违法犯罪活动仍然提供借款的；

（四）违背社会公序良俗的；

（五）其他违反法律、行政法规效力性强制性规定的。

第十五条 原告以借据、收据、欠条等债权凭证为依据提起民间借贷诉讼，被告依据基础法律关系提出抗辩或者反诉，并提供证据证明债权纠纷非民间借贷行为引起的，人民法院应当依据查明的案件事实，按照基础法律关系审理。

当事人通过调解、和解或者清算达成的债权债务协议，不适用前款规定。

第十六条 原告仅依据借据、收据、欠条等债权凭证提起民间借贷诉讼，被告抗辩已经偿还借款，被告应当对其主张提供证据证明。被告提供相应证据证明其主张后，原告仍应就借贷关系的成立承担举证证明责任。

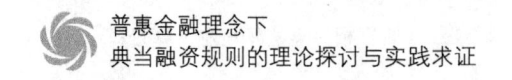

被告抗辩借贷行为尚未实际发生并能作出合理说明，人民法院应当结合借贷金额、款项交付、当事人的经济能力、当地或者当事人之间的交易方式、交易习惯、当事人财产变动情况以及证人证言等事实和因素，综合判断查证借贷事实是否发生。

第十七条 原告仅依据金融机构的转账凭证提起民间借贷诉讼，被告抗辩转账系偿还双方之前借款或其他债务，被告应当对其主张提供证据证明。被告提供相应证据证明其主张后，原告仍应就借贷关系的成立承担举证证明责任。

第十八条 根据《关于适用〈中华人民共和国民事诉讼法〉的解释》第一百七十四条第二款之规定，负有举证证明责任的原告无正当理由拒不到庭，经审查现有证据无法确认借贷行为、借贷金额、支付方式等案件主要事实，人民法院对其主张的事实不予认定。

第十九条 人民法院审理民间借贷纠纷案件时发现有下列情形，应当严格审查借贷发生的原因、时间、地点、款项来源、交付方式、款项流向以及借贷双方的关系、经济状况等事实，综合判断是否属于虚假民事诉讼：

（一）出借人明显不具备出借能力；

（二）出借人起诉所依据的事实和理由明显不符合常理；

（三）出借人不能提交债权凭证或者提交的债权凭证存在伪造的可能；

（四）当事人双方在一定期间内多次参加民间借贷诉讼；

（五）当事人一方或者双方无正当理由拒不到庭参加诉讼，委托代理人对借贷事实陈述不清或者陈述前后矛盾；

（六）当事人双方对借贷事实的发生没有任何争议或者诉辩明显不符合常理；

（七）借款人的配偶或合伙人、案外人的其他债权人提出有事实依据的异议；

（八）当事人在其他纠纷中存在低价转让财产的情形；

（九）当事人不正当放弃权利；

（十）其他可能存在虚假民间借贷诉讼的情形。

第二十条 经查明属于虚假民间借贷诉讼，原告申请撤诉的，人民法院不予准许，并应当根据民事诉讼法第一百一十二条之规定，判决驳回其请求。

诉讼参与人或者其他人恶意制造、参与虚假诉讼，人民法院应当依照民事诉讼法第一百一十一条、第一百一十二条和第一百一十三条之规定，依法予以罚款、拘留；构成犯罪的，应当移送有管辖权的司法机关追究刑事责任。

单位恶意制造、参与虚假诉讼的，人民法院应当对该单位进行罚款，并可以对其主要负责人或者直接责任人员予以罚款、拘留；构成犯罪的，应当移送有管辖权的司法机关追究刑事责任。

第二十一条 他人在借据、收据、欠条等债权凭证或者借款合同上签字或者盖章，但未表明其保证人身份或者承担保证责任，或者通过其他事实不能推定其为保证人，出借人请求其承担保证责任的，人民法院不予支持。

第二十二条 借贷双方通过网络贷款平台形成借贷关系，网络贷款平台的提供者仅提供媒介服务，当事人请求其承担担保责任的，人民法院不予支持。

网络贷款平台的提供者通过网页、广告或者其他媒介明示或者有其他证据证明其为借贷提供担保，出借人请求网络贷款平台的提供者承担担保责任的，人民法院应予支持。

第二十三条 企业法定代表人或负责人以企业名义与出借人签订民间借贷合同，出借人、企业或者其股东能够证明所借款项用于企业法定代表人或负责人个人使用，出借人请求将企业法定代表人或负责人列为共同被告或者第三人的，人民法院应予准许。

企业法定代表人或负责人以个人名义与出借人签订民间借贷合同，所借款项用于企业生产经营，出借人请求企业与个人共同承担责任的，人民法院应予支持。

第二十四条 当事人以签订买卖合同作为民间借贷合同的担保，借款到期后借款人不能还款，出借人请求履行买卖合同的，人民法院应当按照民间借贷法律关系审理，并向当事人释明变更诉讼请求。当事人拒绝变更的，人民法院裁定驳回起诉。

按照民间借贷法律关系审理作出的判决生效后，借款人不履行生效判决确定的金钱债务，出借人可以申请拍卖买卖合同标的物，以偿还债务。就拍卖所得的价款与应偿还借款本息之间的差额，借款人或者出借人有权主张返还或补偿。

第二十五条 借贷双方没有约定利息，出借人主张支付借期内利息的，人民法院不予支持。

自然人之间借贷对利息约定不明，出借人主张支付利息的，人民法院不予支持。除自然人之间借贷的外，借贷双方对借贷利息约定不明，出借人主张利息的，人民法院应当结合民间借贷合同的内容，并根据当地或者当事人的交易方式、交易习惯、市场利率等因素确定利息。

第二十六条　借贷双方约定的利率未超过年利率24%，出借人请求借款人按照约定的利率支付利息的，人民法院应予支持。

借贷双方约定的利率超过年利率36%，超过部分的利息约定无效。借款人请求出借人返还已支付的超过年利率36%部分的利息的，人民法院应予支持。

第二十七条　借据、收据、欠条等债权凭证载明的借款金额，一般认定为本金。预先在本金中扣除利息的，人民法院应当将实际出借的金额认定为本金。

第二十八条　借贷双方对前期借款本息结算后将利息计入后期借款本金并重新出具债权凭证，如果前期利率没有超过年利率24%，重新出具的债权凭证载明的金额可认定为后期借款本金；超过部分的利息不能计入后期借款本金。约定的利率超过年利率24%，当事人主张超过部分的利息不能计入后期借款本金的，人民法院应予支持。

按前款计算，借款人在借款期间届满后应当支付的本息之和，不能超过最初借款本金与以最初借款本金为基数，以年利率24%计算的整个借款期间的利息之和。出借人请求借款人支付超过部分的，人民法院不予支持。

第二十九条　借贷双方对逾期利率有约定的，从其约定，但以不超过年利率24%为限。

未约定逾期利率或者约定不明的，人民法院可以区分不同情况处理：

（一）既未约定借期内的利率，也未约定逾期利率，出借人主张借款人自逾期还款之日起按照年利率6%支付资金占用期间利息的，人民法院应予支持；

（二）约定了借期内的利率但未约定逾期利率，出借人主张借款人自逾期还款之日起按照借期内的利率支付资金占用期间利息的，人民法院应予支持。

第三十条　出借人与借款人既约定了逾期利率，又约定了违约金或者其他费用，出借人可以选择主张逾期利息、违约金或者其他费用，也可以一并主张，但总计超过年利率24%的部分，人民法院不予支持。

第三十一条 没有约定利息但借款人自愿支付，或者超过约定的利率自愿支付利息或违约金，且没有损害国家、集体和第三人利益，借款人又以不当得利为由要求出借人返还的，人民法院不予支持，但借款人要求返还超过年利率36%部分的利息除外。

第三十二条 借款人可以提前偿还借款，但当事人另有约定的除外。

借款人提前偿还借款并主张按照实际借款期间计算利息的，人民法院应予支持。

第三十三条 本规定公布施行后，最高人民法院于1991年8月13日发布的《关于人民法院审理借贷案件的若干意见》同时废止；最高人民法院以前发布的司法解释与本规定不一致的，不再适用。

《江苏省高级人民法院关于审理非金融机构借贷合同纠纷案件若干问题的意见》（2009）

（江苏省高级人民法院审判委员会2009年8月21日[09]第20次全体会议讨论通过）

为深入贯彻落实《最高人民法院关于为维护国家金融安全和经济全面协调可持续发展提供司法保障和法律服务的若干意见》和《江苏省高级人民法院关于保增长、保民生、保稳定的司法应对措施》的规定精神，更好地发挥人民法院服务经济发展和社会稳定大局的职能作用，促进经济发展，维护金融安全和社会稳定，江苏省高级人民法院审判委员会对当前宏观经济形势下依法妥善审理非金融机构借贷合同纠纷案件的若干问题进行了讨论，提出如下意见：

一、当前形势下审理借贷合同纠纷案件的原则

1. 保护合法借贷行为，畅通融资渠道。人民法院在审理借贷合同纠纷案件过程中，要充分发挥审判职能作用，保护合理合法的民间借贷和企业融资行为，依法支持金融创新，维护债权人合法权益，拓宽中小企业融资渠道。

2. 制裁非法借贷行为，维护金融安全和社会稳定。人民法院在审理借贷合同纠纷案件过程中，要积极履行维护金融安全和社会稳定的司法职责，注意甄别以各种合法形式掩盖的非法金融活动，防止少数企业或个人利用当前中小企业急需资金的机会规避金融监管、牟取非法利益，切实维护社会稳定。

二、民间借贷纠纷案件的审理

3. 本意见所称民间借贷是指自然人与自然人之间、自然人与非金融企业之间的借款行为。

4. 下列民间借贷行为无效：

（1）以"标会"等形式向不特定多数人非法筹集资金的行为；

（2）以向他人出借资金牟利为业的"地下钱庄"等从事的借贷行为；

（3）其他违反法律、行政法规强制性规定的借贷行为。

民间借贷行为涉嫌集资诈骗、非法设立金融机构等犯罪行为的，按照《非法金融业务活动和非法金融机构取缔办法》《国务院办公厅关于依法惩处非法集资有关问题的通知》的规定处理。

5. 非金融企业开展的下列借贷行为有效：

（1）依照法律规定的条件和程序募集资金的；

（2）为企业的生产经营需要向特定的自然人进行的临时性小额借款；

（3）企业非以获取高额利息为目的，临时向自然人提供的小额借款。

6. 借贷合同当事人既约定借款利息又约定违约金的，人民法院根据《中华人民共和国合同法》第一百一十四条的规定进行调整后的违约金与利息之和不得超过按银行同期同类贷款基准利率四倍计算的利息。

7. 借贷合同虽然约定应当支付利息，但未约定利息标准或约定不明的，按银行同期同类贷款基准利率计算利息。仅约定借款期限内利息而未约定逾期利息的，如约定的借款利息低于或等于同期银行逾期利息计算标准，根据出借人的主张，可按同期银行逾期利息标准计算逾期利息；如约定的借款利息高于同期银行逾期利息计算标准，且没有超过银行同期同类贷款基准利率四倍的，则按照约定的借款利息标准计算逾期利息。

8. 出借人与借款人约定的借款利息计算标准超过银行同期同类贷款基准利率四倍的"高利贷"行为，对超过部分的利息人民法院不予保护。

借款人已经偿还的款项中包含超过按银行同期同类贷款基准利率四倍计算

的利息的，根据借款人的主张，超过部分可冲抵本金。

9. 借贷合同中约定分期还款，当事人在还款时明确是偿还利息或本金的，应按其还款意思认定；在还款时没有明确的，应先冲抵利息，后冲抵本金。

三、经批准开展借贷业务的非金融企业所涉借贷合同纠纷案件的审理

10. 依法设立的典当企业依据《典当管理办法》签订的以房地产、财产权利、动产为其向债务人出借款项设定质押、抵押担保的典当合同，应当认定为借贷合同性质。

11. 典当企业出借款项未依法设定抵押或者质押的，其性质属于违反《典当管理办法》关于典当企业"不得从事信用贷款"规定的非法金融活动，借贷合同应当认定无效，借款人应当返还借款本金和孳息，孳息按银行同期同类贷款基准利率计算。但因抵押登记机构未及时办理登记、城市建设规划调整等非因当事人过错原因导致典当企业未依法取得抵押权、质押权的除外。

借款人仅向典当企业提供保证担保的，借贷合同和保证合同均应当认定无效。

12. 典当企业主张典当合同约定的利息及综合费的，应予保护，但超过《典当管理办法》规定范围的除外。典当企业主张借款期限届满后的利息及综合费的，对于两项合计数额超过按银行同期同类贷款基准利率四倍计算的利息的部分不予保护。典当企业主张合同违约金，借款人请求调整违约金的，人民法院应依据相关法律及司法解释处理。

13. 经依法批准开展借贷业务的小额贷款公司、农民资金互助组织等具有一定金融性质的非金融企业在批准的范围内签订的借贷合同应认定有效。由此产生的纠纷根据相关法律法规处理，没有相应规定的，参照民间借贷纠纷案件的有关法律、司法解释规定处理。

四、企业之间借贷合同纠纷案件的审理

14. 企业将自有资金出借给其他企业帮助其解决生产经营所急需资金的，孳息按照银行同期同类贷款基准利率计算。

15. 企业将从金融机构获取的信贷资金出借给其他企业以及存在其他违反国家金融监管法律法规行为的，人民法院应按照最高人民法院法（经）发〔1990〕27号《关于审理联营合同纠纷案件若干问题的解答》第四条第二项的有关规定处理。

16. 未经依法批准从事借贷活动的投资公司、担保公司等非金融企业签订的借贷合同，人民法院应按照最高人民法院法（经）发［1990］27号《关于审理联营合同纠纷案件若干问题的解答》第四条第二项的有关规定处理。

17. 企业之间或其关联企业之间签订买卖合同，约定"买方"向"卖方"交付"货款"，合同履行期限届满后再由"卖方"向"买方"购回同一标的物，双方无交付与接受标的物的意思表示和行为的，应当认定为企业之间的借贷行为并认定合同无效，根据具体情况分别按照本意见第14、15条的规定处理。

五、借贷合同纠纷案件中的证据判断

18. 人民法院审查借据本金数额的真实性应综合全案证据和事实进行分析判断。主要包括：借据记载的借款数额包含利息的做法是否是当地民间借贷市场的普遍习惯；债权人能否合理说明借款发生的具体情况；陈述内容是否存在矛盾；债权人是否曾有类似的交易前例；庭审言辞辩论的情况是否导致对债权人陈述的合理怀疑等。

19. 出借人以借据主张债权，借款人抗辩称借据载明的借款金额包含利息或仅为利息，且提供的证据足以使法官对借据载明的本金数额产生合理怀疑的，可以确定由出借人就借据本金数额的真实性承担举证责任。

六、借贷合同纠纷涉嫌刑事犯罪案件的处理

20. 在借贷合同纠纷案件审理过程中，双方或一方当事人以案件涉嫌集资诈骗或者非法吸收公众存款犯罪为由提出抗辩，人民法院经审查认为抗辩理由不足或缺乏依据，而当事人坚持其抗辩主张的，应当告知当事人向侦查机关报案；侦查机关立案受理的，人民法院应裁定驳回民事案件的起诉并将案件移送侦查机关；侦查机关不予立案侦查的，借贷合同纠纷案件继续审理。

21. 人民法院在案件审理过程中发现案件涉嫌集资诈骗或者非法吸收公众存款犯罪的，应当向侦查机关移送案件。侦查机关立案侦查的，应裁定驳回民事案件的起诉；侦查机关不予立案侦查的，借贷合同纠纷案件继续审理。

22. 借贷合同纠纷案件审结后发现涉嫌犯罪且公安机关已经立案侦查的，应当中止执行，等待刑事犯罪案件侦查与追赃结果。生效判决中包括不应当保护的非法高息的，应当依法按照审判监督程序予以纠正。

23. 审理企业破产案件过程中，发现破产企业存在非法集资行为的，对涉嫌非法集资部分移送有关机关处理。有关机关最终认定的非法集资金额，应当根据《非法金融机构与非法金融活动取缔办法》等法规和司法解释的规定，在进入破产财产分配阶段时列入第三顺序清偿。

七、附则

24. 本意见自下发之日起实施。本院以前作出的规定与本意见有抵触的，以本意见为准。实施过程中新的法律、法规、司法解释与本意见不一致的，依照法律、法规、司法解释的规定执行。

《浙江省高级人民法院关于审理典当纠纷案件若干问题的指导意见》（2010 年）

浙高法〔2010〕195 号

为规范、公正审理典当纠纷案件，统一裁判尺度，平等保护当户、典当行的合法权益，发挥典当行业为中小企业提供融资服务的积极作用，根据《中华人民共和国合同法》《中华人民共和国物权法》《中华人民共和国担保法》等法律和司法解释的规定，结合我省实际，制定本指导意见。

第一条 典当行依照商务部、公安部发布的《典当管理办法》（2005 年第 8 号令）规定，领取《典当经营许可证》，在核定的经营范围内从事动产质押典当业务、财产权利质押典当业务、特定范围房地产抵押典当业务、限额内绝当物品的变卖、鉴定评估及咨询服务和商务部依法批准的其他典当业务，其经营主体资格依法予以确认。

第二条 当票是确立典当行与当户之间合同权利、义务关系的基本依据，合同的订立、履行、变更和转让、权利义务终止和违约责任的承担，适用《中华人民共和国合同法》第二、四、五、六、七章的规定。

典当行从事动产质押典当业务、财产权利质押典当业务和特定范围房地产抵押典当业务，其质押、抵押业务经营活动，适用《中华人民共和国物权法》《中华人民共和国担保法》的规定。

第三条 典当行从事典当业务活动发生的纠纷案件，根据最高人民法院

《民事案件案由规定》(法发〔2008〕11号），编立"典当纠纷"案由。根据浙江省高级人民法院《关于民事和商事案件主管划分的意见》(浙高法〔2008〕64号）和浙江省高级人民法院《关于全省法院案件字号编立的规定》（浙高法〔2008〕378号）的规定，典当纠纷作为商事纠纷案件，编立商字案号。

第四条 典当综合费用包括典当行在实际履行典当合同中产生的各种服务及管理费用。当户主张当金发放时已预先扣除典当综合费用，并要求当金按照实际发放的金额认定的，人民法院应予支持。

第五条 典当行与当户对典当综合费率有约定的，依法从其约定。当户有合理依据主张当期内典当行收取的利息、综合费用过高的，人民法院结合审理民间借贷纠纷案件中的利率保护标准、典当行经营成本等因素，合理确定应予保护的利息、综合费用数额。

第六条 绝当后，当户丧失回赎当物的权利，典当行有权按照相关法律规范处分绝当物品。

第七条 典当行与当户约定绝当后当户应支付违约金、逾期利息、典当综合费用的，典当行可以选择主张，也可以同时主张。但对于折算后的实际利率过高的，当户可以请求依法调整。

第八条 典当行应当妥善保管当物。典当行不能凭当户的概括授权（预授权）处置当物，在当期内违反规定出租、使用当物的，按向当户租用当物处理，租用费按当地市场价计算，可以抵消综合费用、当金利息和当金。质押当物在当期内发生遗失或者毁损的，除不可抗力原因造成外，典当行应当按照估价金额进行赔偿。

当户确有证据证明估价金额明显低于当时市场价的，可向人民法院请求对当物价值进行重新评估。从当物遗失之日起，典当行向当户收取典当综合费用的，不予保护。

第九条 绝当后，因不可抗力导致动产质押当物毁损、灭失，该风险由典当行承担。

第十条 典当行未接管动产质押当物或未办理房地产抵押登记手续，与当户确立典当关系并发放当金的，认定为典当关系有效，质押或抵押不设立。

第十一条 典当行销售绝当物品时，对所售绝当物品承担瑕疵担保责任，适用《中华人民共和国消费者权益保护法》等相关规定。

第十二条 典当行和当户、发生争议时，尽可能协商解决。协商不成的，应依法、妥当选择行使债权救济途径。一方违约，另一方可依《中华人民共和国合同法》第一百一十九条等规定，结合具体情况，采取及时起诉等适当措施避免损失扩大。

审理以当户为债务人的涉风险企业债务纠纷案件，涉及当金本息、典当综合费用和违约金的保护标准，根据《中华人民共和国企业破产法》等法律、司法解释和浙江省高级人民法院《关于为中小企业创业创新发展提供司法保障的指导意见》（浙高法发〔2010〕4号）、《关于审理涉财务风险企业债务纠纷案件若干问题指导意见》（浙高法13号）合理确定。

第十三条 本指导意见自下发之日起施行，如具体内容与新颁布实施的法律、行政法规和司法解释不一致的，以新颁布的法律、行政法规和司法解释为准。

《重庆市高级人民法院关于审理涉及小额贷款公司、担保公司、典当行商事案件若干问题的解答》（2013年）

渝高法〔2013〕245号

……

11. 典当行预扣利息或综合费的，如何认定当金数额？

典当行向当户支付当金时预先扣除利息或综合费的，由于典当行未足额支付当金，实际减少了当户用资金额，当户主张以实际支付的金额确定当金数额的，人民法院应予支持。

12. "当期届满后不赎当，当物归典当行享有"的约定效力如何认定？

典当行与当户在典当合同中约定"当期届满后不赎当的，当物的所有权由典当行享有"，人民法院应依据《典当管理办法》的规定区分以下情形认定该约定的效力：（一）当物价值不足3万元的，由于《典当管理办法》第四十三条第（二）项明确规定，"可自行变卖或折价处理，损溢自负"，故该约定有效。（二）当物价值在3万元以上的，由于担保法明确否定流质条款的效

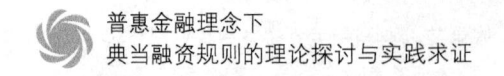

力,且《典当管理办法》对此未作特别规定,故该约定无效。

13. 典当行请求当户给付绝当后的利息、综合费的,如何处理?

典当行请求当户给付绝当后的利息、综合费的,人民法院应当结合绝当物的估价金额分别予以处理:(一)绝当物估价金额不足3万元的,根据《典当管理办法》第四十三条第(二)项的规定,典当行"可自行变卖或者折价处理,损溢自负"。因此,典当行请求当户给付绝当后的利息、综合费的,人民法院不予支持。(二)当物估价金额在3万元以上的,根据《典当管理办法》第四十三条第(一)项的规定,典当行"可以按照《中华人民共和国担保法》的有关规定处理,也可以双方事先约定绝当后由典当行委托拍卖行公开拍卖。拍卖收入在扣除拍卖费用及当金本息后,剩余部分应当退还当户,不足部分向当户追索"。因绝当后处置当物既是典当行的权利也是其义务,故典当行应当及时处置当物。如果典当行在绝当后六个月内提起诉讼,主张绝当后的利息及综合费的,且当事人约定的利息及综合费之和未超出中国人民银行公布的同期贷款利率4倍的,人民法院应予支持,超出部分人民法院不予支持。如果典当行在绝当后超出六个月提起诉讼,主张绝当后的利息及综合费的,人民法院不予支持,但可以按照中国人民银行同期贷款利率,从绝当期满后次日起至款项付清之日止支持资金占用损失。《重庆市高级人民法院印发〈关于审理合同纠纷案件若干问题的指导意见(一)〉(试行)的通知》[渝高法〔2011〕358号]第12条的规定不再执行。

14. 典当行提供信用借款的效力如何确定?

典当行向当户提供借款,当户未提供当物的,应当认定典当行向当户发放信用贷款,该典当合同无效。当户以动产作为当物,必须将当物交付典当行占有。以动产抵押为典当借款提供担保的,人民法院应当认定典当行发放信用借款,典当合同无效。典当行与当户在典当合同中约定由当户继续占有该动产,质权并未设立,该典当合同无效。典当行提供借款应当依法办理抵押、质押手续,典当行在未依法办理抵押、质押手续的情况下提供借款,应当认定典当行向借款人发放信用贷款,但因登记机构未及时办理登记等非因当事人原因导致典当行未依法取得抵押权、质押权的除外。

重庆市高级人民法院办公室

参考文献

一、主要著作

［1］梁彬．美国典当业考察报告［R］．哈尔滨：黑龙江省商务厅市场体系建设处，2012（6）．

［2］胡宗仁．典当业法律制度研究［M］．北京：中国政法大学出版社，2012．

［3］刘隆亨．银行金融法学［M］．北京：北京大学出版社，2010．

［4］韩汉君．2009 年上海典当行业发展报告［M］．上海：上海社会科学院出版社，2009．

［5］韩汉君，吴贤达．2010 年上海典当行业发展报告［M］．上海：上海社会科学院出版社，2010．

［6］韩汉君．2011 年上海典当行业发展报告［M］．上海：上海社会科学院出版社，2011．

［7］韩汉君．2012 年上海典当行业发展报告［M］．上海：上海社会科学院出版社，2012．

［8］杨铁军．典当法学［M］．长春：吉林大学出版社，2011．

［9］吴向红．典之风俗与典之法律［M］．北京：法律出版社，2009．

［10］刘润仙．典当法律理论与实务［M］．北京：对外经济贸易大学出版社，2010．

［11］徐孟州．金融监管法研究［M］．北京：中国法制出版社，2008．

［12］卓泽渊，等．金融法律服务与管理创新建设论坛［M］．北京：中国人民公安大学出版社，2012．

［13］李沙．中外典当［M］．北京：学苑出版社，2010．

［14］最新放贷人法律——南非《国家信贷法》和《国家信贷管理规定》［M］．刘萍，张韶华，孙天琦，译．北京：中国金融出版社，2009．

［15］方印．典当法理分析与制度设计［M］．贵阳：贵州大学出版社，2009．

［16］黄茂荣．法律方法与现代民法［M］．北京：中国政法大学出版社，2001．

［17］北京联合准备银行调查室编．北京典当业之概况［M］．郑州：大象出版社，2009．

［18］刘秋根．中国典当制度史［M］．上海：上海古籍出版社，1995．

［19］尹田．法国现代合同法［M］．北京：法律出版社，1993．

［20］北京典当行业协会2011年、2012年会刊。

［21］江平．我们能做的是呐喊［M］．北京：法律出版社，2010．

［22］马俊驹，余延满．民法原论［M］．北京：法律出版社，2007．

［23］曾筱清．金融全球化与金融监管立法研究［M］．北京：北京大学出版社，2005．

［24］王保树．中国商法年刊（2008）：金融法制的现代化［M］．北京：北京大学出版社，2009．

［25］冯果，袁康．社会变迁视野下的金融法理论与实践［M］．北京：中国政法大学出版社，2013．

［26］王保树．中国商法年刊：法治国家建设中的商法思维与商法实践［M］．北京：法律出版社，2013．

［27］鲁篱．行业协会经济自治权研究［M］．北京：法律出版社，2003．

［28］岳彩申，等．互联网与民间融资法律问题研究［M］．北京：法律出版社，2014．

［29］孔祥俊．反不正当竞争法原理［M］．北京：知识产权出版社，2005．

［30］王欣新．破产法［M］．北京：中国人民大学出版社，2011．

［31］王欣新．破产法原理与案例教程［M］．北京：中国人民大学出版社，2015．

［32］王欣新，等：破产法论坛（第10辑）［M］．北京：法律出版社，2015．

［33］王保树．商法［M］．北京：北京大学出版社，2011．

［34］许多奇．债权融资法律问题研究［M］．北京：法律出版社，2005．

［35］吴林涛．涅槃抑或坠落——论商业银行破产重整制度［M］．北京：法律出版社，2014．

［36］王保树．商法（第二版）［M］．北京：北京大学出版社，2014．

［37］苏永钦．私法自治中的国家强制［M］．北京：中国法制出版社，2006．

［38］余能斌．现代物权法专论［M］．北京：法律出版社，2002．

［39］杨与龄．民法物权［M］．台北：台北五南图书出版公司，1981．

［40］梁慧星．民法总论［M］．北京：法律出版社，1996．

［41］黄道秀，李永军，鄢一美，译．俄罗斯联邦民法典［M］．北京：中国大百科全书出版社，1999．

［42］黄韬．"金融抑制"与中国金融法治的逻辑［M］．北京：法律出版社，2012．

［43］冯果，李安安．收入分配改革的金融法进路［M］．北京：法律出版社，2016．

［44］刘秋根．明清高利贷资本［M］．北京：社会科学文献出版社，2000．

［45］刘建生，燕红忠，王瑞芬．山西典商研究［M］．太原：山西经济出版社，2007．

［46］宓公干．典当论［M］．北京：商务印书馆，1936．

[47] [美] 罗尔斯. 正义论 [M]. 何怀宏, 等, 译. 北京: 中国社会科学出版社, 1998.

[48] [美] 博登海默. 法理学——法哲学及其方法 [M]. 邓正来, 译. 北京: 华夏出版社, 1987.

[49] [日] 我妻荣. 债权在近代法中的优越地位 [M]. 王书江, 张雷, 译. 北京: 中国大百科全书出版社, 1999.

[50] [德] 海因·克茨. 欧洲合同法（上卷）[M]. 周忠海, 等, 译. 北京: 法律出版社, 2001.

[51] [日] 石川贵教. 代金業法實務の手引き改定 [M]. (株) 经济法令研究会, 2009.

二、主要期刊论文

[1] 张守文. 政府与市场关系的法律调整 [J]. 中国法学, 2014 (5).

[2] 王利明. 负面清单管理与私法自治 [J]. 中国法学, 2014 (5).

[3] 韩长印, 张玉海. 借贷合同加速到期条款的破产法审视 [J]. 法学, 2015 (11).

[4] 胡丽. 互联网企业市场支配地位认定的理论反思与制度重构 [J]. 现代法学, 2013 (3).

[5] 孔祥俊. 反不正当竞争法的司法创新和发展——为《反不正当竞争法施行 20 周年而作》（上）[J]. 知识产权, 2013 (11).

[6] 孔祥俊. 反不正当竞争法的司法创新和发展——为《反不正当竞争法施行 20 周年而作》（下）[J]. 知识产权, 2013 (12).

[7] 漆多俊. 宏观调控法研究 [J]. 法商研究, 1999 (2).

[8] 许德风. 论利息的法律管制——兼议私法中的社会化考量 [J]. 北大法律评论, 2010, 11 (1): 206.

[9] 杨凌云. 从阿里小贷看大数据金融模式在小微贷款领域的运用 [DB/OL]. http://www.civillaw.com.cn/zt/t/? 28949, 2015 - 02 - 18.

[10] 赵静. 绝当后当户不还款的行为不构成违约 [J]. 人民司法, 2012 (3).

[11] 王保树. 金融法二元规范结构的协调与发展趋势 [J]. 广东社会科学, 2009 (1).

[12] 张炜. 试论准金融机构的司法规制——以典当行作为分析对象 [M] // 卓泽渊, 等. 金融法律服务与管理创新建设论坛. 北京: 中国人民公安大学出版社, 2012.

[13] 胡振铃. 典当行业的现状及其立法完善 [J]. 法学评论, 2006 (1).

[14] 张圣. 典权性质之我见: 担保而非用益 [J]. 法律适用, 2008 (4).

[15] 孟雁北. 论我国反不正当竞争法之修订: 包容、增减与细化 [J]. 理论探索, 2015 (2).

[16] 鲁篱. 行业协会限制竞争行为的责任制度研究 [J]. 中国法学, 2009 (2).

[17] 隋彭生. 作为用益债权的典权 [J]. 政治与法律, 2011 (9).

[18] 黄金波. 浅论典当有关法律问题 [J]. 法律适用, 1998 (10).

[19] 张力. 实践性合同的诺成化变迁及其解释 [J]. 学术论坛, 2007 (9).

[20] 徐力英, 何彬彬. 典当纠纷审判实务探讨 [J]. 人民司法, 2010 (3).

[21] 聂国春. 银监会成立普惠金融部 [N]. 中国消费者报, 2015-02-02.

[22] 汤耀国, 朱莹莹. 超越部门立法 [J]. 瞭望, 2007 (4).

[23] 史际春. 政府与市场关系的法治思考 [J]. 中共中央党校学报, 2014 (6).

[24] 叶良芳. 从吴英案看集资诈骗罪的司法认定 [J]. 法学, 2012 (3).

[25] 冯果. 金融法的"三足定理"及中国金融法制的变革 [J]. 法学, 2011 (9).

[26] 罗书臻. 规范民间借贷 统一裁判标准——杜万华就《最高人民法院关于审理民间借贷案件适用法律若干问题的规定》答记者问 [N]. 人民法院报, 2015-08-08 (1).

[27] 夏宇. 寄售行"越界"为何屡禁不止？寄售行依旧在"典当" [DB/OL]. http://news.cang.com, 2012-09-20 9:26:43, 中国商报-典当融资导报.

[28] 梁敉静. 解密典当纠纷 [J]. 金融世界, 2012 (10).

[29] 韩文卓. 典当纠纷审判实务若干问题浅析 [J]. 山东审判, 2012 (2).

[31] 游婕. 北京市海淀区人民法院提醒典当留心别上当 [N]. 中国消费者报, 2012-08-01.

[32] 樊涛. 论我国的交易习惯——商法的视角 [M] //王保树. 中国商法年刊·2013. 北京：法律出版社, 2013.

[33] 薛晓红. 中国典当行融资现状与面临的法律问题 [J]. 河北法学, 2000 (2).

[34] 王菁菁. "禁令"来了, 股票典当"抱憾"退市 [N]. 中国商报-典当融资导报, 2013-01-05.

[35] 傅穹, 潘为. 非金融机构贷款人自身融资问题研究 [J]. 经济体制改革, 2012 (3).

[36] 陆琪. P2P 时代的债权转让法律问题 [J]. 中国法律, 2014 (3).

[37] 彭冰. 非法集资活动规制研究 [J]. 中国法学, 2008 (4).

[38] 刘明. 美国《众筹法案》中集资门户法律制度的构建及其启示 [J]. 现代法学, 2015 (1).

[39] 周正清. 英美 P2P 网络借贷监管改革对我国的启示 [J]. 金融发展评论, 2015 (1).

[40] 王钢、钱皓. 英国借贷类众筹监管规则及对我国 P2P 监管的启示 [N]. 金融时报, 2014-06-16.

[41] 张雨露. 英国投资型众筹监管规则综述 [J]. 互联网金融与法律, 2014 (6).

[42] 周浩. 中国典当第一案宣判：不构成非法经营罪 [N]. 第一财经日报, 2013-11-30.

[43] 晏耀斌."典当第一案"二审：典当与金融之争［N］.中国经营报，2015－09－05.

[44] 王欣新.破产与执行程序的合理衔接与转换［G］.北京市破产法学会会长王欣新教授在第六届中国破产法论坛上的大会主题发言，中国破产法网.

[45] 上海市高级人民法院课题组.典当纠纷案件审理中的法律适用问题研究［J］.法律适用，2013（6）.

[46] 杜胜亮.建议修改"当票"［J］.中国拍卖，2004（10）.

[47] 刘秋根.明清民国时期典当业的资金来源及资本构成分析——以负债经营问题为中心［J］.河北大学学报（哲学社会科学版），1999（4）.

[48]［美］罗伯·约翰逊.美国典当业（Pawnbroking in the U.S.A：A Profile of Customers）［J］.美国乔治敦大学乔治敦商业学校信贷研究中心，2003.

[49] Robert W. Johnson. Pawnboking in the U.S.A：A profile of Customers［J］. Georgetown University Washington D. C, 1998.

[50]［日］木下正俊.貸金業規制法等改正をめぐる問題［C］.广岛法科大学院论集，2011（7）.

三、主要博士论文

[1] 马建霞.普惠金融促进法律制度研究——以信贷服务为中心［D］.西南政法大学经济法学2012年博士论文.

[2] 田春雷.金融资源配置公平及其法律保障研究［D］.武汉大学民商法学2012年博士论文.

作者前期发表成果

［1］郭娅丽. 典当的性质、地位及其规范结构设计［J］. 法学评论, 2013（5）.

［2］郭娅丽. 负面清单法治理念下典当行业经营范围的扩展及其适用——兼评《典当行管理条例（征求意见稿）［J］. 法学杂志, 2015（11）.

［3］郭娅丽. 日本放贷业法的新动向及其启示［J］. 经济法论丛, 2013：上.

［4］郭娅丽. 绝当规则及其适用——以北京市中级法院审理的三个案件为中心［J］. 北京社会科学, 2014（7）.

［5］郭娅丽. 戴着镣铐的舞者——评《典当行业监管规定》［J］. 河北法学, 2013（7）.

［6］郭娅丽. 规范和促进北京典当业发展的建议［J］. 理论月刊, 2014（10）.

［7］郭娅丽. 典当行与网贷平台合作模式的法律规制［D］. 第十四届中日民商法研究会2015年年会论文.

后　记

本书是在2014年结项的北京市哲学社会科学一般项目"北京市典当融资立法研究——基于金融法二元规范结构的视角"基础上进一步研究而成。在课题的前期研究中，与课题组孔令学教授、李倩茹博士、李俊卿教授、杨积堂教授的良好合作，为后期研究奠定了坚实的基础；北京市朝阳区商委的范军科长，北京典当行业协会的郝凤琴秘书长及马欢、黄佳给予了很多支持和帮助。2014年课题研究报告邀请北京大学法学院刘剑文教授、北京理工大学法学院罗丽教授、中国证监会发行部处长吴国舫博士、北京联合大学杨宜教授作为专家评审，他们均提出了非常有价值的意见和建议。同年6月，中国人民大学典当研究所和楚华典当研究所合办"中国典当高峰法律论坛"，受高圣平教授邀请参会，本人拙作《绝当规则及其适用》获得了论坛征文的特等奖。对以上各位表示衷心感谢！

特别感谢我校资深教授刘隆亨老师，作为我国经济法学及金融财税法学领域的奠基人之一，在本书研究过程中给予点拨与高屋建瓴的指导，逐字逐句阅读提出修改意见，并欣然为之作序。先生年近八旬依然笔耕不辍，常年坚持去办公室写作研究，提携后辈成长，令人肃然起敬！

在本书出版过程中，得到科研处长赵卓教授的帮助，北京联合大学应用文理学院弥补了最后一笔出版经费；感谢2015级法律硕士研究生胥铁军同学，帮助我认真完成了最后的校对工作；感谢知识产权出版社的石红华编辑，是她的认真、宽容和不懈坚持感动了我，终使本书得以付梓。

在生命的历程中，我常感叹自己的幸运，感谢北京联合大学应用文理学院领导让我再一次圆梦，加入法律系团队，与那么多充满正能量的人一起工作是我今生的福报，一边吸收正能量，一边释放正能量，吸放之间，

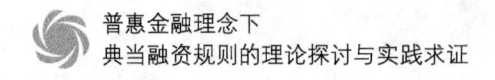

生命恒新。

最后，感谢深爱我的父母和家人，本书的写作多为假期，回家总是匆匆几日，心中对父母有太多的愧疚。唯愿父母身体健康，全家平安！

典当行业在我国金融体系中是一个小众行业，在普惠金融理念下，典当行业向何处去，本书从理论和实践两方面对典当融资规则进行了探索性研究。由于该研究成果只是一段时间的认识和总结，其中错漏之处在所难免，期待专家学者批评指正。

二零一六年一月　北京